权威·前沿·原创

皮书系列为
"十二五""十三五"国家重点图书出版规划项目

BLUE BOOK

智库成果出版与传播平台

民宿蓝皮书

**BLUE BOOK** OF
HOMESTAY

# 中国旅游民宿发展报告
# （2019）

ANNUAL REPORT ON HOMESTAY IN CHINA
(2019)

主　　编／过聚荣
副主编／王　晨　邹统钎　马　勇

社会科学文献出版社
SOCIAL SCIENCES ACADEMIC PRESS（CHINA）

**图书在版编目（CIP）数据**

中国旅游民宿发展报告. 2019 / 过聚荣主编. -- 北
京：社会科学文献出版社，2020.4
（民宿蓝皮书）
ISBN 978 - 7 - 5201 - 5980 - 7

Ⅰ.①中… Ⅱ.①过… Ⅲ.①旅馆 - 服务业 - 产业发
展 - 研究报告 - 中国 - 2019 Ⅳ.①F726.92

中国版本图书馆 CIP 数据核字（2020）第 012369 号

民宿蓝皮书
# 中国旅游民宿发展报告（2019）

主　　编／过聚荣
副 主 编／王　晨　邹统钎　马　勇

出 版 人／谢寿光
责任编辑／陈　颖

出　　版／社会科学文献出版社·皮书出版分社（010）59367127
　　　　　地址：北京市北三环中路甲 29 号院华龙大厦　邮编：100029
　　　　　网址：www. ssap. com. cn
发　　行／市场营销中心（010）59367081　59367083
印　　装／天津千鹤文化传播有限公司

规　　格／开本：787mm × 1092mm　1/16
　　　　　印张：22.5　字数：337 千字
版　　次／2020 年 4 月第 1 版　2020 年 4 月第 1 次印刷
书　　号／ISBN 978 - 7 - 5201 - 5980 - 7
定　　价／158.00 元

本书如有印装质量问题，请与读者服务中心（010 - 59367028）联系

# 民宿蓝皮书编委会

朱　　刚：博士生导师，上海视觉艺术学院美术学院院长

邹统钎：教授，博士生导师，中国文化和旅游产业研究院院
长、中国文化和旅游大数据研究院院长、北京第二外
国语学院校长助理

# 《中国旅游民宿发展报告（2019）》
# 编 写 组

| | |
|---|---|
| **主　　　　编** | 过聚荣 |
| **执 行 主 编** | 王　晨　　邹统钎　　马　勇 |

**核心研究成员**　　郭英之　　陈奕捷　　陈汉彬　　侯满平　　陈金侃
　　　　　　　　　　周成功　　于　洁　　殷晓茵　　胡杰明　　马　蓓
　　　　　　　　　　武邦涛　　何永军　　沈耀腾　　张守夫　　穆鹏云
　　　　　　　　　　李彩平　　徐　圣　　徐宁宁　　李海军　　董　坤
　　　　　　　　　　林立军　　许茜茜　　吕　敏　　乔　博

**学 术 秘 书**　　李　月　　马会会

# 主编简介

**过聚荣** 管理学博士，教授，现任上海医药大学执行校长，第十一届孙冶方经济科学著作奖获得者。

曾在南京海军指挥学院、上海交通大学任教。曾任青岛工学院党委书记、校长。从 2005 年起，作为主编连续出版了七部《中国会展经济发展报告》，任上海、四川及郑州、哈尔滨、杭州等省市会展经济规划专家顾问，杭州西湖博览会评估专家。我国国家会展中心综合体主报告负责人。2013年，调商务部国际贸易经济合作研究院工作，担任研究院学术委员会秘书长、科研处处长；商务部商务成果处秘书长。

作为我国会展经济和旅游管理专家，出版了《旅游民宿经营管理实务》《进入权：公司治理中的关键资源配置》《会展概论》等十余部著作，在《管理世界》《中国管理科学》《中国软科学》《世界经济与政治论坛》《生产力研究》《当代财经》《现代管理科学》等学术期刊发表论文数十篇。近年来主持了国家社科基金重大项目及省部级社科基金等科研项目多项。宿宿网创始人。

# 摘　要

本书是对中国旅游民宿进行年度性分析、研究和预测的报告。全书共分六个主要部分。第一部分是总报告，梳理中国旅游民宿现状，首先是对报告涉及的研究方法、研究路径以及研究范围做概要介绍，在此基础上，着重对中国旅游民宿发展基本特征做分析，主要分析中国旅游民宿的行业结构，包括我国旅游民宿的基本商业模式、行业规模、行业品牌以及中国旅游民宿的群落分布。通过分析中国旅游民宿的产业发展环境，研究经济全球化、民宿产业外部环境，分析中国实施新一轮高水平对外开放战略等基本要素，解释了民宿能够超越式发展，得益于信息技术、大数据、人工智能的发展与普及。与此同时，报告认为全域旅游的提出为民宿发展注入了强劲动力，其政治法律环境宽松，国家层面和地方各级政府出台的规范化政策为民宿发展提供了保证。报告也指出，社会文化环境发生了新的变化，形成了有利于民宿产业发展的良好土壤。

第二部分是区域报告。通过对北京市、江苏省、浙江省和云南省等典型区域民宿的发展现状、存在的问题和未来发展进行专题研究，提出了促进我国旅游民宿产业发展的政策建议。

第三部分是调研报告。通过对旅游民宿设计艺术的专题调研，提出了旅游民宿在设计、规划方面的基本规律。调研报告还就一个乡村民宿集群化的北方样本进行研究，分析了在北京地区出现乡村民宿集群现象的原因。对旅游民宿消费者需求的网评研究，揭示 2019 年度中国旅游民宿消费者所关注的焦点。通过旅游民宿评价指标体系的实证研究，进一步验证评价我国旅游民宿的几个基本方面。

第四部分是专题报告。通过专家对旅游民宿经营模式的研究，发现问

题，提出建议。报告显示，旅游民宿发展对社区居民经济生活影响认知存在年际差异特征，由此提出了有针对性的民宿旅游发展供给侧结构性改革的策略。同时，对民宿发展的国际经验与中国的实践做探讨，对未来发展思路做了策略性的预测。本报告还通过对2002～2019年国内关于民宿研究成果出版物进行分析，为我国民宿研究提供了新视角。

第五部分是案例研究。这一部分首先集中在旅游民宿发展比较有特点的德清地区，对其洋家乐模式进行分析；其次对莫干山地区的旅游民宿发展做重点案例研究。案例研究也针对江西赣州丫山风景区旅游民宿发展做典型分析，提出民宿发展的基本经验、特点，为我国相关地区旅游民宿发展提供借鉴。

第六部分是附录。

**关键词：** 旅游民宿　民宿产业　全域旅游

# 目 录

# Ⅵ　附录

皮书数据库阅读**使用指南**

# 总 报 告
## General Reports

**B**.1

# 中国旅游民宿业蓬勃发展，
# 机遇与挑战并存

蓝皮书课题组*

**摘 要：** 中国旅游业的快速发展为民宿产业的发展奠定了基础，民宿产业由此迈入了高速发展的阶段，并已成为重要住宿业态。2019 年中国旅游民宿呈现显著的特征，旅游民宿产业开启政府主导发力的全新时代：民宿行业协会如雨后春笋般出现，但作用发挥尚处在萌芽状态；民宿业的价值链已经形成，但价值链之间的协调发展刚刚起步；民宿经营水平普遍处于初级状态；民宿业发展动向趋于连锁化、金融化，旅游民宿品牌正在建立之中；民宿从业人员的专业化水平有待提高。

---

* 蓝皮书课题组成员：过聚荣、王晨、王嘉豪、陈金侃、沈耀腾、马会会、凌叶、李月等；执笔：过聚荣，博士，上海医药大学执行校长，教授，主要研究方向：旅游管理、管理学。

关键词： 旅游民宿　民宿产业　品牌建设

# 一　2019年中国旅游民宿的基本情况

## （一）旅游业的快速发展，为民宿行业的发展奠定了基础

据文化与旅游部官方网站公布的数据，2018年国内旅游市场持续平稳增长，入境旅游市场稳步进入缓慢回升通道，出境旅游市场快速发展。2018年全年国内旅游人数55.39亿人次，比上年同期增长10.8%；入境旅游人数14120万人次，比上年同期增长1.2%；出境旅游人数14972万人次，比上年同期增长14.7%；全年实现旅游总收入5.97万亿元，同比增长10.5%。旅游业的快速增长为民宿业的发展奠定了基础。

## （二）民宿行业迈入了高速发展阶段，已成为重要的住宿业态

据宿宿网公布的数据，2019年中国在线住宿市场规模达到200亿元，同比增长36.05%，仍保持了较高的增速，显示出旺盛的住宿需求。

2019年，民宿市场营业收入预计209.4亿元，同比增长38.92%，预测2020年民宿市场营业收入将达500亿元。

国内主要平台（携程、美团预订平台）房源数量约68.4万套，民宿占住宿市场规模由2018年的18.97%上升到2019年的24.77%。

## （三）民宿消费者与经营者成分多样

民宿消费者覆盖范围广，拥有广泛的用户基础。从年龄结构分析，30岁及以下、31～35岁、36～40岁、40岁以上用户分别占比59.9%、23.1%、14.6%和2.4%，"80后""90后"人群属于主流用户人群。从几个民宿价格区间所获得的评论数①分析，消费能力中低、中等、中高和高消

---

① 这个预测与宿宿网的预测相接近。

费者占比分别为 76.38%、22.96%、0.55% 和 0.12%，从一个侧面表明，民宿的消费价格区间以 300 元以内占多数，其次是 300～900 元这一区间，而超过 3000 元的则在少数。用户消费能力区间跨度较大。

2019 年，在线民宿用户出行天数有 70% 在 1～2 天，周边游用户在出行时间上与在线民宿用户具有高吻合度，度假和商旅、周边游产品符合在线民宿用户的潜在住宿需求，是在线民宿的目标客群。

民宿业主女性多于男性，以"80 后"为主。

## 二　2019 年中国旅游民宿的基本特征

### （一）旅游民宿产业步入由政府主导、各方合力发展的新阶段

进入 2016 年以来，民宿产业逐步演变成为我国各个地方推进乡村振兴、建设美丽中国的主要抓手之一。值得指出的是，不少贫困地区通过试点探索创新了发展旅游民宿脱贫致富的新模式。据宿宿网统计，截至 2019 年 9 月 30 日，我国大陆地区已出台了 300 多个关于民宿规范和标准等的文件，其中已有 23 个省、区、市制定了发展民宿的系列扶持政策。有的地区尽管民宿起步较晚，但在借鉴其他地区经验的基础上一开始就打出民宿发展的"组合拳"，如河南省文旅厅在组建的第一时间内，就与民宿发展领域内的协会、机构等建立战略合作关系，以便于其在确定旅游民宿发展方向和提高建设质量时得到智力支持。与此同时，河南在民宿产业发展规划、民宿发展标准、人才培养以及招商引智等多层面都站在一个较高的层次谋篇布局，显示出勃勃的生机。

政府主导的区域民宿公共品牌涌现。政府在本地民宿产业发展中的地位与作用日益显示，但是，以市场经济为主要发展力量的趋势也逐渐形成。以浙江省丽水地区"丽水山居"、北京市延庆"世园人家"为代表的地方民宿品牌在成长，政府与市场之间的关系，在旅游民宿发展的领域得到了较好的体现。可以看出，一个地区的民宿品牌引领，会带动周边民宿的发展，从而

形成一定的民宿发展群。政府在保护民宿品牌及其知识产权方面有所作为，从我国相关地区的发展中，可以明显发现这样的特征。

### （二）民宿行业协会如雨后春笋般出现，但作用发挥尚处于萌芽状态

民宿行业协会的发展水平是这一行业成熟与否的显示器。2019年，旅游民宿的行业协会如雨后春笋般出现，在社团管理部门登记注册的民宿相关组织越来越多。从行业协会的职责、功能发挥的角度看，民宿行业协会的成立将有力助推民宿行业的健康发展，他们在服务会员、支持行业发展、引领行业进步等方面有着得天独厚的优势。

据宿宿网问卷调研发现，目前，我国大部分民宿行业协会的组织机构比较完整，有的行业协会在主管部门的指导下，成立职责功能齐全的机构，人员配备也较齐备。但民宿经营者普遍反映，现在行业协会对民宿的服务不到位，行业统计数据不完整，对行业发展的政策建议只是几个协会领导根据自身的经验提出，不能反映民宿行业的具体现实。在调研中也发现，政府主管部门对民宿行业协会的指导不够。民宿行业协会的功能发挥尚处于萌芽阶段。

### （三）民宿业价值链已经形成，但价值链之间的协调发展刚刚起步

课题组观察到，国务院办公厅发布了《关于印发完善促进消费体制机制实施方案（2018～2020年）的通知》（国办发〔2018〕93号），通知中对多业务共同发展提出了要求，尤其对实现行业的多业态、多形式、多维度的生态圈层化发展提出了指导性意见。这是民宿业价值链发展的宏观指导，为民宿价值链形成与发展奠定了基础。从民宿行业发展的现状分析，民宿行业是由规划、设计、建筑、装修、运营、销售等多环节构成的完整的产业链。从与其他产业的协同来看，民宿产业将从横向和纵向贯穿融合餐饮、文化、农业、旅游、历史、美学、环保、健康等领域，形成新业态和新消费模式，民宿业在多年发展的进程中，已经形成一条比较完整的价值链。

不过，这条价值链之间的协调发展还处在起步阶段，主要原因在于民宿

行业参与者大多是分散、微小的，还具有某些个体化经营的色彩。比如，大多民宿从业人员是 3 ～ 4 人，规模小，价值链的联系松散。有些民宿设计者还是个体行为，没有形成较为专业的设计团队，与民宿的联系处于熟人介绍的境地，这也造成一些民宿的建筑风格、室内装潢等都非常相似，容易让人产生审美疲劳。

### （四）民宿企业经营水平普遍处于初级阶段

民宿业的规模发展只是近年来的现象，民宿经营者在乡村多是在家务农的村民，普遍缺乏经营管理的知识和能力，即便是返乡创业的年轻人和有"情怀"的外来客，经营管理非标准的民宿也显得手足无措。而民宿在某种程度上比酒店需要更加贴心与个性化服务，是人们对休闲生活的更高追求。

据宿宿网对民宿消费者的调研数据可以看出，无论是价格低于 300 元的普通民宿，还是价格高于 3000 元的精品民宿，消费者对服务质量的要求是一致的。而现实中民宿经营管理水平普遍较低，提高他们的经营管理水平是未来民宿发展的关键。

### （五）民宿业发展动向趋于连锁化、金融化，民宿品牌正在建立之中

经过近十年的探索，目前已有一些具备品牌特征的民宿成长起来，其中有些品牌还具备了对外输出与扩张发展的实力。在民间资本与其他资本多重力量的推动下，出现了母品牌外延出多个子品牌的现象。在我国建设美丽乡村、践行"绿水青山就是金山银山"的大势助力下，原来已经"奄奄一息"的农家乐成功转型升级为旅游民宿。与此同时，有越来越多经营收益较好的民宿不再满足于单体量、小规模和弱收益的现状，借助资本的力量进一步打造属于自己的民宿品牌并走向精品化。

据宿宿网不完全统计，截至 2019 年 9 月，我国民宿产业资本基金已超 1000 亿元规模，投资民宿的专业机构超过 70 家。一些国内著名投资基金如

云峰基金等已经开始关注民宿产业。据宿宿网数据，2017 年以来，以民宿为主营业务的企业融资总额超过了前三年之和，接近 37 亿元。其中，途家和小猪等涉及民宿业的企业融资已经多轮，"途家"提供给这些民宿概念的企业融资均超过了 10 亿美元的估值。

民宿经营者在经过若干年的耕耘之后，逐渐形成了一些连锁品牌，但品牌的影响力和渗透力刚刚形成。

### （六）民宿从业人员专业化水平亟须提高

民宿经营是发展中的新生事物，民宿经营者主要有两大类。一类是民宿产权拥有者，即民宿的房产是自己的。民宿经营者可以根据房产的空置情况，改造、装修成有特色的民宿，据蓝皮书课题组的调研，这部分经营者通常为 50 岁左右的村民，身体好，有一定的经营意识和能力；另一类是租借房东的民宿经营者，早期的浙江莫干山地区、云南大理地区，其民宿的起步就是这类"有情怀"的文艺爱好者。

这两类人群前者是自己统揽从接待到服务全程，后者兼职房东以白领占比较多，普遍文化学历较高，他们会雇佣管家等职业人员。两者都缺乏专业的经营管理能力，经营显得力不从心。民宿作为市场主体，面临激烈的外部竞争和对员工的内部管理，管理者的专业化能力不足就成为当今民宿发展的主要瓶颈之一。

## 三　2019 年中国旅游民宿行业结构

### （一）我国旅游民宿的基本商业模式

随着共享经济的兴起，民宿产品的供应商从 B 端扩大到 C 端业主，这也使得我国民宿呈现分散化特征，大多未形成品牌，民宿个体经营者的宣传和营销力量有限，在这种情况下，借助在线优势就势在必行。蓝皮书课题组的数据调查发现，我国民宿大多通过 OTA（online travel agency，在线旅游）或专业预订平台与客户端形成连接。

在线民宿平台的商业模式分两类：C2C 和 B2C，C2C 中平台仅起到撮合房主和房客的作用，提取固定比例的佣金；B2C 中平台与开发商合作，对线下房源集中发掘、统一管理，按比例与房东分成。

从广义的角度看，C2C 是民宿行业占比较大的一种经营方式。需要指出的是，所谓 C2C 模式是短租的一种方式，其实旅游民宿也在借用这种模式，它是房屋所有者通过平台与房客之间直接交易，房客与房东在平台上完成预定、入住、退房、评价等过程，民宿平台不拥有房源，主要是发布信息、认证身份、撮合交易及提供安全保障等相关服务。这种模式的主要优点在于减少了信息传递、搜索和交易的中间环节，实现了住宿产品和服务的大规模、高效率供给。这种模式具有轻资产、扩张快等优势。除了 C2C 模式外，还有 B2C、C2B2C 等其他模式（见图1）。

分析 C2C 模式，其经营模式一般是通过收取交易佣金实现盈利，佣金比例大多在 5% 到 15% 不等。从我们观察到的现实分析，一些民宿预订平台正在尝试将"广告 + 交易佣金 + 个性化服务"集于一体的多元收益模式。

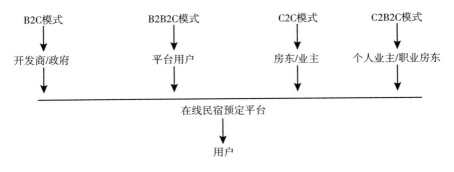

**图1　民宿分销平台商业模式**

## （二）我国旅游民宿的行业规模

2016～2019 年，民宿行业房源数量、线上交易额保持高速增长。市场

总房源数量从 2016 年的 59 万套增长至 2019 年的 160 万套以上（见图 2），而线上交易额将在 2019 年突破 200 亿元，较 2016 年增长 4 倍。

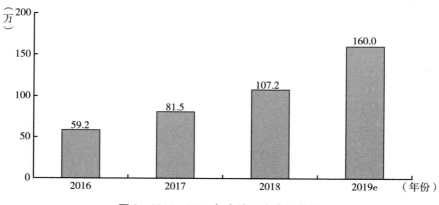

**图 2　2016～2019 年在线民宿房源数量**

乡村民宿发展持续迅猛，部分县市交易额增长百倍以上。原因在于乡村民宿远离城市喧嚣，融于当地环境，不受打扰，因而受到越来越多游客的青睐。

### （三）我国旅游民宿预订平台调研分析

旅游民宿发展促进了预订平台的成长，课题组选取样本包括携程、美团、蚂蚁短租、榛果等民宿预订平台共计 19 家，主要研究各个民宿平台的活跃程度。本平台分析数据截至 2019 年 9 月 30 日。

我们对各个平台注册地和平台中的房源数、评论数、房型等要素进行对比，通过 python 中的 pandas 库对数据进行筛选，整理之后进行数据的分析，然后以图表的形式描述我国民宿平台在 2019 年的活跃程度。

1. 注册地

在收集样本中的 19 个民宿预订平台中，集中的注册地共有 6 个，分别是北京、浙江、台湾、上海、深圳、厦门，注册地为北京的平台数最多，占总数的 31.58%，其次是浙江和台湾地区的民宿预订平台，分别占到总数的 26.32%。图 3 反映了这些情况。

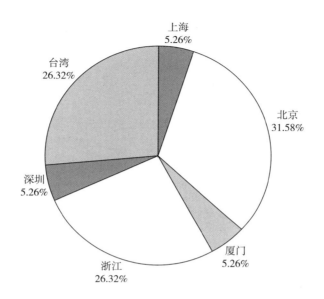

**图3　调研民宿预订平台集中注册地的占比**

2. 房源及房型①

样本中的19个平台上的房源总数为606927家。排在前五的平台分别是：蚂蚁短租、携程、榛果、小猪、美团。其中，蚂蚁短租的房源数最多，为172456家，占了房源总数的28.41%；第二是携程，其平台上民宿的房源数为123701家，占总数的20.38%；榛果平台上民宿的房源数为112013家，占比18.46%；小猪平台上民宿的房源数为104574家，占比17.23%；美团平台上民宿的房源数为75174家，占比12.39%。如图4、图5所示。

图6是部分民宿预订平台上房型数的情况。

图7②反映了部分预订平台上房型比例情况。列举的10个民宿预订平台中房型数共计2155170个。其中，蚂蚁短租排名第一，房型数占比为31.98%；途家排第二，占比29.7%；榛果排第三，占比22.06%。

---

① 房源数：指民宿的数量；房型数：指房间种类的数量。
② 需要说明的是，样本中平台的房型数包括了短租的数量，由于难于剔除，故实际的民宿数量与平台上的数量会有出入。

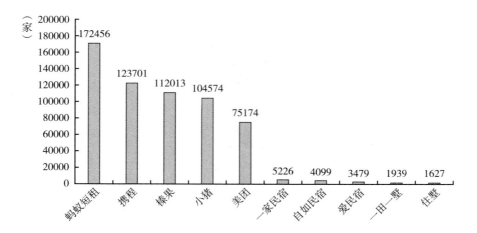

**图4　民宿预订平台房源数前十（不包括途家）**

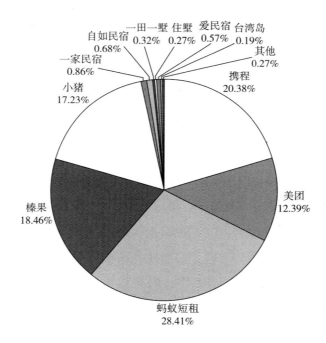

**图5　民宿预订平台房源数占比（不包括途家）**

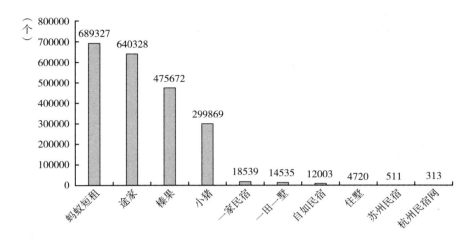

图6　部分民宿预订平台房型数（携程和美团没有房型数）

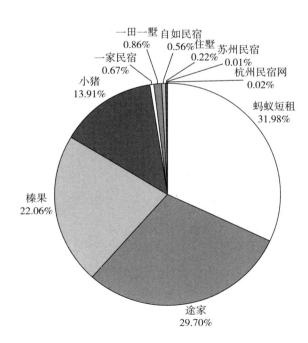

图7　部分民宿预订平台房型数占比情况

民宿蓝皮书

3. 活跃度

图 8 是民宿预订平台上的评论数，我们据此来初步分析它们的活跃度。可以看出，携程上的评论数为 7691280 条，超过百万级的还有美团、蚂蚁短租、榛果。

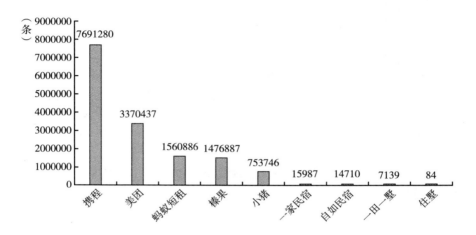

**图 8　部分民宿预订平台评论数（不含途家网）**

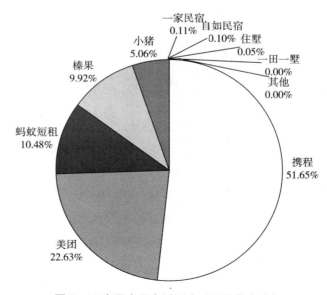

**图 9　13 家民宿平台活跃度（评论数占比）**

图 9 是活跃度比较。课题组在样本中采集 13 个平台中的评论数共计 14891156 条。携程平台民宿评论数最多，排第一，占比为 51.65%；美团第二，占 22.63%；蚂蚁短租排第三，占 10.48%。活跃度（样本不包括途家）排名前五的有：携程、美团、蚂蚁短租、榛果、小猪。

# 四 2019年中国旅游民宿的群落分布

## （一）民宿发展规模

宿宿网的数据显示，截至 2019 年 9 月 30 日，中国大陆民宿（客栈）数量达到 169477 家，相比 2016 年的 53452 家，涨幅达到 217.06%。国家信息中心发布的《中国共享经济发展报告（2019）》显示，2018 年我国共享住宿市场交易额为 165 亿元，同比增长 37.5%，继续保持快速发展态势。国家信息中心预计到 2020 年，共享住宿市场交易规模有望达到 500 亿元[①]，市场空间巨大。

从区域分布情况上看，民宿主要分布在华北、华东地区，东北地区较少；空间上，主要聚集在环渤海、长三角、珠三角、川渝经济区及云南地区；从 2017 年、2018 年民宿数量排名来看，华北由 2017 年第 2 位上升至第 1 位，高于华东。

从各省份数量对比来看，大陆各省民宿客栈数量前 10 名分别为浙江（20676 家）、广东（13815 家）、四川（11361 家）、云南（11319 家）、山东（10639 家）、河北（8362 家）、江苏（7168 家）、福建（6867 家）、湖南（6704 家）、广西（6314 家）。

从各地市数量对比来看，数量上，民宿客栈数量前 20 的城市分别是北京、杭州、成都、舟山、广州、嘉兴、湖州、丽江、上海、惠州、烟台、大理、厦门、桂林、上饶、武汉、天津、黄山、深圳、秦皇岛。

空间上，以胡焕庸线为界，民宿分布密度东南多，西北少；主要分布在古城、古镇、滨海等旅游热门城市。

---

① 这个预测与宿宿网的预测相接近。

## （二）大陆民宿群

民宿是一种伴随丰富而具特色旅游资源的住宿产品，很大程度上分布在我国热门旅游目的地。近几年，旅游民宿群多围绕大城市周边而建，通常为自驾三小时车程。一些地区如果拥有较为深厚的人文底蕴、具有比较独特的风土人情和乡风民俗，那么，这些地区就成为市民高频出游的首选，这也从另一个角度阐释了乡村旅游民宿受欢迎的原因。

中国大陆民宿群集中在北京地区，江浙东部地区，福建、广东等东南部地区，安徽、江西等以徽赣文化为特色的地区，云南、贵州、四川等富有民族特色的地区，湘黔桂地区，以及东北、西北地区。

1. 北京地区

以北京为中心，包括以山海关、老龙头等知名景区为依托的秦皇岛市在内的京津冀区域，旅游资源颇具特色，尤其是北京作为我国政治文化中心，常住人口有2000万，对周边民宿的需求较为旺盛。

2. 江浙东部地区

以苏州、无锡、杭州、湖州、嘉兴等为中心。这一区域旅游资源丰富，人文环境优美，经济发达，城乡差别较小，构成一幅幅江南民宿画卷。

3. 东南部地区

以厦门、广州、深圳为中心。近年来，越来越多的游客在厦门过夜，因此，促进了厦门旅游民宿业的快速发展，成为福建省内发展速度最快的城市。东南部区域位于珠三角城市群，地区经济总量巨大，区域内人民的消费能力也较强，据统计，这一区域的人口数量接近5000万，是中国人口最密集的地区之一。另外，福建、广东沿海旅游资源比较丰富，这里气候适宜，尤其在冬季，北方地区游客更青睐于东南部地区的民宿。

4. 徽赣文化地区

安徽黄山和江西婺源等地是传统徽文化地区的主要组成部分，徽文化对皖、赣、浙辐射影响很大，其中在建筑文化形态上，徽派建筑文化在全国有名，受到大家的喜爱。该区域内拥有的自然和文化景观为地区旅游民宿发展创造了得天独厚的优势，尤其西递、宏村世界文化遗产，黄山世界文化与自然遗产和三清山自然文化遗产等，是其他地区所没有的，民宿发展特色也较为明显。

5. 云贵川地区

云贵川地区的旅游民宿特色突出，其中，丽江、大理等古城、古镇是我国旅游民宿的发源地之一。这里的古城、古镇文化底蕴和文艺气息浓厚，悠闲的生活节奏和高山流水的环境相互映衬，构成了旅游民宿的独特风光与风情。因此，到古城、古镇来开办民宿的外来者都为这里的风景与文化所吸引，选址这样的地方经营民宿也是情怀的表现。当然，这一地区的旅游民宿发展经历过一段曲折的过程，由于环境保护没有得到应有的重视，近两年当地政府大力整治民宿产业，经过整顿以后的旅游民宿焕发了新的面貌。

6. 湘黔桂地区

这一区域的民宿主要分布在湖南、贵州、广西三省交界处，这里山水相交，景色绝美，同时也是多民族聚合交融、和谐共处之地。民宿为游客带来别样体验。因此，这一区域民宿较为发达。

7. 东北、西北地区

随着美丽乡村与全面决胜小康社会建设步伐的加快，我国广大农村地区民宿发展的前景一片光明，西部、北部地区的民宿可以借鉴已有民宿发展中的经验教训，实现更高层次的跨越。东北、西北地区的民宿数量相比南部地区较少，但可根据自身的特点，利用气候环境优势，打造一批融滑雪、登山、徒步等为一体的冰雪旅游度假区，统筹周边乡村旅游，推出冬季复合型冰雪旅游基地和夏季避暑休闲度假胜地，强化"景区带村""由村促宿"的辐射作用。

**参考文献**

李应齐、王如君、崔寅、朱玥颖：《让经济全球化更具包容性》，《中国旅游报》2016 年 11 月 21 日。

石培华：《如何认识与理解全域旅游：丁盟资深旅游策划》，http：//blog. sina. com，2017。

石培华：《如何认识与理解全域旅游——全域旅游系列解读之一》，http：//www. worlduc. c，2016。

石培华：《如何认识与理解全域旅游》，《中国旅游报》2016 年 2 月 3 日。

过聚荣：《旅游民宿经营实务》，社会科学文献出版社，2018。

# B.2
# 中国旅游民宿产业发展环境分析

蓝皮书课题组*

**摘 要:** 民宿能够超越式发展,得益于信息技术、大数据、人工智能的发展与普及,而全域旅游的提出为民宿发展注入了强劲动力,政治法律环境宽松,国家层次的民宿政策和地方出台的规范化法规为民宿发展提供了保障。社会文化环境发生了新的变化,形成了有利于民宿产业发展的良好土壤。

**关键词:** 民宿产业 发展环境 全域旅游

## 一 中国旅游民宿发展的外部环境

### (一)信息网络化为旅游民宿发展推波助澜

民宿能够超越式发展,得益于信息技术、大数据、人工智能的发展与普及。科技发展日新月异,一方面是沟通的无边界,另一方面是运输工具的发达,物流配送体系的不断完善,日益加强了点对点的互动。社会组织已经由过去垂直或水平式形态,转变为分散的形态,由点与点之间联结而构成的网络社会正在形成。

工信部发布的信息显示,我国移动电话用户总数已经达到6亿,手机已

---

\* 蓝皮书课题组成员:过聚荣、王晨、马会会、凌叶;执笔:过聚荣,博士,上海医药大学执行校长,教授,主要研究方向:旅游管理、管理学。

经成为人们必不可少的随身品。根据国外的研究，平均每6.5分钟人们就会看一眼手机。不仅如此，我们每天起床第一件事情便是看手机，而晚上睡觉之前的最后一件事也是看手机。因此，民宿提供通畅的网络就成为必要条件。你可以身处山野，但不能离开网络。

乡村相对封闭的状态得以打开，使民宿的发展能够超越自身条件的限制，融入现代文明的潮流之中。

### （二）文化、旅游、住宿服务融合化

现在越来越多的人对生活品质的要求提高了，人们也不再满足于传统的农家乐、农庄和旅游景区提供的服务，转而投向精致高品位的民宿休闲旅游，因此各地民宿也如雨后春笋般纷纷涌现。追求经济效益也已不再是经营者的唯一目标，结合当地人文、自然景观、周边环境等资源，将天然的山水、传统的街区、独特的民居有机地结合起来，更加关注消费者情感共鸣和满意度的提升，以期更符合人们心中对生活品质的渴望，是经营者的目标。

"一个乡村就是一个乡土文化博物馆"的核心理念正在崛起：基于村落文脉和古居民群落整体保护，通过传统文化的艺术化、创意化、体验化，打造有故事的乡村民宿群落和精致乡村文化休闲体系，将创造传统与时尚碰撞的别致乡村生活方式。

与此同时，全域旅游的提出为民宿发展注入了强劲动力。所谓全域旅游，是指一定区域内，以旅游业为优势产业，以旅游业带动、促进经济社会发展的一种新的区域发展理念和模式，是把一个区域整体当作旅游景区、空间全景化的系统旅游。

具体而言，城镇建设除了满足居民生活、生产功能外，还要注重文化特色和对外来游客的服务。

水利建设不仅要满足防洪、灌溉需要，还要为游客提供审美游憩价值和休闲度假功能。

交通建设和管理，不仅要满足运输和安全需求，还应建设风景道，完善自驾车旅游服务体系。

林业生态建设，除了满足生态功能外，还要形成特色景观，配套旅游服务功能。

农业发展，除了满足农业生产外，还应满足采摘、休闲等需求。

美丽乡村建设，除建成当地农民的幸福家园外，还应建成休闲度假乐园。

## 二 中国旅游民宿发展中的政治法律环境

### （一）积极发展的政策大环境

民宿的兴旺与乡村发展密不可分，从一定意义上说，民宿发展水平与乡村建设水平同步。

可喜的是，党的十九大报告中两次提到了"乡村振兴战略"，并将它列为决胜全面建成小康社会需要坚定实施的七大战略之一。在繁荣发展乡村经济、创造美好乡村生活、打造美丽乡村环境、全面增强乡村活力、营造文明乡村风尚、创新乡村治理等方面的细化、实化政策，摆上了各级政府的议事日程。为使乡村振兴战略落到实处，国家出台了一系列政策，比如强化政策支持保障，完善财政支农政策体系，使城市技术、人才、资金、管理等现代生产要素下乡，等等。政策体系在建立完善、全面对接的通道上不断优化，从而为乡村振兴提供了有力支撑。

还有一点需要指出的是，我国推出的"厕所革命"也为民宿发展创造了条件。"厕所革命"是一场全球性革命，发展演变的路径，往往是从城市走向农村、从中心走向外围、从公共空间走向私人领地。在乡村，就是要"革"意想不到的顽固习俗的"命"，从而弘扬生机盎然的乡村进步气息，让游客感受到走向小康生活的新面貌。

建好"四好农村路"，是习近平总书记做出的重要指示，即既要把农村公路建好，更要管好、护好、运营好，为广大农民致富奔小康、加快推进农业农村现代化提供更好的保障。建好"四好农村路"的进一步推进，在于把农村公路"毛细血管"逐步打通，推动"公路＋旅游""公路＋产业"

发展模式不断完善，为农村特别是贫困地区带去人气、财气。

"厕所革命""四好农村路"等具有中国特色的农村发展举措为旅游民宿发展奠定了物质基础。

就民宿行业而言，其也在不断向标准化规范化方向发展。

自 2016 年 3 月 1 日，国家发展改革委等 10 个部门联合制定的《关于促进绿色消费的指导意见》发布以来，民宿工作一直是政府的重点工作。从中央到地方纷纷出台了倡导、规范民宿业发展的各类政策。截至 2018 年，全国已有 267 个关于民宿的文件出台，其中已有 23 个省、区、市出台民宿扶持政策。

2018 年是民宿标准化规范化发展的过渡年，民宿行业得到了来自国务院办公厅的发文鼓励、各地方政府的支持，并迎来首个行业自律性标准文件《共享住宿服务规范》。2019 年，民宿标准体系化建设全面展开，民宿标准化规划的编制，国家标准、社团标准、地方标准等各种、各类标准的制定与宣贯，成为旅游标准化的热门领域。2019 年 7 月 3 日，文化和旅游部批准并正式公布了《旅游民宿基本要求与评价》新标准，并于 7 月 22 日正式公开标准内容，为解决民宿行业的诸多问题提供了政策支撑。

国家层面的民宿政策和地方出台的规范化政策为民宿发展提供了保障。

## （二）相关法律法规

表 1　中央各部委发布的部分民宿业法规一览

| 时间 | 发布单位 | 政策名称 |
| --- | --- | --- |
| 2014 年 12 月 31 日 | 中共中央办公厅、国务院办公厅 | 《关于农村土地征收、集体经营性建设用地入市、宅基地制度改革试点工作的意见》 |
| 2015 年 11 月 19 日 | 国务院办公厅 | 《关于加快发展生活性服务业促进消费结构升级的指导意见》 |
| 2015 年 12 月 31 日 | 中共中央、国务院 | 《关于落实发展新理念加快农业现代化实现全面小康目标的若干意见》 |

续表

| 时间 | 发布单位 | 政策名称 |
|---|---|---|
| 2016 年 3 月 1 日 | 国家发展改革委、中宣部、科技部、财政部、环境保护部、住房城乡建设部、商务部、质检总局、旅游局、国管局 | 《关于促进绿色消费的指导意见》 |
| 2016 年 7 月 1 日 | 住房城乡建设部、国家发展改革委、财政部 | 《住房城乡建设部、国家发展改革委、财政部关于开展特色小镇培育工作的通知》 |
| 2016 年 10 月 8 日 | 国家发展改革委 | 《关于加快美丽特色小(城)镇建设的指导意见》 |
| 2016 年 10 月 10 日 | 中华人民共和国住房和城乡建设部、中国农业发展银行 | 《住房城乡建设部中国农业发展银行关于推进政策性金融支持小城镇建设的通知》 |
| 2016 年 12 月 31 日 | 国务院 | 《关于深入推进农业供给侧结构性改革加快培育农业农村发展新动能的若干意见》 |
| 2017 年 1 月 17 日 | 中国社会科学院 | 《旅游绿皮书:2016～2017 年中国旅游发展分析与预测》 |
| 2017 年 2 月 27 日 | 住房城乡建设部、公安部、国家旅游局 | 《农家乐(民宿)建筑防火导则(试行)》 |
| 2017 年 3 月 7 日 | 国家旅游局 | 《"十三五"全国旅游信息化规划》 |
| 2017 年 5 月 19 日 | 住房和城乡建设部 | 《住房租赁和销售管理条例(征求意见稿)》 |
| 2017 年 7 月 3 日 | 国家发展改革委、中央网信办、工业和信息化部、人力资源社会保障部、税务总局、工商总局、质检总局、国家统计局 | 《关于促进分享经济发展的指导性意见》 |
| 2017 年 8 月 15 日 | 国家旅游局 | 《旅游民宿基本要求与评价 LB/T065－2017》 |
| 2017 年 8 月 21 日 | 国土资源部、住房城乡建设部 | 《利用集体建设用地建设租赁租房试点方案》 |
| 2017 年 12 月 7 日 | 国土资源部、国家发展改革委 | 《关于深入推进农业供给侧结构性改革做好农村产业融合发展用地保障的通知》 |
| 2018 年 3 月 9 日 | 国务院办公厅 | 《关于促进全域旅游发展的指导意见》 |
| 2018 年 11 月 15 日 | 国家信息中心 | 《共享住宿服务规范》 |
| 2019 年 1 月 16 日 | 文化和旅游部 | 《关于实施旅游服务质量提升计划的指导意见》 |
| 2019 年 2 月 19 日 | 中共中央办公厅、国务院办公厅 | 《关于促进小农户和现代农业发展有机衔接的意见》 |
| 2019 年 1 月 3 日 | 中共中央、国务院 | 《中共中央国务院关于坚持农业农村优先发展做好"三农"工作的若干意见》 |
| 2019 年 4 月 15 日 | 中共中央、国务院 | 《中共中央国务院关于建立健全城乡融合发展体制机制和政策体系的意见》 |

续表

| 时间 | 发布单位 | 政策名称 |
|---|---|---|
| 2019 年 6 月 6 日 | 文化和旅游部办公厅、国家发展改革委办公厅 | 《关于开展全国乡村旅游重点村名录建设工作的通知》 |
| 2019 年 6 月 28 日 | 国务院 | 《国务院关于促进乡村产业振兴的指导意见》 |
| 2019 年 7 月 3 日 | 文化和旅游部办公厅 | 《旅游民宿基本要求与评价》（LB/T065—2019） |

表 2　地方政府发布的民宿业法规一览

| 时间 | 发布单位 | 政策名称 |
|---|---|---|
| 2001 年 12 月 12 日 | 台湾交通部 | 《民宿管理办法》 |
| 2014 年 1 月 23 日 | 德清县人民政府办公室 | 《德清县民宿管理办法（试行）》 |
| 2015 年 3 月 24 日 | 深圳市大鹏新区 | 《深圳市大鹏新区民宿管理办法（试行）》 |
| 2015 年 5 月 18 日 | 厦门市人民政府办公厅 | 《厦门市关于进一步促进休闲农业发展意见的通知》 |
| 2015 年 8 月 17 日 | 中共杭州市委、杭州市人民政府农业和农村工作办公室等 | 《关于进一步优化服务促进农村民宿产业规范发展的指导意见》 |
| 2015 年 10 月 15 日 | 宁波市旅游局和市质监局 | 《特色客栈等级划分规范》地方标准规范 |
| 2015 年 11 月 | 杭州市委办公室 | 《关于加快培育发展农村现代民宿业的实施意见》 |
| 2016 年 3 月 18 日 | 杭州市旅游局 | 《申报 2016 年杭州市农村现代民宿业扶持项目的通知》 |
| 2016 年 3 月 7 日 | 湖南张家界武陵源区旅工委办公室 | 《张家界市武陵源区发展乡村特色民宿（客栈）管理实施办法》 |
| 2016 年 8 月 8 日 | 浙江省人民政府办公厅 | 《关于推进民宿型农家乐休闲旅游发展的实施意见》 |
| 2016 年 8 月 9 日 | 黑龙江省人民政府办公厅 | 《黑龙江省人民政府办公厅关于加快发展生活性服务业的实施意见》 |
| 2016 年 8 月 10 日 | 浙江省公安厅 | 《浙江省民宿（农家乐）治安消防管理暂行规定》 |
| 2016 年 8 月 18 日 | 杭州市质量技术监督局 | 《民宿业服务等级划分与评定规范》 |
| 2017 年 1 月 22 日 | 南京市政府办公厅 | 《关于促进乡村民宿业规范发展的实施办法》 |
| 2017 年 2 月 15 日 | 苍南县人民政府办公室 | 《苍南县民宿管理办法（试行）》 |
| 2017 年 3 月 1 日 | 苍南县人民政府办公室 | 《关于进一步加快培育扶持乡村旅游发展的实施意见》 |
| 2017 年 5 月 4 日 | 厦门市人民政府办公厅 | 《厦门市民宿管理暂行办法》 |
| 2017 年 6 月 22 日 | 厦门市思明人民政府办公室 | 《思明区关于厦门市民宿管理暂行办法的实施意见（试行）》 |

| 时间 | 发布单位 | 政策名称 |
|------|----------|----------|
| 2017 年 7 月 14 日 | 苏州市人民政府办公室 | 《关于促进苏州市乡村旅游民宿规范发展的指导意见》 |
| 2017 年 7 月 10 日 | 黎川县人民政府办公室 | 《关于印发加快推进民宿经济发展实施意见(试行)的通知》 |
| 2017 年 7 月 27 日 | 广东省第十二届人民代表大会常务委员会 | 《广东省旅游条例》通过 |
| 2017 年 8 月 1 日 | 北京市第十四届人民代表大会常务委员会 | 《北京市旅游条例》实施 |
| 2017 年 8 月 10 日 | 江西省人民政府办公厅 | 《江西省人民政府办公厅关于进一步加快发展乡村旅游的意见》 |
| 2017 年 11 月 1 日 | 广东省第十二届人民代表大会常务委员会 | 《广东省旅游条例》实施 |
| 2017 年 12 月 12 日 | 浦江县政府 | 《关于促进我县民宿(农家乐)持续健康发展的实施办法(试行)》 |
| 2018 年 1 月 17 日 | 陕西省商务厅 | 《陕西省特色民宿示范标准》 |
| 2018 年 1 月 30 日 | 常熟市政府办公室 | 《促进民宿发展实施意见》 |
| 2018 年 2 月 1 日 | 海南省人民政府 | 《海南省人民政府关于促进乡村民宿发展的指导意见》 |
| 2018 年 2 月 1 日 | 温州永嘉县人民政府办公室 | 《民宿管理暂行办法》 |
| 2018 年 1 月 30 日 | 常熟市人民政府办公室 | 《关于促进常熟市旅游民宿业发展的实施意见》 |
| 2018 年 3 月 13 日 | 江苏南京栖霞区政府办公室 | 《关于促进栖霞区乡村民宿业规范发展的实施办法》 |
| 2018 年 3 月 19 日 | 梅州市梅县区人民政府 | 《梅州市梅县区关于加快发展美丽乡村民宿经济的实施意见》 |
| 2018 年 3 月 | 腾冲市政府 | 《和顺古镇民宿管理办法(试行)》 |
| 2018 年 3 月 28 日 | 上海市青浦区人民政府办公室 | 《青浦区关于促进民宿业发展指导意见(试行)》 |
| 2018 年 4 月 4 日 | 湖南省质量技术监督局 | 《两型精品民宿》 |
| 2018 年 4 月 9 日 | 东阳市市人民政府 | 《关于扶持民宿发展的若干意见(试行)》 |
| 2018 年 4 月 10 日 | 平潭综合实验区管委会 | 《平潭综合实验区旅游民宿管理办法(试行)》 |
| 2018 年 4 月 24 日 | 霞浦县人民政府 | 《霞浦县人民政府关于扶持霞浦县乡村民宿业发展的实施意见》 |
| 2018 年 4 月 24 日 | 恩施市人民政府办公室 | 《恩施市鼓励旅游民宿发展和引导消费实施细则(试行)》 |

续表

| 时间 | 发布单位 | 政策名称 |
|---|---|---|
| 2018 年 5 月 14 日 | 泰宁县人民政府办公室 | 《泰宁县加快民宿发展办法》 |
| 2018 年 5 月 21 日 | 文成县人民政府办公室 | 《文成县民宿管理办法》 |
| 2018 年 6 月 11 日 | 东莞麻涌镇 | 《推动民俗客栈(民宿)建设试点扶持暂行办法》 |
| 2018 年 6 月 12 日 | 大理市人民政府 | 《大理市洱海生态环境保护"三线"管理规定(试行)》 |
| 2018 年 6 月 22 日 | 上海市质量技术监督局 | 《乡村民宿服务质量要求》 |
| 2018 年 6 月 27 日 | 潮州市湘桥区人民政府 | 《湘桥区民宿客栈管理办法(暂行)》 |
| 2018 年 7 月 3 日 | 北京市怀柔区人民政府 | 《怀柔区促进乡村旅游提质升级奖励办法(试行)》 |
| 2018 年 7 月 3 日 | 开化县人民政府办公室 | 《开化县民宿管理办法》 |
| 2018 年 7 月 28 日 | 长沙县人民政府办公室 | 《长沙县旅游民宿发展三年行动计划》 |
| 2018 年 7 月 30 日 | 苍南县人民政府办公室 | 《苍南县民宿管理办法》 |
| 2018 年 8 月 1 日 | 滁州市南谯区财政局和区文广新旅局联合 | 《南谯区发展旅游民宿扶持办法(试行)》 |
| 2018 年 8 月 13 日 | 上海市奉贤区旅游局等 | 《奉贤区乡村旅游民宿管理暂行办法(试行)》 |
| 2018 年 8 月 16 日 | 陕西省旅游发展委员会 | 《关于规范秦岭地区农家乐(民宿)发展的指导意见》 |
| 2018 年 8 月 27 日 | 石狮市人民政府 | 《关于发展永宁镇旅游民宿的实施意见(试行)》 |
| 2018 年 9 月 1 日 | 嘉兴市秀洲区人民政府办公室 | 《秀洲区民宿管理办法(试行)》 |
| 2018 年 9 月 3 日 | 上海市人民政府办公厅 | 《关于促进本市乡村民宿发展的指导意见》 |
| 2018 年 9 月 4 日 | 广东省人民政府法制办公室 | 《广东省民宿管理办法(送审稿)》 |
| 2018 年 9 月 5 日 | 韶山市人民政府办公室 | 《关于加快推进民宿产业发展的若干意见》 |
| 2018 年 9 月 6 日 | 龙门县旅游局 | 《龙门县旅游民宿管理办法(试行)》(征求意见稿) |
| 2018 年 9 月 10 日 | 苏州市旅游局 | 《苏州市乡村旅游民宿等级划分与评定办法(试行)》 |
| 2018 年 9 月 11 日 | 太仓市人民政府办公室 | 《太仓市关于促进旅游民宿发展实施办法》 |
| 2018 年 9 月 30 日 | 苏州市吴江区政府 | 《苏州市吴江区推进乡村民宿(农家乐)发展实施办法(试行)》 |
| 2018 年 10 月 31 日 | 深圳市大鹏新区政法办公室 | 《深圳市大鹏新区管理委员会关于印发深圳市大鹏新区民宿管理暂行办法的通知》 |
| 2018 年 10 月 31 日 | 海盐县人民政府 | 《海盐县民宿规范管理办法》 |
| 2018 年 11 月 6 日 | 洱源县人民政府 | 《洱源县洱海流域乡村民宿客栈管理办法(试行)》 |

| 时间 | 发布单位 | 政策名称 |
|---|---|---|
| 2018 年 12 月 19 日 | 成都新津县政府办公室 | 《新津县关于乡村民宿发展的指导意见（试行）》 |
| 2018 年 12 月 25 日 | 桂林市人民政府 | 《桂林市中小旅馆（民宿、农家乐）消防安全管理办法（试行）》 |
| 2018 年 12 月 29 日 | 江西上饶市人民政府办公厅 | 《上饶市民宿消防安全管理暂行办法》 |
| 2018 年 12 月 29 日 | 佛山市人民政府办公室 | 《佛山市民宿管理暂行办法》 |
| 2018 年 10 月 19 日 | 佛山市人民政府办公室 | 《佛山市发展全域旅游促进投资和消费实施方案》 |
| 2018 年 1 月 7 日 | 佛山全域旅游相关政策新闻发布会 | 《佛山市促进全域旅游发展扶持办法》 |
| 2019 年 1 月 9 日 | 中共连江县委办公室、连江县人民政府办公室 | 《关于促进乡村民宿业健康发展的意见（试行）》 |
| 2019 年 1 月 10 日 | 昆山市人民政府办公室 | 《关于促进昆山市旅游民宿规范发展的实施细则（试行）》 |
| 2019 年 1 月 10 日 | 平阳县人民政府办公室 | 《关于加强南麂民宿规范提升工作的实施方案》 |
| 2019 年 2 月 2 日 | 雅安市雨城区人民政府办公室 | 《雨城区民宿扶持奖励办法（试行）》 |
| 2019 年 2 月 11 日 | 宁波鄞州区公安分局 | 《鄞州区民宿治安消防管理暂行规定（意见征求稿）》 |
| 2019 年 2 月 18 日 | 黟县宏潭乡人民政府 | 《关于促进黟县民宿业健康发展的实施办法（试行）》 |
| 2019 年 2 月 18 日 | 张家口市人民政府办公室 | 《张家口市支持全市住宿业质量提升扶持措施（试行）》 |
| 2019 年 3 月 1 日 | 珠海市第九届人民代表大会常务委员 | 《珠海市经济特区旅游条例》实施 |
| 2019 年 3 月 5 日 | 建瓯市人民政府 | 《建瓯市人民政府关于加快民宿发展的实施意见》 |
| 2019 年 3 月 7 日 | 苏州市委办公室、市政府办公室 | 《关于加快发展共享农庄（乡村民宿）促进农文旅深度融合的实施意见》 |
| 2019 年 3 月 11 日 | 浙江温州平阳县县农业农村局、县财政局 | 《平阳县民宿发展扶持办法（试行）》 |
| 2019 年 3 月 24 日 | 成都市人民政府办公厅 | 《成都市人民政府办公厅关于促进民宿业健康发展的指导意见》 |
| 2019 年 3 月 27 日 | 黄山市徽州区人民政府办公室 | 《徽州区规范民宿发展的实施办法（试行）》 |

续表

| 时间 | 发布单位 | 政策名称 |
|---|---|---|
| 2019 年 4 月 15 日 | 福建南平光泽县人民政府 | 《光泽县民宿管理暂行规定(试行)》的起草说明 |
| 2019 年 3 月 28 日 | 陕西省十三届人大常委会第十次会议 | 《陕西省秦岭生态环境保护条例(修订草案)》 |
| 2019 年 4 月 1 日 | 广州市文化广电旅游局 | 《广州市民宿旅游发展专项规划(2018～2035)》 |
| 2019 年 4 月 3 日 | 休宁县文化旅游体育局 | 《关于促进休宁县民宿规范发展的实施意见(征求意见稿)》 |
| 2019 年 4 月 17 日 | 黄山区人民政府办公室 | 《关于促进黄山区民宿规范发展实施办法(试行)》 |
| 2019 年 4 月 17 日 | 永泰县人民政府办公室 | 《永泰县民宿管理指导意见(试行)》 |
| 2019 年 4 月 18 日 | 西安市人民政府办公厅 | 《西安市关于促进民宿发展三年行动方案(2019～2021 年)》 |
| 2019 年 4 月 29 日 | 海南省住房和城乡建设厅 | 《海南省乡村民宿发展规划(2018～2030)》 |
| 2019 年 5 月 13 日 | 济南市文化和旅游局等 | 《济南市民宿管理办法》 |
| 2019 年 5 月 15 日 | 毕节市文化广电旅游局 | 《毕节市民宿建设工作方案(征求意见稿)》 |
| 2019 年 5 月 27 日 | 祁门县人民政府办公室 | 《关于促进祁门县民宿规范发展的实施办法(试行)》 |
| 2019 年 5 月 19 日 | 丽江古城客栈协会 | 《世界文化遗产丽江古城民宿客栈行业服务标准(试行)》《世界文化遗产丽江古城民宿客栈行业等级评定标准(试行)》《世界文化遗产丽江古城民宿客栈行业诚信经营指导价(试行)》 |
| 2019 年 5 月 22 日 | 海南省新闻办、省住建厅 | 《海南省乡村民宿管理办法》《海南省促进乡村民宿发展实施方案》 |
| 2019 年 6 月 15 日 | 济南人民政府 | 《济南市民宿管理办法》正式实施 |
| 2019 年 6 月 21 日 | 广东省人民政府 | 《广东省民宿管理暂行办法》 |
| 2019 年 6 月 21 日 | 歙县人民政府办公室 | 《关于促进歙县民宿业规范发展的实施办法》 |
| 2019 年 6 月 18 日 | 日照市人民政府办公室 | 《日照市关于促进精品民宿发展三年行动计划》 |
| 2019 年 6 月 26 日 | 日照市公安局 | 《日照市民宿(农家乐)治安消防管理暂行规定》 |
| 2019 年 6 月 18 日 | 休宁县文化旅游体育局 | 《休宁县人民政府办公室关于印发〈休宁县规范民宿发展的实施办法(试行)〉的通知》 |
| 2019 年 7 月 19 日 | 平湖市政府 | 《平湖市民宿管理办法(试行)》 |
| 2019 年 7 月 16 日 | 天津市人民政府办公厅 | 《天津市促进旅游业发展两年行动计划(2019～2020 年)》 |

### 表 3　行业协会一览

| 成立时间 | 协会名称 |
| --- | --- |
| 1956 年 11 月 29 日 | 台湾观光协会系财团法人组织 |
| 1990 年 12 月 23 日 | 台湾宜兰县观光协会 |
| 1996 年 | 台湾嘉义县观光协会 |
| 1997 年 | 台中市观光旅游协会 |
| 1998 年 12 月 18 日 | 台湾高雄市观光协会 |
| 2001 年 | 台湾新北市观光协会 |
| 2002 年 | 台湾民宿协会联合总会 |
| 2003 年 4 月 28 日 | 台湾民宿协会 |
| 2003 年 | 台湾南投县民宿观光协会 |
| 2004 年 | 台湾清境观光协会 |
| 2005 年 1 月 | 台湾宜兰县乡村民宿发展协会 |
| 2016 年 | 台湾观光产业永续发展协会 |
| 2016 年 | 台湾南投县日月潭民宿发展协会 |
| 2017 年 | 台湾花莲县民宿协会 |
| 2018 年 | 台湾屏东县民宿协会 |
| 2018 年 4 月 16 日 | 台湾好客民宿协会 |
| 2013 年 3 月 12 日 | 昆山市周庄镇民宿行业协会 |
| 2015 年 5 月 18 日 | 深圳市大鹏新区民宿行业协会 |
| 2016 年 1 月 15 日 | 淡竹乡农家乐(民宿)行业协会 |
| 2016 年 8 月 5 日 | 莫干山民宿行业协会 |
| 2016 年 10 月 10 日 | 中国旅游协会民宿客栈与精品酒店分会 |
| 2017 年 3 月 13 日 | 杭州市民宿行业协会 |
| 2017 年 3 月 18 日 | 大理白族自治州客栈民宿行业协会 |
| 2017 年 4 月 25 日 | 临安市民宿行业协会 |
| 2017 年 4 月 25 日 | 嘉善县西塘镇民宿客栈协会 |
| 2017 年 5 月 23 日 | 淳安县千岛湖民宿行业协会 |
| 2017 年 7 月 | 洞桥镇民宿协会 |
| 2017 年 7 月 20 日 | 三斗坪镇园艺村民宿行业协会 |
| 2017 年 10 月 22 日 | 浙江省杭州市萧山区戴村镇民宿行业协会 |
| 2017 年 10 月 23 日 | 阳朔民宿协会 |
| 2017 年 11 月 28 日 | 杭州市西湖区民宿行业协会 |
| 2018 年 12 月 27 日 | 义乌旅居民宿行业协会 |
| 2018 年 2 月 7 日 | 浙江省旅游民宿产业联合会 |
| 2018 年 3 月 31 日 | 湖南省旅游饭店协会民宿客栈分会 |

| 成立时间 | 协会名称 |
|---|---|
| 2018 年 4 月 17 日 | 福建省旅游协会民宿分会 |
| 2018 年 5 月 19 日 | 连云港市民宿行业协会 |
| 2018 年 5 月 31 日 | 余姚市民宿行业协会 |
| 2018 年 7 月 15 日 | 天台山景区民宿行业协会 |
| 2018 年 7 月 26 日 | 海南省旅游民宿协会 |
| 2018 年 8 月 15 日 | 成都旅游住宿业协会民宿及客栈分会 |
| 2018 年 8 月 16 日 | 四川省旅游协会民宿分会 |
| 2018 年 8 月 21 日 | 吐鲁番市民宿行业协会 |
| 2018 年 8 月 30 日 | 光福镇民宿（农家乐）协会 |
| 2018 年 9 月 20 日 | 永嘉县民宿协会 |
| 2018 年 10 月 8 日 | 乌镇人家民宿行业协会联合工会 |
| 2018 年 11 月 13 日 | 永嘉县民宿行业协会 |
| 2018 年 11 月 20 日 | 从化流溪人家民宿协会 |
| 2018 年 12 月 26 日 | 海口民宿协会 |
| 2018 年 12 月 26 日 | 潮州市民宿客栈行业协会 |
| 2018 年 12 月 28 日 | 黄山市徽州民宿协会 |
| 2019 年 1 月 18 日 | 安徽省黄山市研学旅行协会 |
| 2019 年 1 月 20 日 | 日照市民宿协会 |
| 2019 年 1 月 28 日 | 广州市民宿协会 |
| 2019 年 3 月 20 日 | 北京市旅游行业协会民宿分会 |
| 2019 年 3 月 21 日 | 浦江县民宿行业协会 |
| 2019 年 3 月 31 日 | 湖南省旅游饭店协会民宿客栈分会 |
| 2019 年 4 月 10 日 | 青岛市崂山区民宿协会 |
| 2019 年 4 月 24 日 | 常山县民宿行业协会 |
| 2019 年 5 月 17 日 | 衢州市柯城区民宿行业协会 |
| 2019 年 5 月 18 日 | 三亚市旅游民宿协会 |
| 2019 年 5 月 30 日 | 北海市民宿行业协会 |
| 2019 年 6 月 28 日 | 黟县民宿协会 |
| 2019 年 7 月 2 日 | 惠州市民宿客栈与精品酒店协会 |
| 2019 年 7 月 12 日 | 余杭区民宿农家乐行业协会 |
| 2019 年 7 月 16 日 | 张家口市民宿行业协会 |
| 2019 年 7 月 19 日 | 陕西省民宿服务行业协会 |
| 2019 年 8 月 16 日 | 四川省旅游协会民宿分会 |

## 三　中国旅游民宿发展中的社会文化与经济环境

### （一）中国旅游民宿发展中的社会文化环境

一是生态环境保护受到全社会重视，现代科学技术的高速发展使人类的生产能力大大增强，但与此同时也出现了对自然生态环境的过度索取和破坏。在过度追求经济发展速度的同时，没有考虑到自然生态环境的供给能力，使得如今生态环境问题十分突出，出现了水土流失、土地沙化、植被质量低、湿地破坏严重、生物多样性受到威胁等现象，因此加强生态保护与建设十分重要。自党的十八大以来，国家高度重视生态文明建设和环境保护，坚定不移走生态优先、绿色发展新道路，扛起生态环境保护的大旗，坚决打好污染防治攻坚战，推动美丽乡村建设再上新台阶。同时，我国自发出"绿水青山就是金山银山"的号召起，就一直在全力引导社会各界尊重自然、顺应自然、保护自然，自觉践行绿色生活。如今，这句口号已经深深地刻在了社会各界民众的脑海中，不断推动向美丽乡村进军，从而实现"共建美丽乡村"的美好愿望。社会各界从控煤、控尘、控车、控工业污染和控新建项目污染等"五控"，到增加"控农""控港口污染"等"五控＋N"，到如今的家家户户垃圾分类，无一不是在加快推进生态文明建设，体现出全社会对生态环保的高度重视，将生态环境保护推上了更高的位置。

二是旅游资源保护意识得到各级政府的高度重视，2019 年 6 月 28 日国务院发布了《关于促进乡村产业振兴的指导意见》（以下简称《意见》），一个值得注意的现象是，乡村旅游作为促进乡村产业振兴的重要内容再次写入了意见中。从全国的范围看，乡村旅游已经呈现一个新趋势，即质量提质、层次升级、文旅融合。《意见》重点对如何"优化""融合""资源保护"等进行了部署并提出了明确的要求，为乡村旅游进一步促进乡村产业振兴指明了方向。

这份《意见》也在如何优化方面提出了指导意见，即"优化乡村休闲

旅游业，实施休闲农业和乡村旅游精品工程"。同时指出，乡村发展的进一步深化，对乡村旅游在质量和档次上提出了客观需要。这个意见与2018年10月由国家发展改革委、文化和旅游部等13部门联合印发的《促进乡村旅游发展提质升级行动方案（2018～2020年）》，异曲同工。比如，在多业态融合方面就指出"发展多类型融合业态。推进农业与文化、旅游、教育、康养等产业融合，发展创意农业、功能农业等"。

近年来，有关部门连续出台相关政策指导乡村旅游与乡村振兴工作。2019年6月，文化和旅游部办公厅、国家发展改革委办公厅联合发布了《关于开展全国乡村旅游重点村名录建设工作的通知》。通知中明确提出，乡村旅游的重点村应具备"旅游产品体系成熟、质量较高，已开发乡村民宿、观光度假、农事体验、乡土美食或文创产品等具有独特风格的成熟旅游产品"。在如何挖掘乡村非物质文化遗产资源、保护当地传统工艺等方面，通知也提出了明确要求。可以看出，中央、各部门以及各级地方政府，顺应文旅融合的发展趋势，出台了一系列促进乡村振兴的政策，并敏锐地看到，乡村旅游在乡村振兴中的重要作用。而乡村旅游中的关键要素是旅游民宿。

三是公共卫生设施普及乡镇村落，公共卫生设施建设最典型的应属我国2017年重点推行的"厕所革命"。2013年以来，我国旅游厕所革命从重点景区进一步扩展到景区的全域、从旅游城市延伸至边远农村。这种变化，无论是数量增加，还是质量提升，从厕所这个乡村发展的"牛鼻子"着手，紧紧抓住旅游基础工程、文明工程和民生工程的特征，经过多年的持续努力，我国已经全面完成旅游厕所革命的各项任务，成果显著，受到了老百姓的普遍欢迎。新三年目标如期实现，即"数量充足、分布合理，管理有效、服务到位，卫生环保、如厕文明"。

为了能够集中有限财政办大事，将主要关注点聚焦在农村人居环境整治上，国家设计了补助奖励的方式对地方农村人居环境整治进行支持。比如，农业农村部通过三项政策的实施，推动农村厕所革命。

这三项政策是：第一，农业农村部会同财政部从2019年开始，利用五年时间对全国的农村"厕所革命"予以支持。2019 年安排 70 亿元资金，实现农村厕所粪污基本得到处理和进一步的资源化利用。专项政策的实施将惠及超过 1000 万的农户。第二，农业农村部会同国家发展和改革委员会，安排 30 亿元专项资金，整县推进地区人居环境的整治，尤其是对中西部地区实施了倾斜政策，从中遴选出 141 个县，每个县的资金支持规模达 2000 多万元，其治理的重点在于农村生活污水、垃圾以及厕所粪污治理和村容村貌等综合提升，通过专项政策支持，实现以县为单位加快补齐农村人居环境设施的短板。第三，农业农村部和财政部在调研以及地方推荐的基础上，遴选出农村人居环境整治成效比较明显的 19 个县予以奖励，奖励的额度为每个县 2000 万元。通过以上信息可以看到，我国乡村公共卫生设施的普及效果良好，乡村人居环境整治工作已见成效。

四是全域旅游理念得到广泛认同，所谓全域旅游，是指将一个区域整体作为旅游目的地予以建设和运作，达到区域资源有机整合、产业融合发展、社会共建共享，以旅游业带动和促进经济社会协调发展。全域旅游的要义在于使各行业都积极融入旅游发展的大局之中，同时需要各个部门协力共管，且全区域的居民共同参与，使全区域的所有资源条件成为吸引游客的要素，以满足到当地旅游的消费者全方位的需求。因此，"全域旅游"所追求的已经不再停留在旅游人次的增长上，而是旅游质量的全方位提升，希冀通过旅游让人们感知生活品质的提升。可喜的是，经过这几年实施全域旅游，我国逐步实现了乡村景观全域优化、旅游服务全域配套、旅游治理全域覆盖、旅游产业全域联动和旅游成果全民共享。"乡村田园秀丽、民俗风情多姿、生态五彩斑斓、功能现代时尚"的乡村旅游目的地已初步呈现。

### （二）中国旅游民宿发展中的经济环境

民宿发展背靠中国经济的良好环境，随着我国经济发展水平的不断优化，第三产业在 GDP 中的比重日益调整，人们对美好生活的追求所催生的休闲娱乐产品的需求也越来越多样，中国旅游民宿发展具有了比较厚实的基础。

一是第三产业迅速发展。民宿是第三产业的重要一员，在全域旅游中具有独特功能，发挥着重要作用。

2018 年，全年国内生产总值超过 90 万亿元，比上年增长 6.6%。根据 2018 年的初步核算，第一产业增加值与上一年基本持平，其占 GDP 比重逐年下降；第二产业和第三产业增加值及占 GDP 比重逐年上升；第三产业占 GDP 比重始终保持在一半以上（见表4、图1）。

表4  2016~2018 年 GDP 和三次产业增加值

单位：亿元，%

| 年份 | GDP | 第一产业增加值 | 第一产业占GDP比重 | 第二产业增加值 | 第二产业占GDP比重 | 第三产业增加值 | 第三产业占GDP比重 |
|---|---|---|---|---|---|---|---|
| 2016 | 740060.8 | 63645.2 | 8.6 | 294544.2 | 39.8 | 381871.4 | 51.6 |
| 2017 | 820754.3 | 64839.6 | 7.9 | 332405.5 | 40.5 | 423509.2 | 51.6 |
| 2018 | 900309.5 | 64822.3 | 7.2 | 366426.0 | 40.7 | 469961.6 | 52.2 |

注：2018 年统计数据为初步核算数据。

资料来源：《国家统计年鉴》（2017 年、2018 年）、国家统计局网站。

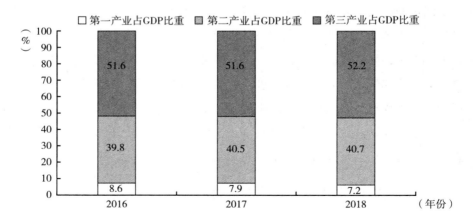

图1  2016~2018 年三次产业增加值占 GDP 比重

二是旅游收入逐年增加（见图2、图3）。

三是分行业增加值中住宿和餐饮业逐年增加（见表5）。

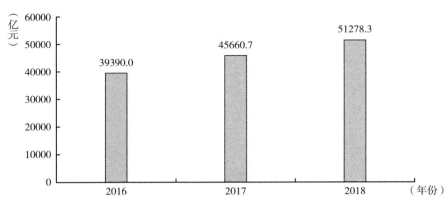

图 2　国内旅游总花费

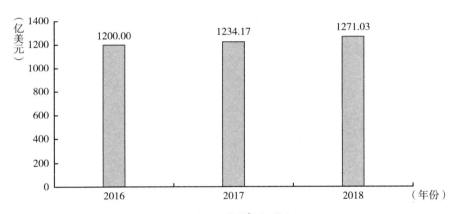

图 3　国际旅游外汇收入

资料来源：国家统计局。

表 5　2016～2018 年分行业增加值

单位：亿元

| 年份 | 农林牧渔业 | 工业 | 建筑业 | 批发和零售业 | 交通运输、仓储和邮政业 | 住宿和餐饮业 | 金融业 | 房地产业 | 其他行业 |
|------|------------|------|--------|--------------|--------------------------|--------------|--------|----------|----------|
| 2016 | 62451 | 247877.7 | 49702.9 | 71290.7 | 33058.8 | 13358.1 | 61121.7 | 48190.9 | 153008.9 |
| 2017 | 64660 | 278328.2 | 55313.8 | 77658.2 | 37172.6 | 14690 | 65395 | 53965.2 | 173571.2 |
| 2018 | 67538 | 305160.2 | 61808 | 84200.8 | 40550.2 | 16023 | 69100 | 59846 | 196083.3 |

2018 年，中国的工业增加值 305160 亿元，约为同期中国 GDP 总量的 33.9%（见图 4）；其中的制造业增加值 264820 亿元，约为同期中国 GDP 总量的 29.4%。从绝对规模来看，制造业仍然是中国的最大行业。但是，住宿和餐饮业从 2017 年的 14690 亿元，增加到 2018 年的 16023 亿元，增幅明显。

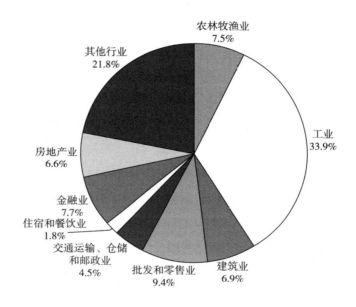

**图 4 2018 年分行业增加值占 GDP 比重**

四是"三新"经济作用日益体现，根据《新产业新业态新商业模式统计分类（2018）》和《新产业新业态新商业模式增加值核算方法》，经初步核算，2018 年全国"三新"经济增加值为 145369 亿元，相当于 GDP 比重为 16.1%，比上年提高 0.3 个百分点；按现价计算的增速为 12.2%，比同期 GDP 现价增速高 2.5 个百分点。

"三新"经济是新产业、新业态、新商业模式的简称，是经济中新产业、新业态、新商业模式生产活动的集合。民宿是具有新业态和新模式的新型业态，是"三新"经济的组成部分。2018 年，"三新"经济第一产业增加值为 6227 亿元，相当于 GDP 比重为 0.7%；"三新"经济第二产业增加值为 62453 亿元，相当于 GDP 比重为 6.9%；"三新"经济第三产业增加值为 76689 亿元，相当于 GDP 比重为 8.5%。2018 年，"三新"经济第二产业发展较快，增加值现价增速达到 15.1%（见表 6），比上年提高 3.2 个百分点。

表 6　2018 年"三新"经济增加值

单位：亿元，%

| 产业 | 绝对额 | 相当于 GDP 比重 | 现价增速 |
| --- | --- | --- | --- |
| "三新"经济 | 145369 | 16.1 | 12.2 |
| 第一产业 | 6227 | 0.7 | 3.8 |
| 第二产业 | 62453 | 6.9 | 15.1 |
| 第三产业 | 76689 | 8.5 | 10.6 |

**参考文献**

本刊编辑部：《农村人居环境整治正稳步推进》，《乡村科技》2019 年 7 月 20 日。

李琭璐、缪翼：《农村人居环境整治各项重点任务稳步推进》，《农民日报》2019 年 7 月 12 日。

李志刚：《乡村产业振兴　旅游大有作为》，《中国旅游报》2019 年 7 月 4 日。

刘瑾：《我国启动三项政策支持农村环境改善》，《经济日报》2019 年 7 月 12 日。

陆娅楠：《"三新"经济增加值相当于 GDP 比重 16.1%》，《人民日报》（海外版）2019 年 7 月 29 日。

张曦文：《打好农村人居环境整治这场"硬仗"》，《中国财经报》2019 年 7 月 18 日。

# 区域报告

**Regional Reports**

# B.3
# 2018年北京市民宿行业发展现状、问题及建议

吕敏 乔博 邹统钎*

**摘 要:** 民宿行业在当前乡村振兴、精准扶贫、文旅融合、消费升级
等背景下日益受到更多关注，在政策、技术、市场的支撑下
发展迅速。现阶段北京民宿行业在保持快速发展势头的同时
也在逐渐寻求转型，并存在一定的时空分异规律。同时，"民
宿热"的出现也让其存在的隐患变得更为凸显，北京民宿行
业在准入、开发、经营、监管和规范等方面均存在诸多弊病，
未来应从行业监管、开发管理、人才培养、平台搭建、品牌

* 吕敏，硕士研究生，北京第二外国语学院中国文化和旅游产业研究院，研究方向：文化旅游，
旅游地理；乔博，硕士研究生（MTA），北京第二外国语学院中国文化和旅游产业研究院，
研究方向：文化旅游；邹统钎，博士，北京第二外国语学院教授、校长助理，博士生导师，
中国文化和旅游产业研究院院长，研究方向：旅游目的地管理，战略管理。

建设等方向着手，促进北京民宿行业的健康、有序发展。

**关键词：** 民宿产业　乡村振兴　北京

当前我国已步入大众化旅游时代，休闲度假旅游蓬勃发展。伴随着互联网、电子商务的飞速发展和共享经济的日益普及，极具生活气息和文化性的民宿作为体验型旅游的一个重要环节逐渐受到市场青睐。民宿经济作为生活服务业的一个分支和当下人们追求美好生活方式消费升级的一种载体，不仅是实现由"美好资源"向"美好经济"转化的产业途径，更是实现美好生活向往的独特载体。

## 一　我国民宿行业发展的现状

近几年，我国陆续发布了一系列民宿相关政策文件为我国及北京民宿行业明确了发展方向。如表1所示，自2013年11月国务院办公厅颁布促进民宿发展的指导意见以来，民宿发展相关政策规定陆续出台，涉及内容包括民宿发展的条件、要求、标准和鼓励政策等，涉及文化和旅游部门、住房和城乡建设部门、公安与消防部门、科技部门等多个管理部门。2015年11月，国务院办公厅印发《关于加快发展生活性服务业促进消费结构升级的指导意见》，提出"积极发展客栈民宿、短期公寓、长租公寓等细分业态"，为民宿产业的发展指明方向。

**表1　近五年我国民宿行业政策一览**

| 发布时间 | 发布单位 | 政策名称 | 主要内容 |
| --- | --- | --- | --- |
| 2015年11月 | 国务院办公厅 | 《关于加快发展生活性服务业促进消费结构升级的指导意见》 | 积极发展客栈民宿、短租公寓、长租公寓、农家乐等满足广大人民群众消费需求的细分业态 |

续表

| 发布时间 | 发布单位 | 政策名称 | 主要内容 |
|---|---|---|---|
| 2016 年 1 月 | 国务院 | 《关于落实发展新理念加快农业现代化实现全面小康目标的若干意见》 | 明确提出依据各地具体条件,有规划地开发乡村酒店、特色民宿等乡村休闲度假产品 |
| 2016 年 3 月 | 国家发改委、中宣部、科技部等十部门 | 《关于促进绿色消费的指导意见》 | 支持发展共享经济,鼓励个人闲置资源有效利用,有序发展网络预约拼车、自有车辆租赁、民宿出租、旧物交换利用等 |
| 2017 年 2 月 | 住房和城乡建设部、公安部、国家旅游局 | 《农家乐(民宿)建筑防火导则(试行)》 | 对农家乐(民宿)建筑防火安全制定相关标准和规定 |
| 2017 年 8 月 | 国家旅游局 | 《旅游民宿基本要求与评价(LB/T065 - 2017)》 | 强调民宿经营者必须依法取得当地政府要求的相关证照,民宿单幢建筑客房数量应不超过 14 间 |
| 2018 年 9 月 | 国务院办公厅 | 《完善促进消费体制机制实施方案(2018～2020 年)》 | 鼓励发展租赁式公寓、民宿客栈等旅游短租服务 |
| 2019 年 7 月 | 文化和旅游部办公厅 | 《旅游民宿基本要求与评价(LB/T065 - 2019)》 | 将旅游民宿等级由金宿、银宿两个等级修改为三星级、四星级、五星级 3 个等级(由低到高)并明确了划分条件 |

资料来源:中华人民共和国中央人民政府网站(www.gov.cn)。

民宿包含区域文化和地方属性,能够满足游客周末休闲、旅游度假和养老养生的需求,既能深度推进旅游业发展,又能充分利用并保护好特色生态。随着人们对美好生活的期盼愈加强烈,中国旅游民宿产业近些年的发展势头愈加迅猛。2018 年,全国包括城市、乡村在内的民宿大约有 21 万家。2018 年民宿市场交易额为 165 亿元,同比增长 37.5%,在线房源量约 350万个,较上年增长 16.7%,房客数达 7945 万人次①。近五年来,我国共享住宿的发展对住宿服务业年均增长的平均拉动为 2.1 个百分点。可见,民宿的发展推动着住宿服务业转型升级,带动相关服务行业更快增长。

---

① 资料来源:《中国共享住宿发展报告(2019)》,http://www.sic.gov.cn/News/79/10105.htm。

## 二 2018年北京市民宿行业现状、空间分异和产业政策

### （一）2018年北京民宿行业发展现状

1. 行业继续保持快速发展势头，刺激传统住宿业加快升级

北京是著名的旅游目的地和客源地，拥有全国最大的民宿数量和民宿客源市场，是国内民宿产业发展的先行者之一，近年来民宿产业更呈蓬勃发展势头，民宿发展速度跑赢北京市 GDP 增长速度。截至 2018 年，北京共拥有民宿（含农家院）数量 6000 余家。发展有北京特色的民宿经济，成为推动北京旅游业纵深发展的重要引擎，也成为服务首都功能疏解、提升经济发展质量、推进城乡一体化和京津冀协同发展的必然要求。

2. 北京郊区民宿数量远超城区，2017年民宿开业数量最多

北京的民宿可分为城市民宿和乡村民宿两种类型，城市民宿无论在市场规模还是在经济效益上都高于乡村民宿。从北京市各区的民宿数量看（如图 1 所示），北京市民宿主要集中于北京郊区，其中密云区、怀柔区、延庆区和房山区等地区的民宿数量较多，石景山区、顺义区、大兴区等地区民宿数量较少。

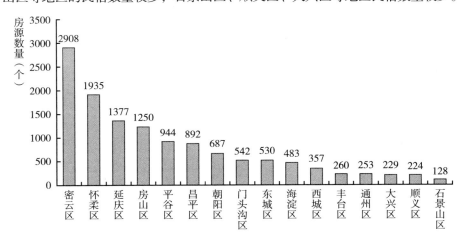

**图 1　2018 年北京民宿数量各区分布**

资料来源：北京市文化和旅游局网站（whlyj. beijing. gov. cn）。

从民宿开业的年份来看（如图 2 所示），多数民宿都是近十年来才开业，根据统计到的已知确切开业时间的民宿调查结果，北京 2011 年及以后开业的民宿数量占到北京民宿总量的近八成。同时，2017 年的民宿开业数量最多，为1061 个，达到近几年民宿开业数量的小高峰。此后民宿开业数量有下降的趋势。

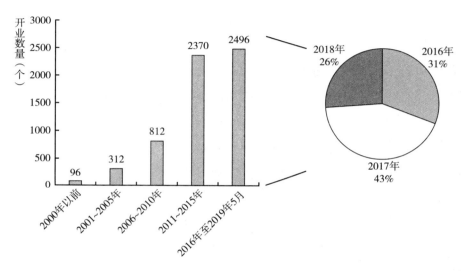

**图 2　北京民宿开业时间年份分布**

资料来源：北京市文化和旅游局网站（whlyj. beijing. gov. cn）。

### 3. 城市民宿多沿交通线聚集，乡村民宿多依山水散落

北京密云、怀柔、延庆等传统京郊游胜地在民宿领域依然占有优势，各区对民宿重视程度的差异也导致了北京民宿版图呈现差异化趋势。乡村民宿是旅游者体验乡土文化的空间载体，日益成为乡村旅游地的重要吸引物。乡村民宿的消费群体主要为北京城区居民，旅游方式多为周末游、家庭游。作为乡村经济的重要组成部分，乡村民宿对盘活闲置资产、农村产业振兴和促进首都文化与旅游消费起到重要作用。

### 4. 民宿营销继续趋热，民宿投资回归理性

当前，北京整体民宿市场仍处于上升期，品牌意识开始萌发，以大隐于市、隐居乡里等为代表的一些民宿品牌正在迅速进行品牌扩张以及代理业

务。从民宿的预订渠道看，线上预订已成为民宿预订的主要渠道，其中仅微信营销就占到了营销渠道的20%[①]。同时，民宿行业的竞争越来越激烈，个人经营民宿的准入门槛和竞争压力也在与日俱增。在经历了前几年"遍地开花、一哄而起"的投资浪潮后，民宿投资日趋理性，更加倾向轻资产的投资平台和多元投资主体的投资方式。

## （二）2018年北京民宿行业发展的空间分异

1. 东城、西城、海淀、朝阳、丰台、石景山、通州：多便利型民宿，服务外地游客

东城、西城等城区的民宿以接待来京旅游的游客为主，作为一种兼具酒店功能和感受当地生活方式的途径出现。因游客多追求便捷、舒适和性价比，以社区便利型民宿居多，特色化民宿数量较少，民宿多分布在景区、商圈、地铁附近，其中，朝阳区民宿数量最多，石景山区民宿数量最少。

2. 昌平、延庆、怀柔：依托优质景区，延伸多样化民宿产品

昌平区、延庆区和怀柔区分别依托十三陵和居庸关长城、八达岭长城和百里山水画廊、慕田峪长城等优质旅游资源，与休闲度假、森林旅游、农业旅游、民俗旅游等旅游业态相融合，延展多样化、个性化民宿产品。民宿产品多分布在景区景点、特色村庄、知名山水附近，并不断摸索走集约化、品牌化、精品化民宿发展道路。

3. 平谷、顺义、门头沟：生态依托型为主，重环境轻人文

平谷区、顺义区、门头沟区的民宿多依托于良好的生态环境和特色民俗村庄等，现存的民宿以农场式、亲子乐园式为主，以接待北京城区的游客为主，民宿整体接待能力、民宿经营数量及相关管理单位等方面与延庆、怀柔等地区相比均处于待开发阶段。部分民宿因缺少主人文化，没有足够的文化支撑、旅游资源配套，游客往往是走马观花，复购率偏低。古村落开发是门

---

① 资料来源：《2018 年民宿产业大数据分析报告》，https：//baijiahao. baidu. com/s？ id = 1622778051037982703&wfr = spider&for = pc。

头沟区的特点,如碣石村的槐井石舍等民宿配套设施齐全,采取酒店式管理或民宿托管形式经营。

4. 密云、房山、大兴:品牌依托型为主,民宿集群化、产业化

密云区的民宿发展形式较统一,公司行为经营占比较大,经营模式更加市场化、品牌化,但受景观季节性、接待能力等因素影响,客房单价明显低于其他区。房山区依托餐饮业带动住宿行业的快速发展,同时其民宿发展呈品牌垄断化,涌现如"隐居乡里"等民宿品牌。大兴区目前运营的民宿数量不多,但服务品质、设计都可圈可点,无论是号称公司打造的科技乡村的泰迪小镇,还是知青主题的搪瓷缸小院,都有着自己鲜明的个性。

## (三)2017~2019年北京民宿行业的产业政策

近三年来,北京市政府及各区相关部门出台了一系列促进民宿行业规范发展的条例和政策,从标准制定、经营管理、资金支持等方面都做出相应规定,通过鼓励性的扶持政策积极引导(见表2)。未来,应重视民宿旅游在首都功能定位中的重要作用,从体制机制、行业规范、人才培养等方面继续鼓励、支持、引导和规范民宿旅游发展,帮助民宿经营者少走野蛮生长的弯路,尽快提升服务水平,实现民宿的自身价值和社会价值。

表2　近三年北京民宿行业政策一览

| 发布时间 | 发布单位 | 政策名称 | 主要内容 |
| --- | --- | --- | --- |
| 2017 年 8 月 | 北京市十四届人大常委会 | 《北京市旅游条例》 | 制定城区民宿和农村民宿的具体管理规定 |
| 2018 年 7 月 | 北京市怀柔区人民政府 | 《怀柔区促进乡村旅游提质升级奖励办法(试行)》 | 对怀柔区域内经营的乡村旅游村及民宿、民俗、合作社项目进行政策支持 |
| 2018 年 8 月 | 北京市延庆区文化和旅游局,延庆区民宿联盟 | 《延庆区乡村民宿管理办法》 | 进一步规范民宿产业发展,对民宿经营进行行业监管 |

续表

| 发布时间 | 发布单位 | 政策名称 | 主要内容 |
|---|---|---|---|
| 2018 年 7 月 | 北京市顺义区旅游发展委员会 | 《顺义区促进乡村旅游发展扶持奖励办法》 | 通过贷款贴息、资金奖励、标准设定等为民宿发展提供政策、金融方面扶持 |
| 2019 年 8 月 | 北京市门头沟区商务委员会 | 发布民宿政策"服务包" | 梳理民宿项目申报、房屋流转、财政评审、建筑许可、联合开办等十余项全流程图解,制定合作协议模板,为民宿企业提供简明、清晰、操作性强的工具书 |

资料来源:北京市政府网站。

# 三 2018年北京市民宿行业发展问题及建议

近年来,由于文化创新的概念风行,民间资本纷纷对民宿业加持,促进了北京民宿市场的快速崛起。伴随着北京旅游业的稳步发展和京郊游的持续升温,民宿的预订量也同步激增。然而,北京民宿的火热发展也暴露出民宿经营不合法、开发无序、产业单一和产品同质化等一系列问题。当前对民宿的内涵并没有准确的定义,民宿常常与酒店、青年旅社、家庭旅馆混为一谈,甚至一些出租房也通过日租的方式进入民宿市场,使得民宿问题十分复杂,尤以东城、西城等城区民宿分布地区最为突出。因此,亟须从行业监管、开发管理、人才培养、平台搭建、品牌建设等方向着手,促进民宿行业的健康、有序发展。

## (一)针对民宿监管失范:出台统一管理标准,数据统筹协调多方主体

民宿行业是近几年才迅速崛起的新兴行业,国家没有出台统一的民宿管理办法,也没有相关的准入标准和限制。大多数民宿是由民众自己的房子改造的,其实没有获得准入资格,游走在监管的灰色地带,无照经营,留下了很多安全隐患。一些想取得合法证照的经营者因为涉及住改商,难以申请到

特种经营许可证。因此，应出台统一的管理办法，要求民宿短租平台对民宿进行实名登记，以此解决安全和稳定问题；加强对民宿经营者的教育，引导他们合法经营，对于确实不符合准入标准的民宿或经教育引导后仍不办理许可或执照的民宿要坚决关停、处理。

同时，民宿行业应顺应互联网时代潮流，将业务与互联网相结合。存量的农村资源通过旅游交易中心等资源资产交易平台以民宿的形式联系起来，把消费端和产品端链接起来，形成标准化交易、滚动交易、增值交易，让美丽乡村真正融入互联网时代。

### （二）针对民宿开发无序：发展集群式管理方式，鼓励一体化运营模式

当前北京民宿产品的来源众多，普通住宅、酒店改造、历史建筑、商品房屋等都纷纷涉入民宿市场，使得民宿问题变得十分复杂。在这种情况下，民宿投资信息无从掌握，政府和投资者都不能对民宿的规模和供给市场形成清晰的认识，甚至导致投资行业泡沫的产生和破灭。

因此，应科学引导社会资本参与乡村民宿建设，积极探索农户自主经营、"合作社+农户"、"创客+农户"、"公司+村集体经济组织+农户"等模式。例如，门头沟区制定的《精品民宿发展服务手册》规定，由村集体经济组织与村民签署房屋租赁协议，企业直接与村集体合作，进行农村宅基地"三权分置"改革，鼓励村集体和有实力的投资企业结对子，建立民宿发展项目库，再按计划、按年度，分批分级推动项目逐步落地。

### （三）针对民宿人才短缺：建立完善培养体系，鼓励农二代返乡创业

北京的民宿主和服务人员大多是本地居民，没有经过系统的酒店管理和商业知识培训，对服务、市场等方面缺乏正确的认识。重视教育机构的作用，建立和完善培养体系就变得尤为重要。民宿行业涉及金融、交通、教

育、互联网科技等诸多领域。

城区可以定期组织讲座和培训班，从各方面培养民宿从业者的素质，提高其相关的知识储备。北京的乡村地区普遍存在空巢率很高的现象，高水平劳动力不足，难以支持民宿行业发展。乡村地区鼓励有知识的农二代返乡和城市知识分子进入乡村，带动乡村整体素质提升。

### （四）针对民宿产业单一化：搭建行业平台，充分发挥协会及社会力量

民宿行业的发展不仅需要民宿本身，更要将餐饮、娱乐设施整合起来。当前民宿产业缺少与休闲娱乐项目的整合，资金、人才等相关资源相对割裂，民宿产业的整合程度偏低，产业链亟待延伸。

可以将相关运营商结合创投企业平台进行导入，通过专业标准化的方式将民宿产业深度融合，整合区域资源特色，在平台上发挥聚变效应。同时，积极发挥民宿行业协会的作用，规范北京民宿业的建设标准、经营标准、管理标准和服务标准。

### （五）针对民宿产品同质化：深挖文化资源，走品牌化、综合化道路

北京旅游资源丰富，文化底蕴深厚，但当前大多数北京民宿缺少文化元素的依托和与周围环境的协调，似民宿却非民宿。北京市诸多民宿从业者以单体经营为主，民宿客房体量较小，人员配备不齐全，民宿经营者在品牌意识、管理和营销水平方面参差不齐，市场并没有形成一些成熟的知名民宿品牌。

以文化为载体的民宿需要开辟更多新型旅游模式，走品牌化、综合化发展道路。例如，浙江德清县莫干山地区在2017年就发起了集群战略。在乡村发展餐饮、游乐园、美术馆、儿童产业园等项目，建立集群，并配备餐饮、俱乐部、运动场所等一些娱乐设施，将民宿变成度假区，为城市人的周边游提供去处。

**参考文献**

北京旅游学会：《北京旅游发展报告（2017）》，社会科学文献出版社，2017。

胡敏：《乡村民宿经营管理核心资源分析》，《旅游学刊》2007 年第 9 期。

李红军：《老建筑变民宿是多赢之举》，《经济日报》2019 年 8 月 30 日。

秦毅：《用心呵护人们对民宿的美好想象》，《中国文化报》2019 年 7 月 26 日。

闫长禄：《门头沟打造精品民宿推"政策服务包"》，《劳动午报》2019 年 8 月 23 日。

张恒：《民宿经济盘活沉睡资源》，《当代贵州》2018 年第 39 期。

张苗荧：《规范平台经济对民宿发展至关重要》，《中国旅游报》2019 年 8 月 26 日。

张培胜：《监管民宿新业态》，《人民法院报》2019 年 9 月 25 日。

# B.4
# 江苏旅游民宿发展现状与趋势报告

王　晨　李旭东*

**摘　要：** 近年来，江苏省旅游民宿以本土旅游业为发展基础，以本地丰富的风景名胜、特色小镇、美丽乡村等相关资源禀赋为依托，取得了较好的发展成果，表现在旅游民宿数量明显增加，投资经营主体逐渐多元，经营方式开始向本土化和多元化探索等方面。同时，由于不同地区社会经济状况及旅游民宿业相关政策的差异，江苏省旅游民宿呈现苏南、苏中、苏北分布不均衡的状况。此外，政策影响下的监管不到位、证照办理困难，数量激增下同一地区旅游民宿同质化严重等问题也成为江苏省旅游民宿业继续向前发展所面临的难题和挑战。

**关键词：** 旅游民宿　民宿产业　江苏省

伴随全域旅游、文旅融合、美丽乡村及乡村振兴的步伐，民宿经济作为一种新兴业态，近年来在江苏逐渐升温。结合当地丰富的自然景观、人文景观、生态资源、环境资源及农林牧渔生产活动，江苏旅游民宿围绕美丽乡村、特色小镇、风景名胜、城市休闲娱乐等资源和业态集聚发展。

## 一　江苏省文化旅游业概况

民宿经济的发展与当地文化旅游业的发展息息相关。本部分梳理了江苏

---

* 王晨，博士，南京艺术学院，教授，研究方向：文化资源学、文化产业；李旭东，硕士，南京艺术学院，研究方向：文化产业研究。

省文化旅游业的发展现状，以呈现江苏省旅游民宿发展的经济背景。

2011～2017 年，江苏省国内旅游接待人数以及国内旅游接待收入逐年上升，2017 年国内旅游接待人数达到 7.4 亿人次，国内旅游接待收入突破 1 万亿元。从国内旅游接待人数增长率来看，2011～2015 年增长率逐年降低，2016 年又开始回升（见表 1）。

表1　2011～2017 年江苏省国内旅游接待人数

| 年份 | 国内旅游接待人数（万人次） | 增长率（%） |
| --- | --- | --- |
| 2011 | 41150 | 15.85 |
| 2012 | 46437 | 12.85 |
| 2013 | 51539 | 10.99 |
| 2014 | 57113 | 10.82 |
| 2015 | 61934 | 8.44 |
| 2016 | 67780 | 9.44 |
| 2017 | 74287 | 9.60 |

资料来源：中共江苏省委宣传部、江苏省统计局编《2018 江苏文化及相关产业统计概览》，2018。

2011～2017 年，江苏省国内旅游人均花费金额也呈上升态势（见图 1），从 2011 年的 1254 元上升到 2017 年的 1522 元，增幅达 21.37%。

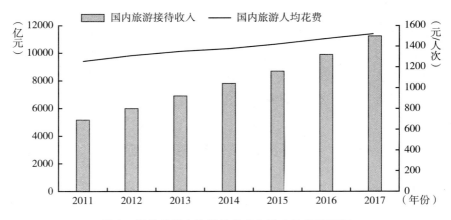

图1　江苏省国内旅游接待收入及人均花费情况

资料来源：中共江苏省委宣传部、江苏省统计局编《2018 江苏文化及相关产业统计概览》，2018。

在江苏省文化旅游业中，乡村旅游因其性质独特，正呈现着蓬勃的发展力。据统计，2018年江苏乡村旅游接待游客3.3亿人次，占全省旅游接待游客总量的40%；乡村旅游总收入突破1000亿元，同比增长约16%；各类乡村旅游经营户经营主体3.7万家左右，全省乡村旅游直接从业人员总数为42万人左右。乡村旅游的迅速升温为乡村旅游民宿的发展奠定了基础，也使得乡村旅游民宿成为民宿经济的重要组成部分。

从江苏省各市的情况来看，2017年各市国内旅游接待人数占江苏省整体比重达10%以上的有苏州、南京和无锡三个城市，分别占比16.22%、15.32%、12.36%（见表2）。省内各市文化旅游业发展呈现苏南、苏北、苏中发展不均衡现象，这也导致了江苏省内旅游民宿发展呈现相应状况。

表2　江苏省2017年各市国内旅游接待人数情况

单位：万人次，%

| 地　区 | 人数 | 占比 | 地　区 | 人数 | 占比 |
|---|---|---|---|---|---|
| 江 苏 省 | 74287.31 | 100.00 | 南 通 市 | 4247.00 | 5.72 |
| 南 京 市 | 11383.32 | 15.32 | 泰 州 市 | 2558.32 | 3.44 |
| 苏 州 市 | 12046.42 | 16.22 | 盐 城 市 | 2926.83 | 3.94 |
| 无 锡 市 | 9179.34 | 12.36 | 宿 迁 市 | 1694.52 | 2.28 |
| 镇 江 市 | 5964.56 | 8.03 | 连云港市 | 3384.18 | 4.56 |
| 常 州 市 | 6582.71 | 8.86 | 淮 安 市 | 2931.74 | 3.95 |
| 扬 州 市 | 6290.60 | 8.47 | 徐 州 市 | 5097.77 | 6.86 |

资料来源：《2018江苏文化及相关产业统计概览》。

## 二　江苏省旅游民宿产业发展概况

### （一）旅游民宿发展基础

旅游民宿的发展建立在本土旅游服务产业发展基础之上，需要依托本地

的旅游资源。尔目旅游规划设计研究院（简称"尔目"）2018 年发布的《长三角精品民宿发展报告》分析指出，以旅游景区、度假区、乡村旅游区为选址依托的精品民宿占精品民宿总量的 70% 多（见图 2），其中以依托旅游景区最为典型。可见，旅游景区、度假区、乡村旅游区等的建设推动着旅游民宿的发展。

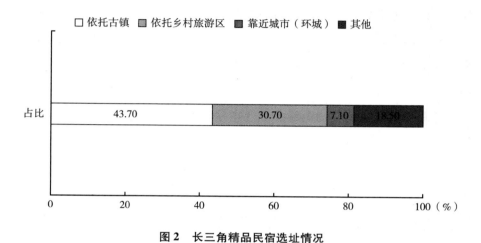

**图 2　长三角精品民宿选址情况**

资料来源：尔目旅游规划设计研究院：《长三角精品民宿发展报告》，2018。

从旅游资源来看，江苏省现有 A 级旅游区（点）共 630 处，其中 5A 级景区（点）23 个，4A 级旅游区（点）190 处（见表 3）。这些 A 级旅游区（点）的开发已经较为完善，公共设施和配套服务比较完备，在当地有较强的辐射力和影响力，也自然成为投资者开办民宿的主要选择地。以常州市为例，其旅游民宿主要集中在金坛茅山东方盐湖城、天目湖、南山竹海及御水温泉等几大景区，推动了溧阳戴埠镇、天目湖镇、金坛区薛埠镇等村镇民宿的集聚发展。

江苏省部分地区政府已经将旅游民宿业纳入当地整体发展规划中。尤其在当前美丽乡村建设和乡村振兴等一系列国家政策导向下，江苏省乡村旅游民宿更是借机发展。2017 年 4 月，南京市溧水区发布的《关于推进乡村民宿业发展的指导意见》中明确提出，要把闲置农房相对集中，具备良好的山

表3 江苏省A级旅游区（点）分市情况

| 地 区 | A级旅游区 | | | | |
|---|---|---|---|---|---|
| | 个数 | 5A | 4A | 3A | 2A |
| 江 苏 省 | 630 | 23 | 190 | 224 | 193 |
| 南 京 市 | 53 | 2 | 21 | 20 | 10 |
| 苏 州 市 | 62 | 6 | 35 | 17 | 4 |
| 无 锡 市 | 59 | 3 | 27 | 14 | 15 |
| 镇 江 市 | 40 | 2 | 7 | 12 | 19 |
| 常 州 市 | 31 | 3 | 9 | 8 | 11 |
| 扬 州 市 | 41 | 1 | 11 | 16 | 13 |
| 南 通 市 | 48 | 1 | 6 | 25 | 16 |
| 泰 州 市 | 43 | 1 | 9 | 16 | 17 |
| 盐 城 市 | 50 | 1 | 12 | 17 | 20 |
| 宿 迁 市 | 49 | —— | 10 | 22 | 17 |
| 连云港市 | 42 | 1 | 10 | 17 | 14 |
| 淮 安 市 | 42 | 1 | 14 | 11 | 16 |
| 徐 州 市 | 70 | 1 | 19 | 29 | 21 |

资料来源：《2018江苏文化及相关产业统计概览》。

水资源禀赋、特色产业优势明显、乡村旅游发展蓬勃、农房已基本完成确权颁证的美丽乡村示范村（特色村）、旅游特色村作为民宿发展重点，做到封闭运行、风险可控。苏州市2019年3月发布的《关于加快发展共享农庄（乡村民宿）促进农文旅深度融合的实施意见》中也指出：坚持共享农庄（乡村民宿）发展与"三高一美"示范基地建设、美丽乡村建设、特色田园乡村建设、农村人居环境整治等有机结合，强化与当地经济社会发展规划、城乡规划、土地利用总体规划、环境保护与生态建设等的有效衔接。

2017年，江苏省省级财政厅支持特色田园乡村建设试点政策中也明确指出要把财政资金主要投向试点地区公益性项目，补齐基础设施公共服务短板、改善乡村产业发展环境、支持集体经济发展。该项扶持政策整合了省级村庄环境整治提升、美丽乡村建设示范等专项资金，并集中用于特色田园乡村建设试点项目奖补。这些评比和扶持政策的落实，可以加大对乡村旅游民

宿公共服务设施建设的投入力度，改造提升乡村民宿绿化、道路、厕所、垃圾污水处理等基础设施，为打造民宿经济这一系统性工程奠定基础条件，更为乡村旅游民宿的集群式发展提供要素。

近年来江苏省通过旅游风情小镇创建、省五星级乡村旅游区评比等示范项目，引导乡村旅游品牌化、特色化、集聚化发展，为江苏省乡村旅游民宿的发展奠定了深厚基础。截至2018年底，江苏全省拥有中国乡村旅游模范村39个、中国乡村旅游模范户40个、全国特色景观旅游名镇（村）43个、中国优秀国际乡村旅游目的地1个，中国乡村旅游创客示范基地5家，省乡村旅游创新发展示范区1个，省乡村旅游综合发展实验区2个，省三星级以上乡村旅游区757家。全省形成了苏州吴中区，南京江宁西部、高淳慢城、六合竹镇，无锡阳山镇，宜兴湖㳇镇、张阳镇，常州溧阳、金坛茅山，盐城大纵湖，扬州仪征，泰州姜堰区、兴化千垛，句容天王，连云港云台山，徐州贾汪区、铜山区等一批乡村旅游集聚区。

2019年6月初，文化和旅游部会同国家发改委，在全国遴选一批符合文化和旅游发展方向、资源开发和产品建设水平高，具有典型示范和带动引领作用的乡村，建立全国乡村旅游重点村名录。在当年7月28日公布的第一批全国乡村旅游重点村名单的320个乡村中，江苏省共占13个（见表4），数量仅次于浙江省（14个），位居全国第二。

表4　江苏省第一批全国乡村旅游重点村名单

| 序号 | 名称 |
| --- | --- |
| 1 | 南京市江宁区江宁街道黄龙岘茶文化村 |
| 2 | 南京市浦口区江浦街道不老村 |
| 3 | 苏州市常熟市支塘镇蒋巷村 |
| 4 | 苏州市张家港市南丰镇永联村 |
| 5 | 无锡市宜兴市湖㳇镇洑西村 |
| 6 | 无锡市锡山区东港镇山联村 |
| 7 | 常州市溧阳市戴埠镇李家园村 |
| 8 | 常州市金坛区薛埠镇仙姑村 |
| 9 | 南通市海门市常乐镇颐生村 |

| 序号 | 名称 |
|------|------|
| 10 | 泰州市泰兴市黄桥镇祁巷村 |
| 11 | 盐城市大丰区大中街道恒北村 |
| 12 | 淮安市洪泽区老子山镇龟山村 |
| 13 | 徐州市贾汪区潘安湖街道马庄村 |

在多个示范项目中，江苏多年来对星级乡村旅游区的评选为乡村旅游和民宿经济的发展起到了长效推动作用。星级乡村旅游区评比项目囊括了乡村旅游区的环境风貌、资源价值、基础设施、配套设施与服务、智慧旅游与营销、综合管理、经济社会效益等多个方面。《江苏省乡村旅游区等级划分与评定标准》规定，餐饮设施与服务、住宿设施与服务为四星级及以上乡村旅游区必备要素，文件中明确指出住宿设施重点为特色民宿、乡村庄园、乡村主题度假酒店等。2017年和2018年江苏省首批和第二批五星级乡村旅游区名单中共公布出32个五星级乡村旅游区（见图3）。

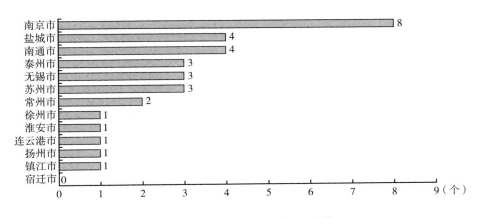

**图3　江苏省五星级乡村旅游区分布情况**

## （二）旅游民宿数量及分布情况

根据旅游民宿综合服务平台"宿宿网"统计，截至2019年8月，江苏省旅游民宿总数已达6371家。从旅游民宿在各市的分布情况来看，如表5、图4

所示，苏州、南京、无锡的旅游民宿数量位居前三，分别占比 46.41%、16.56%、14.19%。

**表5 江苏省民宿数量分布情况（2019年8月）**

单位：家，%

| 地区 | 数量 | 占比 | 地区 | 数量 | 占比 |
|---|---|---|---|---|---|
| 江苏省 | 6371 | 100.00 | 南通市 | 131 | 2.06 |
| 南京市 | 1055 | 16.56 | 泰州市 | 99 | 1.55 |
| 苏州市 | 2957 | 46.41 | 盐城市 | 45 | 0.71 |
| 无锡市 | 904 | 14.19 | 宿迁市 | 21 | 0.33 |
| 镇江市 | 41 | 0.64 | 连云港市 | 156 | 2.45 |
| 常州市 | 364 | 5.71 | 淮安市 | 48 | 0.75 |
| 扬州市 | 416 | 6.53 | 徐州市 | 134 | 2.10 |

资料来源：宿宿网。

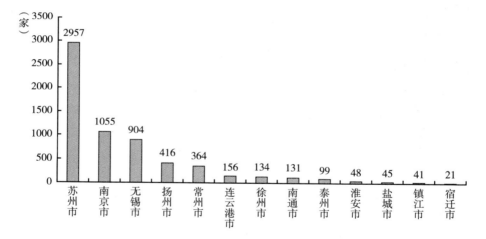

**图4 江苏省各市旅游民宿数量**

资料来源：宿宿网。

从 2010～2018 年江苏省旅游民宿增长态势来看，2017 年前每年新增数量整体呈上升状态，2017 年新增量最多，2018 年则有较明显回落，如图 5 所示。

从民宿地域分布角度来看，江苏省旅游民宿数量苏南（南京、苏州、无锡、常州、镇江）、苏中（扬州、泰州、南通）、苏北（徐州、连云港、

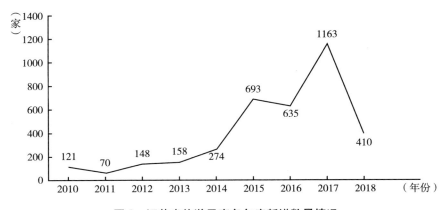

**图5　江苏省旅游民宿各年度新增数量情况**

资料来源：宿宿网。

宿迁、淮安、盐城）分别占比84%、10%、6%（见图6），旅游民宿在江苏省南、北、中不均衡分布，明显在苏南集中发展。2018年江苏省首批乡村振兴旅游富民村评选结果显示，30个入选乡村中仅苏州、南京、无锡三市就有13个乡村入选（见表6）。

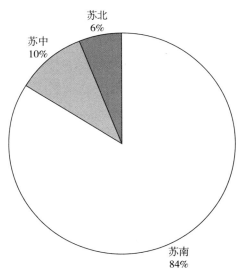

**图6　苏南、苏北、苏中旅游民宿占比**

资料来源：宿宿网。

表6　2018年江苏省首批乡村振兴旅游富民村

| 城市 | 名称 |
|---|---|
| 南京 | 江宁区牌坊社区黄龙岘村 |
| | 江宁区汤家家温泉村 |
| | 六合区金磁社区 |
| | 溧水区傅家边社区 |
| | 高淳区蓝溪社区 |
| 苏州 | 常熟市蒋巷村 |
| | 张家港市永联村 |
| | 高新区树山村 |
| | 昆山市祁浜村 |
| | 昆山市东浜村 |
| 无锡 | 锡山区山联村 |
| | 滨湖区和平村 |
| | 宜兴市白塔村 |
| 镇江 | 句容市西冯村 |
| | 丹阳市大圣村 |
| 常州 | 溧阳市李家园村 |
| 扬州 | 邗江区沿湖村 |
| 南通 | 如皋市顾庄村 |
| 泰州 | 姜堰区河横村 |
| | 泰兴市祁巷村 |
| 盐城 | 大丰区恒北村 |
| | 盐都区杨侍村 |
| | 盐都区三官村 |
| 宿迁 | 泗阳县果园村 |
| | 泗洪县穆墩岛村 |
| 连云港 | 赣榆区谢湖村 |
| | 灌云县川星村 |
| 淮安 | 淮阴区刘老庄村 |
| 徐州 | 贾汪区马庄村 |
| | 丰县红楼村 |

从各市内部的民宿集聚情况来看，在南京江宁地区，汤山街道依靠汤山温泉形成了汤家家温泉民宿集群，此外，江宁区横溪街道石塘社区后石塘村依靠南京石塘竹海景区，秣陵街道依靠江宁白鹭湖和苏家文创小镇，均成为旅游民宿集聚地；高淳区桠溪镇拥有国际慢城称号，在大山村也形成了民宿集群。目前南京市已形成高淳大山村、石墙围村和江宁汤家家、黄龙岘等13个市级乡村民宿村。在苏州吴中区，自2013年将旅游业作为全区经济发展的支柱产业以来，民宿作为旅游业的重要组成部分，在这六年间从无到有，从有到精，涌现出篱尘、林屋小筑、虚舍、半山·艺、乡根、筱驻山塘等一批精品民宿，发展形成东山陆巷和三山岛、金庭明月湾、临湖柳舍、越溪旺山等多个民宿集聚区。在无锡，宜兴㳇西村、滨湖古竹社区、锡山区山联村等民宿集聚地整村发展民宿，2016年三个村的民宿床位数就已经分别达到180张、629张、280张。据统计截至2018年9月，在滨湖区市场监管部门登记的持住宿业工商执照的民宿就有300多家。

## （三）旅游民宿投资经营主体

江苏省旅游民宿经过多年的发展，形成农民自主投资、景区投资、国有资本投资、社会资本投资等模式，经营主体逐渐多样化，初步形成了多元化的投资格局。民宿的经营方式也逐渐由家庭作坊式经营，向专业化、规范化的公司模式转变，精品民宿成为投资新选择。

《长三角精品民宿发展报告（2018）》中分析道：长三角地区49%的精品民宿为非自有住宅独立投资经营，合伙经营的民宿占18%，该两类占长三角精品民宿总量的67%（见图7）。尔目在2016年对江苏省精品民宿的分析中统计得出，当时江苏省精品民宿中自有房屋自主经营占比64%，社会资本投资经营占比为21%（见图8）。江苏省文旅厅巡视员周旭在2019年撰写的一篇文章认为，目前农民自己改造经营的民宿占比在10%左右，而其他类型占比90%，后者包括政府收购经营、个人或集体租赁经营、星级酒店租赁经营，以及高端休闲项目引进等主要类型。

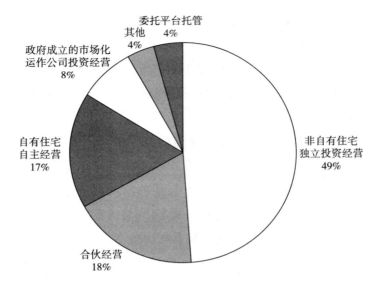

**图7　2018 年长三角精品民宿经营主体特征**

资料来源：尔目旅游规划设计研究院：《长三角精品民宿发展报告》，2018。

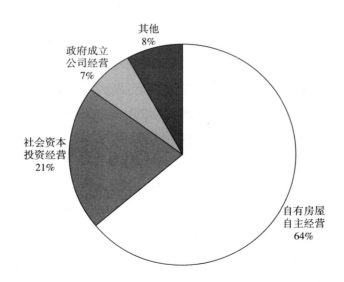

**图8　2016 年江苏省特色民宿经营主体**

资料来源：尔目旅游规划设计研究院：《江苏省特色民宿发展情况报告》，2017。

### （四）旅游民宿政策支撑

与江苏省旅游民宿相关的政策在层级上可按照国家、省级、各市级进行分类。而根据政策对象的不同也可将这些政策分为两个大类。

第一大类政策以宏观上的乡村旅游和乡村振兴为出发点，如《乡村旅游区等级划分与评定标准》《江苏省乡村旅游发展三年行动计划（2016～2018年）》《江苏省省级财政支持特色田园乡村建设试点政策意见》等。这些政策在指导优化乡村旅游发展空间、创新发展模式、完善乡村旅游营销体系、推动乡村旅游标准化管理以及加强乡村旅游人才培养等不同方面都直接或间接推动着江苏省乡村旅游民宿的发展。

如在吸纳社会资本方面，2018年12月，江苏省政府办公厅在全国率先出台《关于引导社会资本更多更快更好参与乡村振兴的意见》，明确了社会资本重点投资的方向和土地、金融、税收等多方面的细化支持政策。《意见》提出，在不改变农村集体土地所有权、农民宅基地使用权、逢建必报的前提下，允许农村居民用自有宅基地与社会资本、城市居民合作建房。对一些城郊村和生态资源、文化资源等比较丰富的村庄，社会资本可以尝试和村集体合作共建美丽乡村，发展度假、康养、旅游等产业，实现资本和资源结合、企业和农民共赢。该政策能够降低社会资本进入乡村旅游民宿产业的准入门槛，促进乡村旅游民宿投资主体和经营方式向多元化发展。

第二大类政策则直接以旅游民宿业为政策对象。该类政策又可分为两个主要方面。

第一个方面是对旅游民宿发展进行规范和指引。2017年2月27日，住房和城乡建设部、公安部、国家旅游局三部门联合发布《农家乐（民宿）防火导则（试行）》，对乡村旅游民宿的建设标准进行了规范。针对乡村旅游民宿的单体规模，《农家乐（民宿）建筑防火导则（试行）》规定：农家乐（民宿）客房数量不超过14个标准间（或单间）、最高4层且建筑面积不超过800平方米。在江苏省，南京市和苏州市在2017年2月27日前后分别发布了促进乡村旅游民宿业规范发展的指导意见，对乡村旅游民宿做出了

界定，并推出了相关的规范措施，为本地民宿的发展提供了较为清晰的政策支持。

第二个方面是通过政府财政等手段对旅游民宿发展进行扶持。在政府财政扶持方面，南京市于 2017 年 1 月和 5 月分别发布了《南京市乡村民宿建设专项资金管理办法》和《南京市乡村民宿经营管理奖励扶持金试行办法》。其中前者采取以奖代补、先建后补方式，按照每张床位 6000 元标准测算，对符合乡村民宿村建设要求的民宿创建村一次性给予奖补。奖补资金主要用于民宿村内为民宿配套的消防安全、视频监控、民宿标识牌、厕所、停车场等基础设施和公共服务设施建设；南京智慧民宿服务平台维护与管理、民宿宣传营销及推广和民宿规范服务培训等。2018 年度市级乡村民宿村建设安排专项奖补资金 800 万元，全市申报第二批民宿村创建考评对象中，考评合格的民宿村共 4 家 80 户 740 个床位，按照每张床位 6000 元的标准进行奖励。江宁区按照一个民宿村 200 万元的标准实施区级奖补，此外民宿每个房间装修标准超过 1500 元/平方米的，奖励 5000 元。

2018 年 9 月 30 日发布的《苏州市吴江区推进乡村民宿（农家乐）发展实施办法（试行）》，明确吴江区政府将结合乡村振兴战略，设立专项资金，引导和鼓励有条件的村、点大力发展乡村民宿（农家乐），对符合条件的乡村民宿（农家乐）经营户、集聚村进行资金奖励，单个项目最高可奖励 120 万元。关于引导鼓励，《办法》中明确规定，奖励对象包括乡村民宿（农家乐）经营户和乡村民宿（农家乐）集聚村两类，符合奖励条件的经营户投入额在 50 万～100 万元（含 50 万元）的按投入额的 20% 进行一次性奖励；投入额在 100 万～300 万元（含 100 万元）的按投入额的 25% 进行一次性奖励；投入额在 300 万元以上（含 300 万元）的按投入额的 30% 进行一次性奖励。单个项目奖励不超过 120 万元。符合条件的集聚村每个村一次性奖励 100 万元。

在对民宿开办初期的成本进行财政补贴的基础上，南京市政府还对民宿经营进行激励。《南京市乡村民宿经营管理奖励扶持金试行办法》明确了对加入"南京智慧民宿服务平台"的乡村民宿经营户一次性奖励 0.5 万元，对在平台上线运营且年入住率排名前 10（含第十名）的，每户给予年度 6 万元一次性奖励。

除了财政资金的直接扶持外，民宿也开始被纳入政府机构社会化服务采购体系当中。2018 年 5 月，南京市农业委员会、中共南京市委农村工作委员会、南京市旅游委员会、南京市财政局联合在全市范围内开展将南京市美丽乡村、创意农园和民宿客栈推荐纳入党政机关会议定点征集工作。经过申报、考察、答疑、投标等环节，最终确定 37 家南京市美丽乡村、创意农园和乡村民宿等单位纳入 2019 年党政机关会议定点范围服务单位。

## （五）经验做法

### 1. 整合地方资源，提升民宿品质

民宿产业的可持续发展要求产业自身要不断升级创新，并向多元化方向发展。南京市 2017 年制定了乡村民宿品质提升三年行动计划，2017～2019 年三年内通过开展贯穿全年的特色活动，如乡村优品民宿最美公共空间、乡村民宿金牌菜评比及试吃、乡村民宿伴手礼设计大赛、在宁大学生"以工换宿"等，提升了南京乡村民宿的竞争力、知名度、美誉度。其中在宁大学生"以工换宿"活动共吸引了 1000 多名大学生、教授、城市创客等参与。2018 年的社区营造项目活动更是包括了农渔体验、民俗节日、非遗展览、美食、游学、手工 DIY 等多种类型，为民宿这一空间载体提供了丰富的故事和文化内涵。在南京市江宁区，江宁旅游产业集团作为江宁区民宿发展促进会的会长单位，联合江宁全域旅游服务中心，整合全区优质旅游和民宿资源，在 2019 年推出"江宁乡村万人游"民宿旅游套票，套票中包含了民宿、餐饮、游乐等项目。整合资源的同时，该方式也有助于解决乡村民宿周日至周四部分客房闲置问题。类似的例子还有苏州树山等。

### 2. 集体抱团发展，提高行业自律

旅游民宿因为是旅游业的一部分，其自身发展往往代表着外地游客和消费者对当地旅游服务行业的整体感受。因此，规范当地的民宿业发展至关重要。而民宿集群、民宿村、民宿协会的出现为解决这一问题提供了路径。

在无锡宜兴，洑西村开创了"农家乐协会＋龙头农家乐＋民宿"的经营模式，打造全新的农家乐品牌"篱笆驿站"。镇旅游办牵头成立洑西村农家乐协会，出台民宿点相关建设标准。协会负责加盟农户的房舍装修及民宿运营管理，对每个民宿点，推行统一的装修风格、统一的品牌，实现民宿规模化、品牌化、标准化经营。"篱笆驿站"民宿村现有民宿53家，客房650间，床位1118张，2018年整体盈利达2180万元。

**表7　南京市2018年乡村旅游社区营造项目评比公示名单**

| 奖项 | 项目名称 | 地区及组织单位 |
|---|---|---|
| 优秀项目 | 桠溪国际慢城长街宴 | 高淳桠溪镇 |
| | 溧水捕捞节 | 溧水旅游局、溧水区和凤镇 |
| | 美丽乡村茶文化旅游月系列活动 | 江宁黄龙岘 |
| | 观音殿年货大集 | 江宁观音殿 |
| | 游牧风情之四季巴布洛 | 六合巴布洛 |
| | 风筝节、圣诞寻宝、非遗展、三八活动 | 浦口不老村 |
| | 七夕——为爱而生·浪漫约会 | 江宁大塘金 |
| 孵化项目 | 民俗之韵味 | 江宁黄龙岘 |
| | 创全域旅游·游淳美乡村 | 江宁淳化马场山 |
| | 归园田居行 | 江宁区秣陵杏花村 |
| | 匠村·卧香亲子游学温泉季 | 江宁汤家家匠村卧香民宿 |
| | 谢泉村村民口述史记录活动 | 江宁汤家家美泉民宿 |
| | "横溪味道"村宴美食节 | 江宁横溪街道 |
| | 三国村元宵节共赏"花好月圆夜" | 江宁三国村 |
| | 三国村端午节"粽香万家" | 江宁三国村 |
| | 蝴蝶社区——蝴蝶山丘飞行民宿 | 浦口蝶梦山丘 |
| | 第三届雨发嘉年华暨第十三届中国·南京农业嘉年华浦口分会场活动 | 浦口雨发生态园 |
| | 武家嘴热带风情谷元宵喜乐会·非遗文化展 | 高淳武家嘴热带风情谷 |
| | 健康芮家村,共享石山下 | 溧水石山下林 |
| | 弘扬传统文化·体验手工乐趣"变废为宝"之花涧手工DIY | 高淳花涧堂民宿 |
| | 溧水夜游无想活动 | 溧水旅游局 |
| 最佳组织奖 | 江宁区旅游局 | |
| 优秀组织奖 | 溧水区旅游局、浦口区旅游局、高淳区旅游局、六合区旅游局 | |

## （六）存在问题

### 1. 监管不完善，证照办理依旧存在困难

民宿经济属于系统工程，涉及公安、消防、旅游、环保、市场监督、卫生等多个部门。江苏省部分市尚未出台相关的指引和规范政策，缺乏一套行之有效的协调和监管机制，致使某些民宿的优惠政策难以落地，也制约了民宿资源的有机整合和项目开发的推进。当前开办民宿必须具备四证：工商营业执照、卫生许可证、食品经营许可证、特种行业许可证。这其中，特种行业许可证的办理难度最大。而没有特种行业许可证，就不会被纳入政府管理体系，也享受不到当地优惠政策。在无锡，公安部门颁发特种行业许可证要求最低房间数不得少于20间，这一点对于民宿来讲普遍不达标。因此，在加强监管的同时，应将一些标准和准入门槛适当降低，从而将更多的民宿纳入统一监管范围。

### 2. 地区差距明显，苏南、苏中、苏北空间梯度差异明显

省内民宿业发展，苏南、苏中、苏北空间梯度差异明显。苏北地区民宿数量明显少于苏南。从政策来看，目前只有南京、苏州两市出台的民宿发展指导和扶持政策较完善，而其他地区则缺少引导。发掘苏北的民宿经济潜力，要善于通过创意将苏北地区的自然生态资源以及文化资源开发出来，为民宿发展创造独特体验。此外，地方政府也应科学安排资源优势地区的配套资金和建设项目，重点解决交通、停车、标识等公共配套问题，完善民宿基础设施，提高民宿产业集聚要素浓度，推动当地旅游民宿集聚发展。

### 3. 同质化问题依旧严重

该问题对于乡村旅游民宿集群式发展尤为重要。以南京市乡村民宿发展现状为例，据2019年8月统计，南京市全市乡村民宿中有27%的民宿只提供住宿，73%同时具备住宿、餐饮功能。仅有约5%的民宿能具备"休闲娱乐、健康理疗、民俗体验、田园采摘、休闲垂钓"等中的2项及以上服务拓展功能。产品同质化问题来自民宿业主的一哄而上及民宿业自身缺乏规范和标准，解决这一问题就需要民宿主、地方民宿协会及地方政府部门共同发力。民宿

主自身应加强创新意识，提升自身竞争力。民宿协会要联合当地政府、文化事业部门、文化产业企业、高校等共同为民宿赋值，推动民宿向多元精细化方向发展。政府部门在资金扶持和民宿评选方面要加强对文创体验、文旅融合的关注，让旅游民宿与当地文化遗产、节庆、展览互相融合，互助发展，引导民宿主提升自身文化，加强与当地社区互动。

**参考文献**

付奇、邵生余：《民宿产业，莫让无序稀释"红利"》，《新华日报》2019 年 2 月 25 日。

林沁：《未来民宿"活路"几何?》，《中国文化报》2018 年 9 月 1 日。

沈岩明：《民宿经济发展存在的问题与建议》，《温州日报》2016 年 10 月 24 日。

于浩：《旺季旅游：这些方面仍须规范和关注》，《中国人大》2019 年 8 月 5 日。

周旭：《综合施策促进江苏民宿业发展》，《中国旅游报》2019 年 10 月 15 日。

# B.5

# 2019浙江旅游民宿发展现状与趋势研究

周成功*

**摘　要：** 本文以浙江省范围内正在经营中的旅游民宿为研究对象，围绕经营现状、存在问题、盈利能力等问题展开研究。文章将采用文本分析法等，通过对民宿管家、投资人进行问卷调查、座谈等形式了解问题，希望能找出共性问题以便研判发展趋势。问卷主要通过问卷星平台在移动端发放采集数据。总体来看，浙江旅游民宿发展政策氛围好，政府扶持力度大，但是也存在盈利能力弱、盈利手段单一等问题，尤其是客源获取成本高。退出机制、业务培训、多元化盈利等是未来浙江旅游民宿行业亟待解决的问题。

**关键词：** 旅游民宿　盈利拐点　浙江省

　　浙江旅游民宿发展在国内一直处于引领的状态，某种程度上具有行业发展风向标的价值。经过近几年的高速发展，浙江民宿取得了瞩目的成绩——率先发布行业标准、评定民宿等级、制定行业发展规范，以及上线民宿管理信息系统等一系列在行业里具有开创价值的举措。

　　2019年，浙江旅游民宿继续保持良好的发展势头，行业整体水平不断提升，产业链加快完善，但是遇到的问题也层出不穷，如入住率不高、管理

---

* 周成功，硕士学位，经济师，现任浙江日报报业集团旅游全媒体中心副主任，浙江省文创产业协会旅游商品专委会秘书长，主要研究方向：休闲旅游、民宿经济、旅游商品等。

难度大、盈利能力偏弱等。可以说，浙江旅游民宿已经站在了转型发展的关键点。

# 一 概述

## （一）总体规模及特征

各个口径发布的数据显示，浙江民宿的总量在不断增长。增长来源主要有两类：一是新开设民宿；二是部分农家乐、乡村客栈升级改造成民宿。到2019年底，浙江全省旅游民宿数量有望突破2万家。

虽然不同维度统计出来的数据有差别，但是浙江旅游民宿的总体规模呈现的增长趋势不容否认。问卷调查显示，过去一年内新开的民宿比例达13.9%，过去2~3年开业的民宿比例为35.29%（见图1）。更为突出的是，新开设的民宿无论在硬件还是软件方面，品质更高、设计更科学，装修成本也更高，风格、个性越发突出。

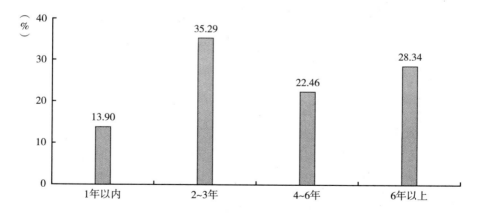

**图1 问卷调查：民宿经营年限**

旅游民宿综合服务平台宿宿网以各OTA（online travel agency，线上旅行社）平台数据为基础，从被搜索指数、活跃度、顾客评价数等多个维度统计，截至2019年9月30日，浙江范围内取得经营资质并且在运营的旅游民宿共 19564 家。其中，杭州、嘉兴、舟山民宿数量位居前三，衢州地区最少，仅为 171 家（见图 2）。从省内民宿分布可以看出，浙北多于浙南，沿海多于山区，且与当地的经济发展水平呈正态分布。

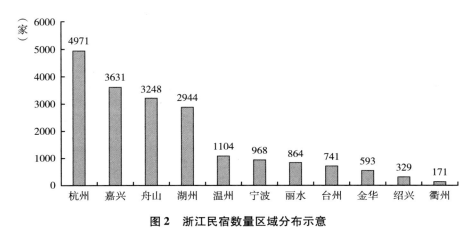

**图 2　浙江民宿数量区域分布示意**

## （二）区域分布及其特点

浙江民宿发展和各个地市经济发展水平、景区成熟度相匹配。杭州、嘉兴、湖州等地经济发展较好，而且毗邻上海，因此民宿发展也优于省内其他区域。浙西南为山区丘陵，经济发展在省内排名靠后，其民宿发展也相对缓慢，尤其是衢州、金华等地。舟山为海岛城市，海洋旅游资源丰富，其旅游民宿自成一派，发展速度也相对较快。

从区域分布来看，浙江民宿呈现以下几个特点：其一，景区民宿，以莫干山、西湖风景区的民宿为代表，以丰富的文旅资源为依托，周边环境优美，有一定的历史文化遗存，景区人流带动效应让民宿发展较早、较快；其二，浙西南一带的民宿具有明显的山景特色，主要分布在丽水、衢州，以及杭州淳安、建德，温州泰顺等地；其三，舟山以及宁波、台州、温州等沿海地区民宿的最大特色就是与海为伴，主打海洋文旅元素及各类海洋运动体验；其四，湖州、嘉兴、绍兴等地民宿更多地结合了江南水乡的特色，与当地历史、人文、风俗等充分结合，特色鲜明。

### （三）产业扶持政策利好

浙江旅游民宿的繁荣和各级政府的支持息息相关。早在2017年浙江省第十四次党代会上，"大力发展民宿经济"就被正式写进决议。至此，发展民宿产业上升为全省战略。另外，浙江民宿发展在土地政策、行政审批、产业扶持、行业管理等方面都进行了卓有成效的探索与尝试，积累了大量经验，为整个民宿行业的发展提供了有益的参考。

从2013年开始，丽水市每年拿出1000万元专项资金，重点用于农家乐综合体、精品民宿等的建设和补助。2019年，"丽水山居"集体商标注册成功，这是浙江省首个地市级的农家乐、民宿区域公用品牌。"丽水山居"商标的注册有助于丽水民宿抱团发展，形成区域品牌效应。

2018年开始，金华东阳市对符合民宿创办条件、经验收合格的民宿，给予每张床位2000元的补助，并且鼓励村集体统筹建设民宿，实现统一品牌、统一管理、统一服务、统一配套。此外，温州泰顺、宁波慈溪、绍兴柯桥等地都对民宿开办进行了不同程度的床位补贴，部分地区对民宿周边配套农业采摘园也有奖励性补贴。

浙江省内不少地方更是依据《民宿基本要求与评价》（DB33/T 2048 - 2017）和《浙江省民宿基本要求与评价评定细则（试行）》对被评为白金宿、金宿、银宿的民宿进行奖励，一次性奖励最高达20万元。

另外，乡村振兴战略、美丽乡村建设、万村景区化等政策的不断深化，都在为旅游民宿发展赋能。

## 二 现状

### （一）总体质量不断提升

数量增长的同时，民宿的整体质量也在不断提升。从面上来看是多点繁荣，以往是在具有特殊山水人文自然环境的地方开设民宿，现在基本实现每个乡镇都有几家具有代表性的民宿。在浙江农村，民宿已经成为乡村振兴、农民增收的一个重要抓手，尤其是丽水松阳、云和，温州洞头等地形成了一批具有相当影响力的网红民宿（如松阳的过云山居、云和的浮生半日等），成为游客的打卡地。湖州长兴、金华磐安、杭州临安等地的民宿已经成为上海、苏南等地游客周末休闲目的地。

质的提升还表现在与周边旅游资源的融合上，"民宿＋"不断深入。一般来说，民宿和周边的自然、人文历史景观结合，这是最容易想到，也是最容易做到的。在舟山，形成了以出海捕捞、看海上日出为特色的民宿体验；在绍兴，各类瓜果采摘、农事活动融入民宿体验；在丽水云和，看梯田日出成为民宿客人的必选项目。

### （二）单体民宿居多

浙江的民宿基本还是以单体、单幢房屋为主。根据我们的调查统计，客房数量集中在 7～10 间，这一比例的民宿达 42.78%，客房数在 11～15 间的比例为 19.25%（见图 3）。房间数特别多、特别少的占比都不高。基本就是一幢楼房开办一家民宿，当然这个和起初的民宿准入门槛有很大关系。

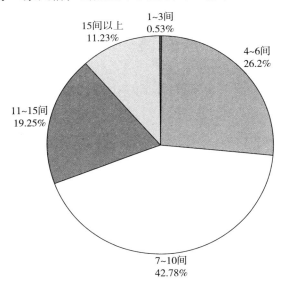

**图 3　问卷调查：民宿客房数量**

2016 年，浙江发布的《关于确定民宿范围和条件的指导意见》中明确指出：民宿的经营规模，单栋房屋客房数不超过 15 间，建筑层数不超过 4 层，且总建筑面积不超过 800 平方米。

另外，我们发现有 11.23% 的民宿房间数在 15 间以上。这一类民宿基本为多个股东，资金实力较强，同时有 1 幢以上的楼房在开设民宿。

### （三）自有资金投资居多

从全国范围来看，最近两年是民宿低迷、退烧阶段，为什么浙江的民宿能保持增长呢？从资金来源方面可以找到答案。浙江民宿投资有 60.96% 为自有资金投入，17.65% 为银行贷款，众筹资金占 5.35%（见图 4）。大量自有资金进入民宿领域，在很大程度上保证了民宿数量的稳定性。

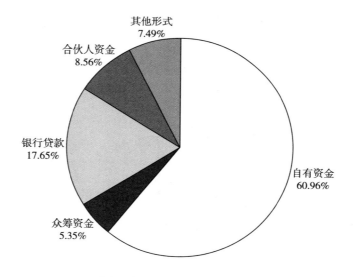

**图 4　调研民宿投资资金类型**

为什么会有那么多的自有资金进入民宿领域呢？第一，互联网公司的造富行动让一大批"80 后""90 后"早早实现了财务自由，其中部分人投身民宿领域；第二，在乡村振兴政策的带动下，一些青年、大学生返乡创业，利用自家老房开办民宿；第三，部分创业型公司、设计类企业将办公和民宿相结合，这种类型在杭州、宁波等地比较多。

在总投资额方面，投资金额在50万～100万元、201万～400万元的比例最高，分别为28.34%、21.93%（见图5）。一般认为，这些资金主要用于装修装饰，不包含房屋主体建筑成本。从实地调研来看，常规情况下每个房间的装修成本为10万～20万元。数据显示，投资额在701万元以上的也达到了11.23%。大致有这样几个原因：一是民宿体量大、房间数量较多；二是打造网红民宿，软装成本较高；三是民宿可以利用公共空间较多，因此花费资金较多。

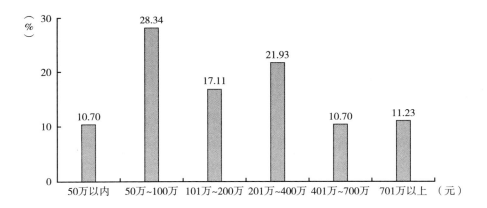

图5　问卷调查：民宿投资金额

除此以外，在浙江也不乏资本机构投资的民宿，金华浦江不舍野马岭中国村民宿就是其中之一。这个由杭州知名餐饮企业投资的民宿，对外公布总投资6000万元，创始人目标是打造中国最美民宿。巨额投资的必然结果是，房价相对较高。

## （四）从业人员分析

在从业人员数量方面，大多数民宿的全职员工为2～4人，这一比例为67.38%（见图6），这个和民宿的客房数基本成正比。一般来说，民宿岗位分布如下：管家1人，全面负责民宿的日常管理、经营，大部分是民宿主、

投资者兼任；前台 1 人，负责接待、办理登记、收款、开票等；打扫卫生、房间布草等 1 人，此岗位多为兼职人员，薪资计件；厨房 1 人，负责餐饮服务；运营 1 人，负责日常各 OTA 平台的维护、推广等。当然这些岗位职责往往没有绝对的界限，基本是一专多能，这也是民宿工作区别于酒店的地方。

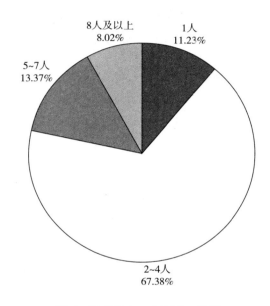

**图 6  问卷调查：全职员工数量**

薪资方面，约 90% 的民宿从业人员年平均薪资在 7 万元以下（见图 7）。主要原因：第一，民宿多位于非城区，劳动力成本不高；第二，民宿房间数量有限，布草、打扫卫生等工作为计量；第三，大量使用兼职人员，附近村民做完民宿工作即可回家；第四，部分民宿主（管家）没将自己的薪资计算在内，或者自己日常不拿薪水，这也在数据上降低了人员平均薪资。

年平均薪资 10 万元以上的比例仅为 5.35%。员工平均薪资能达到 10 万元的民宿一般具备以下几个特点：第一，房间数量较多，至少是 10 间以上，年营业总额较高；第二，民宿主（管家）薪资较高，拉升了平均值；

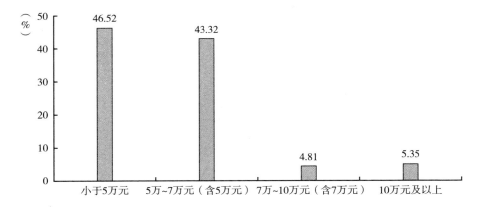

图7　问卷调查：人员薪资

第三，民宿具备一定的网红气质，入住率较高，对员工素质要求较高；第四，民宿多数位于杭州、宁波、温州等经济发展比较好的区域。

# 三　存在问题

## （一）生存艰难，部分出现亏损

"二八定律"在浙江旅游民宿行业也基本适用，少部分经营状况良好，能实现不同程度的盈利，还有很大一部分民宿经营状况不佳，甚至出现亏损，尤其是那些体量较小的单体民宿，盈利异常艰难。

调查显示，至少1/3的民宿不能盈利，16.04%的民宿主表示过去一年存在亏损，40.11%的民宿处于微利状态（见图8）。运营状况良好，有持续盈利能力的民宿占总数的1/4，民宿整体盈利形势比较严峻。民宿不盈利、亏损的表现形态各不相同：一些个人租赁物业开办民宿的，在装修折旧期内不能收回成本，表现为亏损；还有一些虽然没有太多的装修成本，但是，连房屋租金、人员工资，以及日常维护成本都难以为继的也表现为亏损。

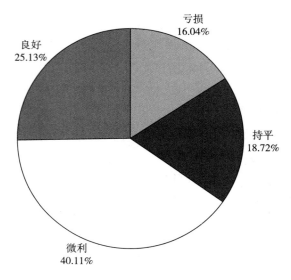

**图8　问卷调查：过去一年经营情况**

民宿行业发展同整体大环境因素息息相关。民宿受周边连锁酒店的冲击也较大。杭州西湖景区四眼井、满觉陇一带是民宿集中区，近几年民宿数量逐步增加。与此同时，区域内先后有至少4家，诸如桔子水晶、如家之类的连锁酒店投入运营，每家客房都在100个以上。另外，还有多家青年旅社投入运营，这都在一定程度上分流了客源。

## （二）人才短板日益显现

当前，民宿发展的人才困境越发突出。这主要表现在两个方面，一是民宿发展本身所需的人才大量短缺，这些年民宿的飞跃式发展亟须大量相关人才，而培养储备不足；二是受制于民宿发展本身特点，很难吸纳到优秀人才。当下80%以上的民宿体量较小，尤其大量的单体民宿，营收有限，盈利能力不强限制了其高薪选贤的可能。更为突出的是，很多民宿远离城区，日常生活配套欠缺，年轻人不愿去，而且发展机会、提升空间有限。

另外，越是体量小的民宿，对其员工的要求越高，一岗多职，一个人要担负起很多职能，一个前台不仅能做接待登记，还要会简单的维护、修理，能搞卫生、会烧饭等，能应对各种突发情况，偶尔还要配合做点运营等。

管理困境、人才困境是当前民宿经营中仅次于客源的难题。28.88%的民宿存在管理方面的难题，27.81%的民宿在经营中遭遇人才问题（见图9）。民宿人才困境主要表现在这样几个方面：找不到合适的管家；运营推广人才奇缺；复合型人才短缺。另外，有17.1%被调查对象表示存在资金方面的困难。

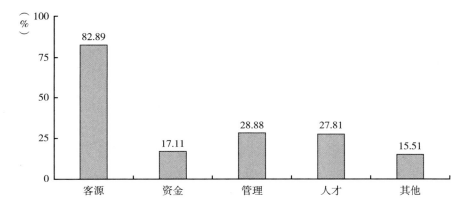

图9 问卷调查：民宿经营中的最大困难

### （三）盈利能力薄弱

盈利能力薄弱主要表现为绝大多数民宿的收入几乎全部依靠房费，房费以外的盈利占比太低，或者没有。调查显示，接近50%的民宿房费以外收入在总营收中占比不到15%。房费以外营收能占总营收50%以上的只有6.42%的民宿能做到（见图10）。

房费占据了民宿营业额的较大份额，然而客源获取却是一大难题，82.9%的民宿表示存在客源获取方面的困难。景区民宿可以依托OTA平台导流，而一些乡村民宿却没有这个优势。更为致命的是客人的复购率很低，基本没有黏性。部分民宿引入研学项目后，开始出现回头客，老客介绍新客。

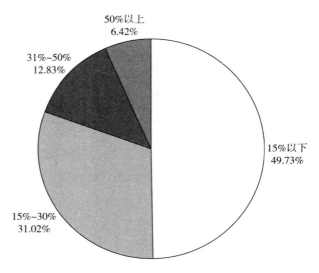

图10 问卷调查：房费以外营收占比

在房费以外的营收中，餐饮服务占据绝对份额，高达81.82%，旅游商品销售占26.20%，景点门票代售服务占18.72%（见图11）。餐饮服务份额较高不足为奇，主要原因在于民宿自身特点，很多民宿位置相对不够繁华，或者在乡村，周边餐饮配套较少，民宿自身必须提供餐饮服务。旅游商品销售主要表现为当地特产销售，或者农副产品销售等。

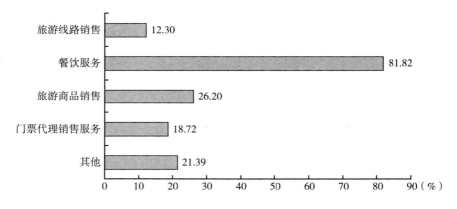

图11 问卷调查：房费以外营收项目构成

## （四）单体民宿的隐忧

单体民宿，简而言之就是仅由一栋民居改建而成的民宿，具有房间数量少、与旅行社合作度低、不具备接待团队游客的能力等特点。2017 年浙江省政府办公厅出台《关于确定民宿范围和条件的指导意见》规定：民宿单栋房屋客房数不超过 15 间，民宿是利用城乡居民自有住宅、集体用房或其他配套用房，结合当地人文、自然景观、生态、环境资源及农林牧渔生产活动，为旅游者休闲度假、体验当地风俗文化而提供住宿、餐饮等服务的处所。

单体民宿的最大问题在于盈利能力与投入不成正比，边际成本太高，即使在全年 70% 的入住率情况下，收回成本也至少要 5 年。另外，单体民宿在用人、旅游线路代理、旅游商品采购等方面都没有比较优势。一般来说，民宿主能参与日常管理的单体民宿情况明显好于聘用管家管理的，现在市场上挂牌转让的也多为单体民宿。

# 四 趋势分析及对策

## （一）迭代升级

经过几年的高速发展，浙江民宿已经站在一个拐点，由 1.0 向 2.0 模式过渡。我们认为早期 1.0 版本的民宿是追求潮流、享受政府补贴、带着情怀上路的。现在民宿发展越来越成熟，补贴开始减少，甚至会在将来某一天取消，情怀遭遇现实的激烈碰撞，结果一定是要顺应市场发展，走市场化道路，迭代升级产品、服务、经营等。

下一步，差异化是必然方向。在这一次的大浪淘沙中，民宿必然面临优胜劣汰的过程，服务走向标准化、品质化，经营走向专业化。事实已经证明，行情的流量不能让民宿走得很远，想在市场中站住脚必然要术业有专攻。行业的迭代也表现为淘汰一部分不符合行业发展趋势的民宿产品。

## （二）多元化经营

实现持续盈利是让民宿行业稳定发展的首要保证。除了提升客房入住率以外，多元化经营是提高民宿盈利能力的不二选择。销售旅游商品，提供周边景点门票代售服务、餐饮服务、旅游线路销售服务等能在短时间内快速提升营业额。

多元化服务也有一定的技巧，例如餐饮服务，可以同周边的饭店合作，这样可以极大降低民宿自身的成本。一些位于乡村的民宿，可以同周边农户合作，销售它们的土特产，甚至利用它们的农田搞采摘体验活动等。

仅有这些还不够，要结合民宿自身条件、民宿从业者的资源优势，做好"＋民宿"这篇文章。一些民宿有宽大的客厅、有楼顶露台，有的窗外就是茶园、有的在公园附近等等。必须充分结合这些资源，开发旅游产品，如农事体验＋民宿，研学＋民宿，亲子＋民宿，读书会＋民宿，插花培训＋民宿，工业旅游＋民宿等等，让想安静的游客静下来，让想有体验的游客忙起来，唯有这样才能让它们住下来，增强与民宿的黏性。

多元化经营的同时，还要尝试加强民宿的资产收益管理，开拓民宿融资渠道。

## （三）合纵连横拓展思路

合纵连横也将成为今后民宿经营的一种趋势，至少有三种路径可供选择：一是附近民宿之间的合作，尤其是单体民宿之间的联合经营，客房共享、公共区域共享等；二是跨行业的合作，民宿和周边景点、农户的合作，甚至是与工业企业的合作；三是跨区域民宿之间的合作，跨区域不同类型的民宿能极大地满足自驾游客、休闲度假游客的需求。

一定区域内民宿之间的联合最容易实现，可以自发合作，也可以在主管部门、行业协会的牵头下实现。类似的合作至少有以下几个方面的好处：首先，让客房共享，成为联合体，可以接待团队、企业会议、培训，甚至同旅行社合作等；其次，公共空间共享，茶室、会议室、停车场等共享，这能让本身不联通的区域内民宿形成一个整体，形成区域合力，便于整体推广营销，降低单个民宿营销推广成本。跨行业的合作，对民宿来说要求比较高，民宿本身要有一定的体量。

跨区域民宿的合作，简而言之，就是用民宿串起一条旅游线路，相对来说较为复杂，但成效也会比较明显，需要发挥主管部门和协会的力量。杭黄高铁开通后，杭州到黄山这一线路被称为黄金旅游线，沿线有西湖、西溪湿地、富春江、千岛湖、宏村、黄山等，共有 7 个 5A 级、50 多个 4A 级旅游景区。沿线民宿合作，可以开发出多条民宿旅游线路。

### （四）拐点处的抉择

2010～2014 年是浙江民宿发展的高峰期，数量呈现几何级增长。这期间，无论是政策层面的引导，还是情怀燃起的热情，结果是浙江民宿遍地开花。浙江民宿发展还得益于互联网行业的"造富运动"，一些"80 后、90 后"在互联网公司实现财务自由后开始寻求精神的满足。根据不完全统计，这一时期，各地出现了不少从阿里、华为等企业离职后自带资本进入民宿行业的年轻人。

但是到了 2018 年下半年，民宿风向转变，尤其是到了 2019 年上半年，国际、国内经济形势变化，民宿入住率急剧下降，转让逐步增多。问卷显示，有超过 15.5% 的民宿主未来一段时间有意向转让或托管经营。可喜的是，有近 80% 的民宿主选择坚守（见图 12）。选择继续经营的民宿主大致有这样几种情况：自有房屋，没有租金压力；大量装修成本的投入，不忍就此放弃；入行时间不长，继续摸索经营之道。

退出、转让也是市场调节的结果。早期的投资者激情退去，情怀已经有过满足，更为重要的是长期不盈利，装修、设备 3～5 年后开始老旧需要更新，是继续追加投资，还是立即止损，一切都在情理之中。此时，民宿业的发展更需要政府的引导与扶持。

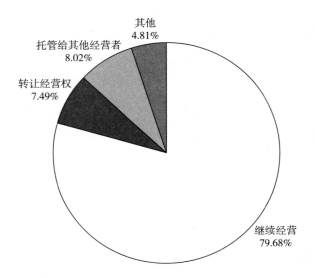

**图12 问卷调查：民宿经营近期会做出哪些决定**

## （五）民宿培训兴起

培训业务应该是民宿产业链上的重要一环，而且目前民宿行业人才稀缺。问卷显示：浙江民宿主有47.59%对管理培训有需求，34.76%对人员培训有需求，34.22%的人希望能和同行交流经验（见图13）。

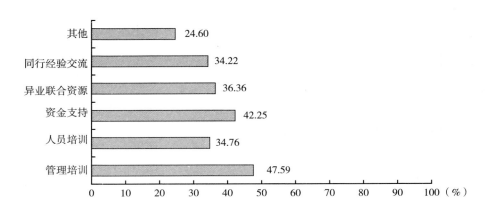

**图13 问卷调查：希望得到哪些帮助**

目前，民宿行业培训比较少，也不能满足市场需求。更为重要的是，民宿行业的各类研究成果比较匮乏，成熟的理论体系未能形成，这些都制约了民宿培训的发展。各个层面成立的民宿协会发挥的作用还不大，未来政府对民宿的支持应该转为组织培训、考察与交流等。

## 五 结语

民宿有着极大的价值，尤其在实施乡村振兴的战略背景下显得更为重要。民宿对于发展乡村旅游来说，其价值远不止住宿功能那么简单，客人住下来才意味着有无限的可能，才能拉长整个旅游消费链条。当然，也不能过度放大民宿产业，被个别网红民宿蒙蔽双眼，谨慎入行、稳步投资、产业有序成长才是关键。

另外，要警惕民宿被异化，用所谓的会员制，将民宿包装成金融产品，成为变相的 P2P 融资陷阱，更要警惕以民宿为幌子进行房地产项目开发。

[本文数据主要来自问卷调查。笔者于 2019 年 7 月至 9 月中旬通过问卷星平台在移动端发放问卷，采集、分析数据，问卷对象大部分为浙江省内民宿主，少部分为民宿管家。另外，还定向发放问卷给部分县市的民宿协会负责人（亦为民宿主）]

**参考文献**

过聚荣：《旅游民宿经营实务》，社会科学文献出版社，2018。
李欣：《国内民宿研究综述》，《旅游纵览月刊》2017 年第 1 期。
梁旅珠：《日本民宿之美：凡心所向，素履以往》，华中科技大学出版社，2018。
吴文智：《民宿概论》，上海交通大学出版社，2018。
游海华：《民宿产业发展研究——以杭州市为例》，《嘉兴学院学报》2016 年 5 月。

# B.6
# 云南旅游民宿发展报告

殷晓茵*

**摘　要：** 本文基于云南旅游产业转型升级对民宿产品的消费需求视角，通过实地走访、深度访谈等方式，与云南的民宿经营者、行业协会专家、政府主管官员等进行了广泛且深入的交流，了解掌握了最新的产业发展政策并获取了一手的调研数据。通过与历史数据进行比较分析，对云南旅游民宿产业的发展现状、发展特色进行了客观描述。云南正值旅游产业转型升级的关键期，民宿产业具备一定的发展基础：良好的自然风光及生态环境；拥有自身发展特色：丰富的民族文化资源及生物多样性资源。找到了现存问题：市场门槛低、法规不健全、商业模式不清晰等，并对未来国际化、高端化、特色化、智慧化的发展趋势进行了预测。

**关键词：** 转型升级　民宿产业　云南省

近年来，随着旅游观念的不断升级，旅游散客化趋势越发明显，游客对住宿的追求已经超出了基础服务功能，满足"自然、个性、文化、休闲、生活体验"等特殊需求的民宿产品越来越受到游客的喜爱，成为旅游地区经济发展的新亮点。民宿大热，作为全国最大民宿集群之一的云南，其行业

---

\* 殷晓茵，法学学士，工程硕士，现为云南民族大学澜湄国际职业学院旅游系主任，国家一级职业指导师，主要研究领域：产业融合的应用与实践。

迅速发展，客栈、民宿数量不断增多，云南已发展成为民宿高地。云南省依托其独特的地理区位优势、生态资源优势和民族文化优势，坚持地方性与民族性结合、政府引导与行业协会自律相结合及市场化运作原则，按照"看得见山水、记得住乡愁、留得住乡情"的要求，不断丰富各地区的民宿旅游产品，完善城镇和乡村民宿旅游基础设施和服务体系，全力打造中国民宿经济发展的示范区。

# 一　云南省旅游产业发展概况

## （一）云南省旅游产业接待人数与旅游收入稳中有升

近年来，旅游逐渐成为百姓休闲娱乐活动的首选，云南充分依托自身资源优势及禀赋特征，坚持政策引领的连续性，保持了旅游产业的持续快速发展，云南也成为国内旅游者心仪的旅游目的地之一。

2012 年全省旅游业全年总收入达到 1702.54 亿元[①]，2015 年，增长到 3281.79 亿元，3 年增长 92.76%，2015 年，累计接待海外入境游客 1075.32 万人次，国内旅游者 32343.95 万人次，同比增长 16.78%。数据显示，2017年，云南全省旅游总收入突破 6000 亿元，由 2013 年的 2111.24 亿元增加到 6922.23 亿元，居全国第 8 位，较 2013 年的第 18 位提升了 10 位；年均增长 34.6%，高居全国第 2 位；旅游总收入占全国总量比重由 2013 年的 2.6% 上升至 4.3%，提升了 1.7 个百分点。旅游人数，2018 年比 2013 年增加了近 2 倍，旅游收入比 2013 年增长了 3 倍多。全省旅业业总体增长速度超过全国的平均水平，旅游投诉量在 12301 系统全国排名 21 位，较 2017年下降 15 位（见图 1、图 2）。

2019 年上半年，云南省呈现接待游客数量与旅游收入双增长的局面，

---

① 本报告中所采用的旅游收入、旅游人数等资料来源于云南省统计局官方对外公布数据，除 2019 年的半年数据引用自云南省文旅厅厅长和丽贵的新闻发言稿外，其余几年的数据均为全年数据。

全省共接待国内外游客3.99亿人次，同比增长17.6%，实现半年旅游总收入5232.99亿元，同比增长18.48%。

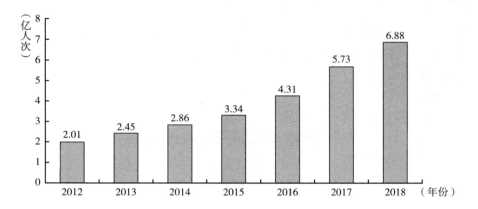

**图1　2012～2018年云南旅游总人数**

资料来源：根据云南省统计局数据，旅游民宿产业报告组整理。

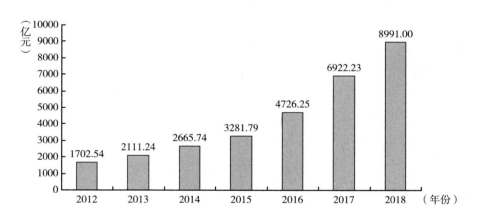

**图2　2012～2018年云南旅游总收入统计情况**

资料来源：根据云南省统计局数据，旅游民宿产业报告组整理。

## （二）文旅产业融合，带动产业发展、实现精准扶贫

云南在全面加快推进旅游产业发展带动脱贫时，2016～2020年，重点

实施精准旅游扶贫"123518"工程，即：1 个全域旅游扶贫示范州（怒江）、20 个旅游扶贫示范县、30 个旅游扶贫示范乡镇、500 个特色旅游扶贫村（其中，省级 100 个、州市级 150 个、县级 250 个）、1 万户旅游扶贫示范户建设，旅游产业综合带动贫困人口脱贫 80 万人以上。2017 年《云南省人民政府办公厅关于加快乡村旅游扶贫开发的意见》中明确：到 2020 年，全省乡村旅游接待游客总人数将突破 2 亿人次，乡村旅游总收入突破 2500 亿元，乡村旅游总就业人数达到 270 万人，累计带动 80 万以上农村贫困人口脱贫致富。通过发展乡村旅游，让"青山绿水"变成"金山银山"。云南省文化和旅游厅党组书记、厅长和丽贵表示，2018 年，全省乡村旅游投资超过 240 亿元，接待游客突破 2.5 亿人次，旅游总收入超 2000 亿元，许多乡村旅游景点备受青睐。

云南省委、省政府面对全省旅游产业发展的大好形势，从全省经济社会发展全局出发，提出全面构建"产业实力强、产业贡献强、产业竞争力强和支撑产业发展能力强"的旅游强省建设目标，并从政府引导性资金投入、旅游用地、金融支持旅游等方面出台了一系列含金量高、支撑作用强的旅游配套政策。进一步对推动旅游目的地、旅游产品、旅游公共基础设施、旅游管理服务、旅游智慧化转型升级等 5 个方面的重点工作任务，做出了系统安排和部署。伴随着产业体系的不断完善，2018 年，省政府印发《关于加快推进旅游转型升级的若干意见》（以下简称《若干意见》）。《若干意见》共 4 个方面 18 条，其中，深化旅游市场秩序整治 3 条，构建云南旅游诚信体系 3 条，重构旅游管理机制 4 条，而在提升旅游供给能力方面共 8 条，足见云南省政府在大力发展旅游产业、从产业自身的供给侧结构性改革方向上发力的决心和信心。把云南建设成为世界一流的旅游目的地，与之相对应的就要求有能够满足人民群众日益增长的精神文化需求的旅游产品，基本要求就是对可涵盖吃、住、行、游、购、娱等 6 大传统要素的产品进行创新升级。如今，客栈民宿在大理、丽江、香格里拉、腾冲、西双版纳等云南热门旅游目的地随处可见，并成为当地一张特色名片。随着散客时代的到来，游客需求发生变化，市场对特色客栈民宿的需

求日益增多。近年来，云南民宿产业蓬勃发展，提供不同于一般饭店、酒店的多样化内涵产品，民宿产业带给游客全新体验，成为云南旅游产业发展中的重要一环。而民宿客栈在发展的同时，也逐渐成为云南乡村旅游中的新亮点。

## 二 云南省旅游民宿产业发展概况

### （一）发展基础

云南风光秀美，历史悠久，文化厚重，旅游资源丰富独特，这里有优良多样的生态环境，有神奇美丽的自然风光，有多姿多彩的民族风情，有源远流长的历史文化，有多元包容的宗教信仰，有得天独厚的区位优势。四十多年来，云南旅游业实现了从无到有、从小到大、从弱到强的历史性跨越，走出了一条符合自身实际特色的发展路子。"七彩云南·旅游天堂"已成为蜚声海内外的知名旅游品牌。近年来，云南瞄准旅游基础设施和配套服务设施不健全的"短板"，加大供给侧改革，特别在酒店住宿业方面发展迅速，推动旅游文化产品从观光型为主向观光游览、休闲度假、康体养生等为一体的复合型产品转变，引导旅游文化消费从单一性低层次消费向多样性高端化消费发展，成效明显。云南大多数的民宿客栈，自然环境优美，民族文化多姿多彩，加上相对低廉的物价等优势，吸引着四面八方的游客圆梦"诗和远方"。民宿，作为一道亮丽的风景，为云南旅游加分不少。

1. 从旅游资源来看

目前，云南全省旅游要素企业达 2 万余户，A 级景区 231 个，其中 5A 级景区 8 家，4A 级 71 家，有 20 个景区被列入全国红色旅游经典景区名录，3 个红色旅游景区成功创建为 A 级旅游景区，全省旅游景区的信号（4G、3G）覆盖率达到 100%。这些 A 级旅游区（点）的开发和建设已经较为完善，公共设施和配套服务已经具备，在当地有较强的辐射和影响力，也自然成为投资者开办民宿的选择地之一。

2. 从交通可进入性来看

近年来，云南全面建设以铁路"八出省五出境"、公路"七出省五出境"、水路"两出省三出境"为主的综合交通互联互通通道。与周边国家实现高速公路连接，与四川、贵州、广西实现高速铁路连接，多条高速公路连通。国家级口岸基本实现高速公路连接，沿边干线公路贯通。

"五出境"公路通道中，云南境内已基本实现高速化。"三出境"水路中的澜沧江—湄公河已实现中老缅泰四国通航。航空方面，截至 2018 年，云南省至南亚东南亚航线累计达 65 条、通航点达 38 个，到南亚东南亚通航点数量居全国第 1 位。云南省委、省政府出台了《关于努力将云南建设成为中国最美丽省份的指导意见》，提出要建设一批"最美公路"，建设大滇西旅游环线，打造高速公路服务区升级版，其中，"大滇西旅游环线"将把滇西片区高山、峡谷、雪山、高原、草地等独特的自然景观和丰富的历史文化资源串联起来，打造一条具有吸引力的自驾游线路，舒缓交通压力的同时，这样一条自驾游线路本身就是一种旅游转型升级创造出的新产品。"最美铁路"建设方面，按照"一线一主题、一站一风景"的思路打造"最美铁路"，并在 2019 年国际旅交会上提出建立"高铁旅游城市合作联盟"，这将更好地链接起分散的旅游目的地，同时促进民宿产品的创新与升级。

3. 从政策导向、发展环境方面看

云南省积极发展乡村旅游，开发特色乡村民宿，带动贫困群众在家门口脱贫致富。专家指出，民宿是利用当地闲置资源，为游客提供体验当地自然、文化与生产生活方式的小型住宿设施。民宿业依托的是绿水青山，发展高端民宿旅游产业，是提高乡村旅游品质、促进乡村旅游提质升级的重要助推力。2018 年 9 月 27 日，云南省乡村旅游协会成立。近年来，云南省委、省政府高度重视乡村旅游工作，把乡村旅游与脱贫攻坚、乡村振兴战略等紧密结合、综合推进，要求实施休闲农业和乡村旅游提质升级行动，建设一批特色旅游示范村镇和精品线路，打造乡村健

康生活目的地，目标是到 2020 年全省乡村旅游总收入达 2500 亿元以上。为研究探索云南省乡村旅游发展规律，促进提高相关企业服务质量和管理水平，打造一个依托政府资源、开拓旅游市场的服务平台，推动云南乡村旅游事业振兴，云南省旅游业协会乡村旅游分会指导相关单位向云南省民政厅呈报了"关于成立乡村旅游协会的请示"。云南省民政厅于 2018 年 7 月 19 日批准成立云南省乡村旅游协会。云南省乡村旅游协会目前已有 71 家会员单位，涵盖文化旅游、餐饮住宿、农林科技等不同领域的企业主体。

根据云南省政府印发的《关于加快推进全省特色小镇创建工作的指导意见》，云南省要高标准高质量推进特色小镇建设，并继续加大财政支持力度，从 2018 年开始至 2020 年，每年评选出 15 个创建成效显著的特色小镇，每个给予 1.5 亿元以奖代补资金支持。《指导意见》明确，要紧紧围绕旅游文化产业发展这条主线，守住不触碰生态红线、不占用永久基本农田、不通过政府违规举债来建设、不搞变相房地产开发 4 条底线，聚焦特色、产业、生态、易达、宜居、智慧、成网七大要素，到 2020 年，全省建成一批具有鲜明云南特色、达到世界一流水平的特色小镇。

### （二）发展现状

《2016 年度中国客栈民宿品牌发展报告》显示，截至 2017 年 4 月末，云南客栈民宿数量超过 5000 家，居全国首位。据旅游民宿产业报告组统计，云南现有民宿客栈 15368 家。

1. 云南省旅游民宿分布情况

从图 3、图 4 可以看出，丽江、大理的滇西地区仍然是云南省内民宿占有率最高的地区，占总量的 70%，而保山、西双版纳、文山、红河构成的滇南区域排在第二梯队，占总量的 16%，滇中地区的省会昆明、玉溪拥有的民宿客栈各占总量的 6%、2%，其他几个地州的总体数量占到云南省总量的 6%。

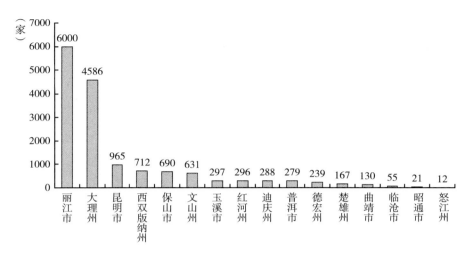

**图3　云南旅游民宿分布情况示意**

资料来源：旅游民宿产业报告组整理。

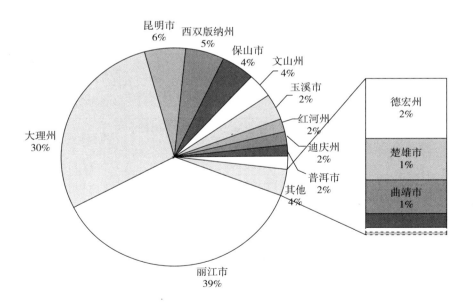

**图4　云南民宿区域分布**

资料来源：旅游民宿产业报告组整理。

## 2. 支撑云南旅游民宿发展的各级相关政策

### 表 1   旅游民宿相关政策

| 级别 | 发布时间 | 文件名称 | 发布部门 |
|---|---|---|---|
| 国家 | 2015 年 11 月 19 日 | 《关于加快发展生活性服务业促进消费结构升级的指导意见》 | 国务院办公厅 |
| | 2015 年 12 月 31 日 | 《关于落实发展新理念加快农业现代化实现全面小康目标的若干意见》 | 中共中央、国务院 |
| | 2016 年 2 月 17 号 | 《关于促进绿色消费的指导意见》 | 国家发改委等 9 个相关部门 |
| | 2017 年 2 月 27 日 | 《农家乐(民宿)防火导则(试行)》 | 住房和城乡建设部、公安部、国家旅游局 |
| | 2017 年 7 月 11 日 | 《促进乡村旅游发展提质升级行动方案(2017 年)》 | 国家发改委等 14 个相关部门 |
| | 2017 年 8 月 15 日 | 《旅游民宿基本要求与评价》LB/T 065 – 2017 | 中华人民共和国旅游局 |
| | 2018 年 10 月 10 日 | 《促进乡村旅游发展提质升级行动方案(2018 年~2020 年)》 | 国家发改委等 13 个相关部门 |
| | 2018 年 11 月 15 日 | 《关于促进乡村旅游可持续发展的指导意见》 | 文化和旅游部、国家发改委等 17 个部门 |
| | 2019 年 6 月 6 日 | 《关于开展全国乡村旅游重点村名录建设工作的通知》 | 文化和旅游部办公厅、国家发展改革委办公厅 |
| | 2019 年 6 月 28 日 | 《国务院关于促进乡村产业振兴的指导意见》 | 国务院 |
| | 2019 年 7 月 3 日 | 《旅游民宿基本要求与评价》LB/T 065—2019 | 文化和旅游部 |
| 云南省 | 2016 年 2 月 | 《云南省美丽宜居乡村建设行动计划(2016~2020)》 | 云南省委、省人民政府 |
| | 2016 年 12 月 30 日 | 《关于加快乡村旅游扶贫开发的意见》 | 云南省人民政府办公厅 |
| | 2017 年 3 月 15 日 | 《特色民居客栈等级划分与评定》DB53/T 413 – 2017 | 云南省旅游标准化技术委员会 |
| | 2017 年 12 月 4 日 | 《关于深入推进农村社区建设试点工作的实施意见》 | 云南省委办公厅、省政府办公厅 |
| | 2018 年 5 月 29 日 | 《关于贯彻乡村振兴战略的实施意见》 | 中共云南省委、云南省人民政府 |
| | 2018 年 7 月 24 日 | 《云南省人民政府关于加快推进旅游转型升级的若干意见》 | 云南省人民政府 |
| | 2019 年 2 月 1 日 | 《云南省乡村振兴战略规划(2018~2022 年)》 | 云南省委、省政府 |

| 级别 | 发布时间 | 文件名称 | 发布部门 |
|---|---|---|---|
| 各地州 | 2017 年 4 月 | 《昆明滇池国家旅游度假区民宿客栈管理办法（试行）》 | 滇池度假区管委会 |
| | 2017 年 | 《宁洱县民宿客栈管理和评定办法》 | 宁洱县政府 |
| | 2017 年 | 《玉溪市加快推进旅游产业转型升级的实施方案》 | 玉溪市人民政府 |
| | 2018 年 3 月 | 《和顺古镇民宿管理办法（试行）》 | 腾冲市政府 |
| | 2018 年 6 月 13 日 | 《大理市乡村民宿客栈管理办法（试行）》 | 大理市人民政府 |
| | 2018 年 8 月 15 日 | 《大理白族自治州人民政府关于规范发展民宿客栈的指导意见》 | 大理白族自治州人民政府 |
| | 2018 年 11 月 9 日 | 《关于进一步加强民宿安全管理的通知》 | 昆明市政府办公厅 |
| | 2018 年 12 月 | 《昆明市民宿管理条例（征求意见稿）》 | 昆明市旅发委 |

资料来源：旅游民宿产业报告组整理。

从表 1 可以看出，从中央政府到各级政府均从旅游产业的上、中、下游各个层面，从宏观到中观、微观的各个角度，为民宿产业的发展提供了政策导向及操作依据。云南省也因地制宜、与时俱进地出台了一系列政策，采取了一系列举措。

3. 云南省的系列举措及落地成效

（1）2019 年 7 月 28 日，2019 年全国乡村旅游（民宿）工作现场会在四川成都召开，文化和旅游部正式公布了第一批全国乡村旅游重点村并予以授牌，云南共有 13 个村入选。

表 2　云南入选第一批全国乡村旅游重点村名单

| 序号 | 名称 |
|---|---|
| 1 | 大理白族自治州大理市双廊镇双廊村 |
| 2 | 大理白族自治州大理市双廊镇大建旁村 |
| 3 | 文山壮族苗族自治州丘北县双龙营镇仙人洞村 |
| 4 | 普洱市宁洱哈尼族彝族自治县同心镇那柯里村 |
| 5 | 昆明市安宁市温泉街道温泉小村 |
| 6 | 红河哈尼族彝族自治州建水县西庄镇团山村 |
| 7 | 昆明市宜良县耿家营乡河湾村 |

| 序号 | 名称 |
|------|------|
| 8 | 西双版纳傣族自治州勐海县打洛镇勐景来村 |
| 9 | 玉溪市红塔区大营街道大营街社区 |
| 10 | 丽江市古城区大研街道义尚社区文林村民小组 |
| 11 | 西双版纳傣族自治州勐腊县勐腊镇曼龙勒村民小组 |
| 12 | 曲靖市罗平县布革乡腊者村 |
| 13 | 普洱市思茅区南屏镇曼连社区高家寨村民小组 |

本次评选出的全国乡村旅游重点村依据标准是：①文化和旅游资源富集；②自然生态和传统文化保护较好；③乡村民宿发展较好；④旅游产品体系成熟、质量较高；⑤基础设施和公共服务较完善；⑥就业致富带动效益明显。云南省的入选比例在全国排名中位于前列。第一，被评为全国乡村旅游重点村、列入名录的，由文化和旅游部、国家发展改革委联合发文确认，优先享受国家有关支持政策。第二，文化和旅游部将依托旅游规划建设单位、创意设计机构等各方资源，在旅游规划、创意下乡等方面对全国乡村旅游重点村和精品项目予以支持。第三，鼓励各地利用各类资金渠道对全国乡村旅游重点村进行支持。

（2）作为旅游大省和第二大投资热省，云南在旅游小镇·度假区建设的道路上走得较早。早在 2005 年云南省人民政府就发布了《关于加快旅游小镇开发建设的指导意见》，2006 年，云南省首批 60 个旅游小镇名单出炉。首批 60 个旅游小镇的建设改造依托于各小镇厚重的历史或独特的人文景观，有鲜明主题，但保护历史文物和服务原住居民的属性决定了小镇不可能做过多的拓展开发。[①] 2011 年，省政府下发《关于加快推进特色小城镇建设的意见》，在原 60 个旅游小镇的基础上，启动了 150 个特色小镇的建设。随着150 个特色小镇的推进，政府加大了招商引资力度，广泛吸引社会资本参与旅游小镇建设。而后云南的特色小镇建设全面开挂，数据显示，截至 2018年 11 月中旬，云南省特色小镇新开工项目 710 个，累计完成投资 633 亿元。

---

① 资料来源：途牛网，北京焦点互动信息服务官方账号。

（3）按照云南省委、省政府决策部署，云南省全力推进特色小镇建设。省长阮成发要求，要充分认识特色小镇建设对云南经济社会发展的重要性，要以世界眼光、国际视野，把云南特色小镇建设放在全球大背景中，按照世界一流水平的目标谋划推进。要突出重点，立足特色，优化方案，围绕特色小镇建设的目标定位、发展方向加强顶层设计，聚焦少数民族文化、古城古镇、自然风光、特色产业等鲜明元素深度谋划特色小镇建设，充分吸引外来游客停驻消费，促进贫困地区脱贫攻坚，带动旅游、绿色食品等相关产业发展，打造健康生活目的地。要下大力气招商引资，吸引世界一流投资主体，为特色小镇建设注入发展资金和先进文化理念。

表3　2019年21个云南省级特色小镇名单

| 序号 | 名称 |
| --- | --- |
| 1 | 昆明市凤龙湾小镇 |
| 2 | 曲靖市鲁布革布依风情小镇 |
| 3 | 保山市和顺古镇 |
| 4 | 红河哈尼族彝族自治州临安古城 |
| 5 | 西庄紫陶小镇 |
| 6 | 东风韵小镇 |
| 7 | 太平湖森林小镇 |
| 8 | 红河水乡 |
| 9 | 可邑小镇 |
| 10 | 哈尼小镇 |
| 11 | 滴水苗城 |
| 12 | 文山壮族苗族自治州普者黑水乡 |
| 13 | 普洱市那柯里茶马古道小镇 |
| 14 | 西双版纳州勐巴拉雨林小镇 |
| 15 | 大理州大理古城 |
| 16 | 喜洲古镇 |
| 17 | 双廊艺术小镇 |
| 18 | 巍山古城 |
| 19 | 新华银器小镇 |
| 20 | 丽江市大研古城 |
| 21 | 迪庆藏族自治州巴拉格宗小镇 |

资料来源：《云南省人民政府关于命名云南省特色小镇的通知》。

（4）传统村落数量国内领跑。2018年12月，住房和城乡建设部会同文化和旅游部、国家文物局、财政部、自然资源部、农业农村部在各省（区、市）推荐基础上，经专家委员会审查，将北京市房山区佛子庄乡黑龙关村等2646个村落列入第五批中国传统村落名录，加上前四批的4157个村落，我国传统村落已达6803个，其中云南传统村落达709个，继续领跑全国。

（5）首个国家级田园综合体试点已对外试营业。2017年5月，财政部决定在河北等18个省开展田园综合体试点，云南保山市隆阳区强力推进万亩生态观光农业园，打造集农业观光、休闲娱乐、传统文化展示于一体的生态观光农业园。项目涉及隆阳区河图街道、金鸡乡2个乡镇（街道）和11个村（社区），概算总投资41亿元。围绕万亩生态观光农业园功能定位，未来将以"菜、花、果"为生产核心，着力打造"滇西花篮·锦苑·花千谷""滇西果篮·万家欢·果山""滇西菜篮·晨农·馋滇菜"的"云花、云果、云菜"3大名片。该项目将重点建设"四带三园一核心"，即花卉产业带、蔬菜产业带、水果产业带、苗木产业带、玫瑰产业园、采摘观光园、科技示范园和核心休闲区。按照规划，"菜、花、果"种植将达1.2万亩。农业休闲观光旅游方面除了接待配套服务设施建设，还将新建一个儿童游乐园、一个农耕文化展示中心、一个养生休闲中心以及其他相关配套设施建设。2019年该试点田园综合体已开始对外试营业。

## （三）发展特色

### 1. 优美的自然风光、良好的生态环境是云南发展民宿产业的天然优势

云南拥有高品位的丰富的旅游资源，适宜的气候和天然的景点，给云南的民宿产业带来了不可或缺的发展要素。云南气候温润，物种丰富；群山叠翠，江河纵横。云南有上苍恩赐的阳光和蓝天，有四季变换的山川风景；有优良多样的生态环境，有神奇美丽的自然风光。地势西北高东南低，山地高原地貌几乎覆盖全省；山岳壮阔，冰川雄奇，雨林温润，大河蜿蜒，堪称山河胜景，世外桃源。这样得天独厚的自然风光、独一无二的旅游资源吸引了众多游客前来观光游览，并因其自然景色的多样性与独特性在全省16个地

州形成了各自独具特色的旅游风景区和旅游吸引物。除了知名的丽江、大理、腾冲等知名风景区外，云南其他地区的优美风光同样独具特色。如玉溪市澄江抚仙湖地区、文山州丘北县的普者黑地区、红河州的元阳哈尼梯田地区、曲靖市罗平县的油菜花田等很多地区，都因为其独特的地质地貌和优美的自然环境而吸引游客驻足留宿，并由此发展出当地独具特色的民宿产业。"世界那么大，我想去看看"是很多人离开惯常居住地到目的地出游的基本动机，云南具备令人产生去看不一样的山水风光的强大吸引力，云南省各级政府非常重视发展旅游产业，这是传统旅游 1.0 时代为云南民宿产业发展打下的良好基础。

2. 依托浓厚的民族文化及特色资源形成的特色民宿是云南民宿的一大亮点

民宿产业的发展需要聚集产业链上、中、下游各环节核心要素。随着云南省旅游产业转型升级的发展，民宿产品已不再是产业链下游的住宿辅助型产品，而是具有自身产品核心竞争力、能够成为独立旅游吸引物的重要产品形态，是可以满足旅游者多样化需求的旅游新业态。云南民宿已经成为集传统文化、历史文化、地域文化、民族文化于一身的优质旅游产品，获得越来越多国内外旅游者的青睐。如大理、丽江等地区的民宿发展是对特色资源的一种丰富提升和补充，让住宿产品成为新的旅游业态布局，丰富区域性的旅游产品供给，助推当地的旅游转型升级。云南民宿产品的核心竞争力除了表现在优美风光之外，还有其历史文化要素凝结成的特殊产品内容，如滇西地区的大理、丽江地区的四合五天井、白族的三坊一照壁及纳西族特色民居，泸沽湖摩梭风情的民族特色建筑风格，滇南地区的红河建水团山民居、元阳哈尼族民居"蘑菇房"，西双版纳和德宏州的傣族干栏式建筑风格民居、文山州广南壮族干栏式民居；滇中地区楚雄州彝族聚集区的土掌房等各种当地特有的建筑风格，都为民宿产品的设计提供了丰富鲜活的设计、建造素材。云南有世居民族 26 个，几乎每个民族都有自己特殊的民族节庆活动贯穿于一年四季。这些节庆活动的庆祝内容丰富多彩，为民宿产品提供了众多体验内容，为与当地社区的融合提供了很好的媒介。到云南体验民宿产品的游客在舒适的气候条件下，感受着丰富的活动体验。"淡季不淡"的云南特色民

宿产品，使其产品销售及体验周期均得到延长。另外，云南拥有众多的非物质文化遗产，很多当地居民具有传统的手工艺技能，这些都为民宿产品内容提供了独特的不可复制性，帮助其避免同质化，实现差异化经营。

3. 多种运营主体参与经营，政府指导与专业行业协会引领相结合，共同构建民宿产业发展新平台

云南省政府针对乡村旅游及旅游产业的发展提出顶层设计，各地市级和县区级政府纷纷出台"旅游转型升级行动计划"，均将发展民宿产业提升到新的发展高度。云南省提出：打造绿色集约高效生产空间，营造宜居适度生活空间，严格农房宅基地和农房建设审批管理；注重民居单体设计，各地编制5套以上特色实用农房建设引导导则和图集，打造具有乡土气息、民族特色、边疆特点、云南特质、现代文明特征的民居；保护传统村落，把传统村落作为全省"美丽乡村建设万村示范行动"的示范重点，打造出一批亮点，推动美丽乡村建设由"风景好"向"底蕴深"提质升级。遵循乡村生态、生产、生活空间和文明形态的发展规律，坚持保护肌理、保护建筑、保存风貌、保全文化，总结推广以民族文化传承保护为主的"可邑模式"、以原貌保护为主的"沙溪模式"、以群落保护为主的"西庄模式"、以发动社会保护为主的"和顺模式"，加大对传统村落街巷空间、民居院落、历史环境要素等整体风貌和民俗文化等非物质文化遗产的保护力度。通过挖掘乡村多重特色和多彩文化，实现美丽乡村有特色、有风景、有文化、有产业、有故事，避免盲目模仿、千村一面。在农村土地资源使用的问题上，提出在符合土地利用总体规划前提下，允许县级政府通过村土地利用规划调整优化村庄用地布局，有效利用农村零星分散的存量建设用地。对利用收储农村闲置建设用地，发展农村新产业新业态的，给予新增建设用地指标奖励。这均为民宿产业在云南的稳步发展提供了方向和政策指导，同时吸引了多种不同种类的民宿经营主体入滇投资及经营民宿客栈。如安缦集团入驻普洱澜沧景迈山投资建设特色精品民宿，乡伴集团多年在滇深耕聚焦乡建、创客，多家文旅集团公司在投资建设特色小镇过程中进行整村民居的改建、重建等。民宿产业需要运营主体运用自身经验，在充分尊重当地民俗民风的基础上，采取多

种股权合作方式，利用当地民居等闲置资源，并且由运营主体亲自或委托管家参与接待，使游客体验的是当地的自然、文化及生活方式。民宿产品的经营者不只是投资者，还一定要实际参与运营，以真正的市场主体身份构建平台，如形成行业协会。2019 年 3 月，云南省筹备成立省级民宿客栈分会，8月，丽江市筹备成立丽江市民宿行业协会，与之前已成立的大理市客栈协会、丽江市古城区大研古城客栈经营者协会等行业协会共同为云南民宿产业的发展，尤其是在更好的市场化运作方面发挥平台作用。

4. 运用乡村振兴产业融合等相关政策，积极探寻"民宿＋"创新发展模式

乡村特色民宿发展是云南全面推进乡村振兴的重要抓手，促进了乡村振兴。云南省提出：一是加快推进建设 5 个世界水平、20 个全国一流、80 个全省一流的特色小镇，将其 60 个建设成为主题鲜明、交通便利、服务配套、环境优美、吸引力强、广受旅游者喜爱的云南旅游名镇。二是加快建设 300个民族特色旅游村寨、200 个旅游古村落、500 个旅游扶贫示范村（省级100 个），带动全省创建 1000 个村容村貌整洁、通达条件良好、旅游功能和公共服务设施基本完备，游客、居民、投资者关系和谐的云南旅游名村。三是依托特色自然、人文资源，拓展精深加工、农耕体验、旅游观光、休闲度假、健康养老、教育文化等多种功能，满足消费者多元化需求，深入推进旅游与农业融合发展，开发 125 个农事体验、田园风光、农品采摘、文化体验等类型多样的现代生态旅游庄园。四是建设 30 个花田旅游示范基地。五是突出云南省生态、民族和边疆三大特色，打造云南精品民宿品牌，开展康养型、养生型、景观型、历史文化型、主题型等多种民宿新业态的培育，扶持培育 1000 家具有特色的乡村精品客栈。六是培育 5000 家星级农家乐。七是培育发展 1000 家农家乐示范户，带动全省农家乐全面提质增效。使云南的乡村旅游既有"顶天立地"的精品，又有"铺天盖地"的大众产品，迎接大众旅游时代的到来，满足人民群众日益增长的乡村旅游的刚性需求，从而实现云南乡村旅游的转型升级，助推乡村振兴。

在模式创新方面，云南的"民宿＋"与多种产业融合发展，已先后涌现出众多优秀代表。如"民宿＋农业"，有普洱那柯里茶马古道驿站上的特

色茶主题、咖啡主题的民宿客栈，有红河"东风韵"红酒酒庄，有大理漾濞光明村云上村庄核桃小镇特色民宿，有文山广南八宝贡米小镇特色民宿等；"民宿+手工业"，有大理喜洲古镇白族扎染特色民宿，红河建水西庄紫陶特色民宿，大理凤庆新华村银器制作体验特色民宿等；"民宿+研学教育"，有昆明西山团结乡永续经营主题教育民宿，有丽江帐篷营地特色主题民宿等；"民宿+文化艺术"，有昆明市西山区大墨雨村特色民宿，有保山腾冲和顺古镇特色民宿，有大理双廊艺术特色民宿，等等。云南是最早在国内发展民宿的地区，这里聚集了一大批在云南找到了"诗与远方"的创业者，他们在云南创建民宿不只是一种生存方式，更是在用他们的经验、技能创造一种生活方式，同时融入了他们的情怀和智慧。人才是产业融合发展过程中的核心竞争力之一，他们的创造力驱动了众多优秀的创新模式落地实施。

## （四）特色案例

### 1. 丽江市案例

民宿是满足旅游多样化需求的旅游新业态，丽江民宿已经成为集传统文化、历史文化、地域文化、民族文化于一身的优质旅游产品，为越来越多国内外旅游者所青睐。丽江民宿发展是特色资源的丰富提升和补充，民宿作为旅游业态布局之一，丰富了丽江旅游产品供给，助推了旅游转型升级。首先，丽江民宿客栈结合了四合五天井、三坊一照壁的纳西特色、泸沽湖摩梭风情等民族特色建筑风格，充分体现了地方民族特色文化，丰富了产品内涵，拓展了产品外延，发展了纳西特色客栈、摩梭风情客栈、高山草甸帐篷、星空酒店等民宿产品，来丽江游客体验度不断提升，游客停留时间不断增加，拉动消费能力不断凸显，真正体现了民宿不只是住宿，更是对优质旅游产品的体验。其次，丽江民宿的发展布局，优化了酒店住宿业发展，有效缓解和释放了丽江古城景区压力，拓展了景区外延，提升游客体验性和满意度。民宿设计更加合理地规划客栈环境以及风格，提升用户的体验；通过房间布局和装饰，提升用户的舒适感；民宿干净整洁、与整体环境和谐美观，让当地百姓看到了绿水青山的经济价值，增强了百姓的生态环保理念和可持续发展意识，促进了乡村环境的改善。

2. 红河州案例

2018年建水县共有住宿接待设施345家，房间9375个，床位数20115个，星级酒店5家、星级客栈2家、旅游特色民宿32家。目前，建水县已形成以临安古城为中心，辐射周边乡镇；以古城老宅民房为主，乡村特色为辅；个体经营逐步向大企业集团迈进的民宿发展模式。建水县结合地方旅游文化产业特色，以"城乡互动、产业融合"为建水民宿发展的重要契机，推进以精品酒店、精品民宿为主要代表的民宿经济迅速发展。在城镇民宿方面，建水县依托建水古城保留的众多古建筑资源，充分挖掘建水儒家文化，发展以"儒家思想""家"文化为主的民宿。2015年，完成了琴鹤堂、竹叶轩等"十大院落"的集中修缮工作，使其成为一批高雅文化品位与优质服务相结合的精品民宿，在一定程度上撬动了民间资本投资建水民宿业。目前，建水县90%以上的民宿由居民和农户依托现有的自住房屋开展经营。在乡村民宿方面，建水县结合西庄特色小镇，坡头、官厅等少数民族风情传统村落及曲江温泉等乡镇资源优势，发展各具特色的乡村民宿。如西庄团山村以当地独具特色的家族聚居村落建筑资源为依托，相继开发了团山驿站、荷塘月色、团山林家、团山印象等乡村民宿。为延展游客的产品体验和服务体验，近年来，建水县愈加注重整体产品的开发，以传统民居特色村落为基础，通过对乡村闲置农宅的统一规划，采取"保留+改造""拆除+重建""新建+加建""开发+融合"等方式，把乡镇周边的特色古村节点串连成线，将特色村落打造成为高品质的民宿集聚区与乡村旅游度假目的地。

## （五）存在的问题

2018年5月25日，《人民日报》16版以整版篇幅，对云南大理、香格里拉和腾冲的民宿产业进行了深入报道。报道真实反映了云南大理、香格里拉和腾冲的民宿产业现状，中肯地提出了发展的短板和方向，对指导云南民

宿产业发展具有重要意义。

1. 入市门槛低，市场分布不均衡

一些热门景区附近的民宿生意非常火爆，而一些比较偏僻的景区，民宿经营则比较惨淡。以大理、丽江为首的滇西地区起步早，初始发展阶段市场需求旺盛，导致"一窝蜂"上马了很多同质化的民宿客栈。产品同质化严重，功能结构单一，存在盲目跟风、相互模仿和抄袭的现象，没有开发出自身的特色及住宿功能以外的辅助功能。

2. 相关法律法规不健全，民宿经营处于灰色地带

民宿的经营涉及方方面面，包括工商、消防、公安、文化旅游、农业质检等等，存在多头管理的现象。民宿的发展有很多问题，不是单一的部分能够监管或解决的，需要多个相关部门之间的配合与协作。据了解，云南多地政府都在积极推进促进民宿产业发展的指导意见及管理办法，而一些民间机构如行业协会也在积极寻求自治和规范。民宿走向合法化的管理尚需突破一些关口。

3. 民宿产业的发展遇到了投资成本抬高、商业模式不清晰的挑战

部分地区多元资本在短时间内的大量涌入，造成市场竞争日益激烈，如丽江、大理、腾冲等地，一些早期怀抱旅游梦进入民宿市场的经营者即将迎来民居使用合同到期的行业洗牌期。由于民宿在法律界定上尚有不清晰以及产权和经营分离等问题，民宿经营者和业主的矛盾将会越来越多，不利于民宿业可持续发展。而一些非热点景区周边的民宿，虽然租金相对较低，但在地理位置偏远、淡旺季分化、营销成本过高、入住率低等多方因素的共同作用下，投资回报期将更长。近年来随着民宿的走红，多元资本和力量在短时间内的大量涌入加剧了本地民宿市场的竞争，装修、租金等前期投入也一路水涨船高。不少民宿在经营上存在着类似房地产行业的投机行为。民宿形态归根到底是一个商业形态，盈利是活下去的必需条件。但一些民宿发展目前存在方向性错误，如把民宿建设等同于打造一个精品酒店，这是原则性误区。

4. 部分民宿缺乏特色体验内容，团队建设不健全，难以形成品牌化发展

虽然入住民宿本身就是体验，但除了在世界上另一个地方发呆以外，人们往往需要更加丰富多元的活动内容。一些民宿缺乏长远规划，缺少品牌意识，致使民宿的竞争力较低。也有专家认为，现在云南民宿并没有出名的大品牌，主要是个体从业者参与多，在规模和质量上受限。运营团队不健全，直接导致无法突出特色产品内涵、形成特色品牌。

## （六）发展趋势

云南率先提出要对旅游产业的整体发展进行转型升级，朝着"国际化、高端化、特色化、智慧化"的方向发展：一是着力破解旅游市场秩序整治难点；二是着力提升旅游品质；三是立足优势特色资源突出市场需求导向；四是着力改革管理体制机制。

云南的客栈民宿恰是契合了旅游消费升级后个性化和重体验的趋势，符合旅游市场的发展趋势，才会如此迅速繁荣，云南也将得益于民宿客栈的发展，在文旅融合发展的环境下，有效提高旅游产品的供给能力。

民宿产业的发展对云南乡村旅游的发展和当地的就业将起到直接而有力的推动作用。民宿具有小而美的特性，它能够在商业配套相对匮乏但景观美好的云南乡村扎根下来。这对于民宿所在地就业的拉动、带动年轻人返乡、实现精准扶贫均将继续起到积极作用。

民宿产业将向品牌化发展。品牌化除了可以改变个体单店的劣势外，还可以提升行业形象，从而带动整个区域的旅游产业发展。品牌化建设需要民宿经营者从内部管理、产品研发、营销推广、服务体验等多方面下功夫，将有更多的专业化人才进入民宿行业。

云南民宿产业未来发展将具有环保、绿色和创新等几大特色。云南省提出打造"绿色食品、绿色能源、健康生活目的地"三张牌，游客在民宿客栈里吃着绿色食品、用着绿色能源，云南成为世界一流的目的地，这是云南民宿客栈发展的美好愿景。云南的民宿客栈将秉承生态理念，通过有序规划的方式实现可持续发展，并实现经济发展与生态保护的双赢状态。

云南，要把乡村民宿发展与脱贫致富结合起来，鼓励和引导农民、贫困户积极参与民宿的经营服务，提升脱贫致富能力。科学引导社会资本参与乡村民宿建设，探索农户自主经营、"公司＋农户"、"合作社＋农户"、"创客＋农户"、"公司＋村集体经济组织＋农户"等模式，打造发展新蓝本，引领我国旅游民宿产业朝着更高的水平前进。让大美山河涌现更多的"最美"民宿，让更多的游客体验到"宾至如归"的美妙感觉，让优质民宿成为旅游经济的重要品牌及核心吸引力。

## 参考文献

陈晓波、宋金艳：《云南要来一场"旅游革命"旅游业全面转型升级》，《云南日报》2018 年 8 月 3 日。

段毅：《打好"云南民宿"这张牌》，《云南日报》2019 年 5 月 14 日。

龙琼燕：《令云南人自豪的交通发展成就》，《交通安全周刊》2019 年 7 月 30 日。

许琳、李映青：《云南旅游持之以恒转型升级成效显著》，《中国日报网》2019 年 1 月 17 日。

张红波：《70 年发展巨变　云南交通实现跨越式发展》，《云南经济日报》2019 年 9 月 26 日。

# 调 研 报 告

**Research Reports**

## B.7

# 旅游民宿设计艺术研究

陶蓉蓉　王晨*

**摘　要：** 旅游民宿是早期民宿 B&B 模式的高级形式，也是乡村旅游的升级模式，在乡村振兴的背景下，乡村旅游民宿更成为乡村旅游、经济发展的载体或平台。经过一次次地迭代、升级，旅游民宿逐渐成为当下流行的旅居形式，甚至成为出游的目的本身；这一现象反映出设计艺术对民宿消费行为与民宿产业发展的驱动。民宿产业的利润来源与其他所有产业类似，在于交换价值的创造。艺术设计通过原创性与创意，整合了功能、情感和社会效用，从而创造出满足住客体验的使用价值，创造出可能的交换价值，最终实现民宿产业的成长。本研究报告在对中国旅游民宿发展过程与现状梳理的基础上，

---

\* 陶蓉蓉，文化产业研究博士生，艺术设计硕士学位，盐城师范学院副教授，研究方向：文化产业、艺术设计；王晨，博士，南京艺术学院教授，研究方向：文化资源学、文化产业。

提炼出民宿设计的风格定位、门类、功能等内在逻辑，旨在从艺术设计角度剖析其竞争力、生存力或盈利能力的塑造方式，从而为旅游民宿的发展提供一条可资借鉴的路径。

**关键词：** 旅游民宿　设计艺术　价值创造

# 一　旅游民宿发展概况及其宏观背景下的设计需求

民宿的初始形态起源于 20 世纪三四十年代英国的家庭旅馆（B&B，bed & breakfast），亚洲的民宿发端于 60 年代末的日本北海道，80 年代传入中国台湾并得到快速发展；今日大陆发展的民宿是在经历了多次迭代之后的更加多元的产业形态，为了区别于早期的家庭副业形式，顾在此以"旅游民宿"为名，着重体现其当下更具专业性的行业特质。从今天的行业状况来看，尤其是乡村振兴战略实施之后，民宿被认为是一种全新的城乡交流模式，并被赋予促进乡村文化复兴的使命，亦成为乡村振兴的重要载体，旅游民宿很大程度上呈现为农业与文化、旅游业的交叉融合产物。发展民宿产业，是将第三产业的现代服务业带到农村，依托农村特有的景观、文脉要素创造出特有风格、强调体验的乡村旅游产品。民宿成为吸引外来群体的有效平台，游客走进乡村，进而通过留宿行为延长了滞留时间，能够更深入地领略乡土文化，与此同时也催生了进一步消费。在这个意义上，旅游民宿产业的发展已经超出单一产业的意义维度，而体现为乡村振兴国家战略的有益支撑。

## （一）旅游民宿产业总体持续发展

在中国大陆，旅游民宿作为一种新兴业态发展非常迅速，这离不开政策的支持，国家及各级政府陆续推出多项利好政策，鼓励和推进旅游民宿行业的整体发展，参与民宿产业的设计艺术活动也经常以不同方式与这些政策形成呼应。其中比较有代表意义的政策有 2013 年 12 月中央城镇化工作会议中提出"看得见山、望得见水、记得住乡愁"的理念，引领了今日民宿发展的大趋势，也奠定了旅游民宿主流的乡村化特色，为今天绝大多数的民宿风格定下基调。再如 2015 年 11 月国务院召开的常务会议通过了《关于加快发展生活性服务业促进消费结构升级的指导意见》，号召挖掘旅游消费的新热点，该意见中首次明确"积极发展客栈民宿、短租公寓、长租公寓等细分业态"的方针，这也是"客栈民宿"首次出现在国家层面的政策性文件中，标志着国家层面对民宿行业的认可，也为接下来一系列的利好政策埋下伏笔。2016 年是民宿产业政策的大年，1 月 27 日中央一号文件《中共中央国务院关于落实发展新理念加快农业现代化实现全面小康目标的若干意见》发布，明确提出要大力发展休闲农业和乡村旅游，有规划地开发休闲农庄、乡村酒店、特色民宿等旅游产品。3 月 2 日，国家发改委联合中宣部、科技部等十个部门出台了《关于促进绿色消费的指导意见》，提出鼓励个人闲置资源有效利用，有序发展民宿出租等，这一政策一方面为旅游民宿的大面积崛起提供了重要的物质前提；另一方面也对闲置用房的改造设计发出了需求信号。2016 年 12 月，国务院印发了《"十三五"旅游业发展规划》，指出要构建新型住宿业，推进结构优化、品牌打造和服务提升，培育一批有竞争力的住宿品牌，推进住宿企业连锁化、网络化、集团化发展。鼓励发展自驾车旅居车营地、帐篷酒店、民宿等新型住宿业态。《"十三五"旅游业发展规划》拉开了旅游民宿专业化、品牌化、精品化的序幕，决定了专业艺术设计在民宿产业中重要性日渐上升的趋势。2017 年国家出台了一系列行业规范与标准，预示着乡村旅游包括旅游民宿将进入品质化和标准化时代，这也对素来以"非标"立身的旅游民宿提出了时代性的要求，设计艺术的呈现结果固然不可"标准"，但其逻辑、方法、流程的标准化成为民宿品牌升级必备的隐性知识。

与此同时，一大批地方性的产业政策也相继出台，在这些政策的推动下，乡村旅游和旅游民宿产业迅速升温，呈现整体向好的趋势；单就中国内地而言，国内已形成了滇西北民宿群、川藏线民宿群、湘黔贵民宿群、海南岛民宿群、浙南闽北民宿群、徽文化圈民宿群、客家文化圈民宿群、京津畿

连民宿群、珠三角毗连民宿群、长三角毗连民宿群、浙闽澳海岸民宿带等11 个民宿群带，体现出不同的风貌特色。有机构预测到 2020 年，我国民宿产业营收将达到 362. 8 亿元人民币。①

### （二）旅游民宿产业发展的宏观定位及其设计需求

中国大陆的旅游民宿作为乡村振兴国家战略的重要载体和快速路径，有着分外重要的宏观定位。2018 年 3 月 9 日，国务院办公厅发布《关于促进全域旅游发展的指导意见》，将民宿发展作为大力推进旅游扶贫和旅游富民的工作任务之一，并指出要大力实施乡村旅游扶贫富民工程，通过积极整合发展旅游产业，健全完善"景区带村、能人带户"的旅游扶贫模式。通过民宿改造提升、安排就业、定点采购、输送客源、培训指导以及建立农副土特产品销售区、乡村旅游后备厢基地等方式，增加贫困村集体收入和建档立卡贫困人口的平均收入。

中国乡村振兴战略的意义关乎中国整体经济抵御世界经济风险的能力，从前两次输入性经济危机的经验来看，农村市场在关键时刻所表现出的内需购买力对平稳经济动荡起到重要作用，如 2008 年"家电下乡"政策的启动就是这样的操作。因此，实施乡村振兴，提高乡村、农民的收入水平和购买力是关系国家经济全局的重要战略，在这样的宏观背景下，民宿作为乡村振兴的重要平台，其产业发展也自然备受关注。尤其，民宿的平台意义在"三产融合"的政策推动下得到更加显著的发挥，表现为在设计艺术的参与下，通过文创设计等具体手段增加对民宿周边产品的价值挖掘，同时也延续了民宿本身的盈利能力。

在这样的宏观背景下，旅游民宿对整体产业与周边产业链的带动作用需要艺术设计以环境设计、文创设计、服务设计、体验设计等不同门类为具体手段发挥作用，从品牌、文化、附加值等多维途径，塑造、延伸旅游民宿的产业影响力。

---

① 张倩：《民宿热市场　还需冷静思考》，《公关世界》2016 年第 6 期。

本研究报告旨在从设计艺术在旅游民宿中的应用以及设计艺术对旅游民宿产业的价值创造作用进行调研和分析。

## 二 旅游民宿设计风格的变迁和迭代

如果将加拿大学者丹尼尔·亚伦·西尔（Daniel Aaron Silver）和美国学者特里·尼克尔斯·克拉克（Terry Nichols Clark）提出的"场景理论"用于旅游民宿研究，它将赋予民宿研究一个关于地点的美学与功能视角，延伸社会科学中一些主要的文化分析方式。场景理论对本研究报告的独特意义在于，它解释了民宿设计的价值创造逻辑：独特的地方文化和民宿风格通过与维度丰富的艺术化场景设置之间相互叠加，往往能够呈现别具特色的在场体验。这种差异化的在场体验在民宿消费中成为体现"当地价值"的稀缺资源；当资源稀缺时，价值由此产生，多出的价值就是"场景"作为生产要素带来的贡献。从这个意义来讲，民宿设计的重要性上升到了决定民宿价值的地位，并且可以很好地解释民宿设计风格更新的经济动因。

民宿的设计就投资而言，属于固定资产投入，因为实施主要部分的建筑设计、室内设计、环境艺术设计等均具有一次性、重资产投入的特征，正因为如此，这几类设计一旦投入便基本决定了民宿的主要风格，延续数年。如此，中国民宿的主流设计风格与中国民宿的高地变迁具有时间上的一致性。

中国民宿的发展，大概激起过三层大浪。首先是2005～2010年在丽江、大理、双廊周边兴起的民宿热浪；其次是2010～2015年由莫干山带动的江浙民宿业勃发；最后是2015年之后波及国内各地的民宿业热潮。在民宿风格上，丽江、大理的民宿在主体风格上较为一致地体现出崇尚地域特色的现代民族风。比如杨丽萍的双廊太阳宫，由杨丽萍私宅改为杨丽萍艺术酒店，并由非标度假住宿品牌"千里走单骑"收购经营，一度成为游客们的打卡胜地；虽然酒店本身后来由于政策原因停业，但就设计而言可作为区域民宿上乘之作的代表应无异议。

莫干山大规模民宿集聚潮的形成虽在云南之后，但作为旅游度假的休闲

胜地，它的发展并不输于其他任何地区，甚至有人认为，回顾中国现代民宿产业的发展需首提莫干山，尤其是对于中国高端民宿而言，莫干山可谓发源地，"民宿"这个词，在大陆最早就是用来称呼莫干山的"洋家乐"。"洋家乐"是莫干山的土造词语，听起来着实乡土，所以在丽江、大理还叫"客栈"时，有人引用日本和中国台湾的称谓，把莫干山这种颠覆性的业态叫作"民宿"。①

莫干山虽地处浙江，在民宿发展上却着实与上海关系紧密。1978年国务院批准莫干山对外开放，2002年夏雨清在此租下"颐园"修缮改造，本是自己和家人的休憩之处，后遇上英国人马克开了"The Lodge"咖啡馆，和他招徕的300里外上海来的老外，机缘巧合、顺势而为，"颐园"竟成了现代意义上的第一家民宿。真正拉开莫干山民宿产业快速发展序幕的，是南非人高天成，他的"裸心谷"成为莫干山"自然风格"的领衔之作，影响了周边民宿的审美形成。"裸心谷"的前身是半山腰一座几近废弃的小村庄，有一个乡土的名字叫作"山鸠坞"，高天成租下这里，经过简单的翻修保持淳朴的村屋本底，没有豪华设施，处处都流露质朴、自然的原真本色，倒是以高昂的价格获得满房的业绩，丰厚的利润激起无数澎湃的热情，莫干山民宿就此风起云涌，而这种自然风格也形成了莫干山周边甚至是江浙民宿的特征之一。江浙民宿的第二种风格是由"大乐之野"奠定的现代简洁设计风格，搭载安吉"美丽乡村"模式提出，浙江松阳、桐庐等地发展出第二代民宿集群，开启了全国范围内民宿产业的更大规模发展。"大乐之野"并不是一个单体民宿，而是一个扩张迅速的民宿品牌，两位合伙人是同济大学城市规划学院的校友，设计相关的专业背景或可作为他们项目成功的背书。"大乐之野"已遍迹多省，每家店都可谓颜值担当，"大乐之野"创造了多地老宅上演一幕幕起死回生的翻新魔法。

2015年至今，民宿产业作为"乡村振兴"的重要平台迎来了新一波的发展，在设计风格上则呈现百花齐放的态势。到如今，我国旅游民宿已发展

---

① 范亚昆：《民宿时代》，中信出版社，2017。

为 11 个民宿群带，将视界上升到宏观的民宿产业发展角度，在民宿产业新旧交叠的过程中，最终呈现不同的特色风貌。如滇西北的丽江束河月上精品客栈、千里走单骑等，均保留丽江传统建筑风格，通过设计改造加大房屋通透，增加人、景之间的互动，这也成为民宿设计的黄金法则之一。再如云南大理白族自治州的"喜林苑""天谷喜院古迹精品酒店"均以白族民居和民族生活特征为设计名片。四川省甘孜藏族自治州丹巴县的康波古碉楼民宿和阿坝藏族羌族自治州汶川市的汶川映秀镇东村民族主题客栈则突出川西北的羌藏少数民族地区的碉楼民居建筑特色。夏河的诺尔单营地曾被旅游杂志《漫旅 Travel + Leisure》评为"全球最美的 43 家酒店"之一，设计中尽量保持最原始的甘南草原风貌，使用旱厕保持最纯粹的生态循环，靠垫与毛毯也都用当地的牦牛毛制成。

"途家"与"地道风物"曾推出《全国民宿推荐地图》，在形成"滇西北""浙东""黔东南""湘西""徽州"等 5 条民宿体验线路的基础上，挑选出 29 家最具特色的民宿，通过对这些民宿的资料搜集或实地调研可以发现，提炼地域特色作为民宿设计元素再加以运用是旅游民宿设计的通用法则，从民宿设计 1.0 时代，到 2019 年新兴的民宿"滑梯"元年，民宿的整体设计风格迭代大致遵循"地域风格" ＋ "特色元素"的总体方向。"地域风格"旅游民宿区别于标准化酒店的必备要素，当旅游民宿发展到一定阶段之后，"特色元素"逐渐成为旅游民宿"热度"竞争的"杀手锏"，亦是最能形成、最依赖于设计创新的领域。

目前来看，2019 年民宿界最具吸睛力的当属"滑梯"，渠道中、平台上，以"滑梯"为主题词搜索，可以得到许多火爆的民宿信息，分布地点不一。"滑梯"可视为旅游民宿设计迭代的一个缩影，也是旅游民宿开启告别单纯依赖自然景观与地域人文元素的探索；因为这种探索有利于摆脱地域性同质竞争，展示了旅游民宿差异化定位的战略思考，同时也是民宿对市场因素的回应。

回顾民宿发展，整个行业基本已经历从情怀到商业的转变，2015 年以前的行业孵化期，孕育了许多今天的行业大咖，也褪去了许多因情怀而入行

的"文艺青年"。民宿产业，终究是一门生意，"滑梯"或者是其他的后来者，作为民宿环境、装饰设计的硬件因素，都应当能够应对市场需求；于"滑梯"而言，是对亲子市场的迎合以及投入成本和媒体营销的多重考虑，"滑梯"只是设计参与的表现形式之一，其本质还是设计之于民宿的价值实现逻辑。

# 三 旅游民宿艺术设计的类型

设计作为一门独立的学科发展至今已有几十年的历史，但伴随设计学科门类的拓展而形成的解释困境至今存在，其中最大的问题可能就是设计与艺术之间的混淆。事实上，很多出版物都存在将设计等同于艺术的倾向，这种习惯性的做法若不澄清，将使我们对旅游民宿产业中的设计艺术的理解变得狭隘；最典型的理解是将民宿产业中的艺术设计工作简单地默认为设计师在民宿日常运营中对环境和日用品进行的审美化设计。这是一种典型的将设计等同于艺术分支的做法，局限性首先体现在它仅仅关注到设计行为当中非常有限的内容，关注提供审美的解决方案，而忽视了产业链其余环节元素的重要性。在日益复杂的商业环境中，设计艺术已呈现更为广泛的意义。

根据调研，民宿的需求往往来自人们对日常生活的"逃离"渴望，民宿被要求能够提供一种与其日常生活形成反差的非标准化环境，艺术设计通过专业手段实现这种"特殊性"，通过对所在地域自然、文化资源的梳理与运用将民宿调性、风格、品牌的定位与当地的文化价值模式联系起来，从而落实并丰富客户体验。这其中的"专业手段"主要体现在以下方面。

## （一）建筑与室内设计

建筑与室内设计是民宿视觉呈现与功能性体验的决定因素，也是民宿设计因素中最基本、最首要的部分；无论何种类型的民宿，建筑以及室内空间始终是与人产生互动和关联的首要对象。在建造、改造阶段，民宿主构造建筑与空间，到后来，这些建筑与室内空间又塑造了住客的体验。民宿的建筑与室内空间成为这一系列互动的见证者。

民宿的建筑与室内设计，一般可归纳为三条路径、三种特色。第一种路径是从民宿初起阶段延续至今的旧房、旧址改建策略。这种方式主导下的民宿一般呈现古朴风格，追求与当地建筑特色、地域人文相融合。例如云南省普洱市澜沧县景迈山翁基村的民宿改建项目，由文物保护责任建筑师邹怡情主持。景迈山 2012 年被列入全球重要农业文化遗产，当地的传统村落都被郁郁葱葱的古茶林环绕，形成了村依茶林、茶林绕村的"平面圈层结构"，从传统民居建筑的层面来考量，翁基村最为古老，传统风貌保存也最为完好。这里的改造项目珍视当地资源遗产，对翁基村传统的布朗族干栏式传统民居建筑进行再设计，保留厚重的屋盖、深远的出檐，在对建筑功能进行现代化改建与优化的基础上，最大限度地保留当地传统乡土建筑的美感。①

第二种路径伴随民宿的逐渐产业化而产生。一些资源禀赋优异的地区，具有发展民宿产业的有利条件，周边又有可观的市场需求，可是，在当地特色民居供给不足时，原本村民闲置房间的零星改造与村民 B&B 的经营模式已经不能满足市场需求。于是资本介入，整栋房屋的出租成为解决民宿多种需求的常用手段，一些"方盒子"模式的普通现代住宅被改造为功能舒适的现代民宿，有些案例甚至是原址重建式的大规模改造。这种路径下的民宿设计风格，大多清新、现代，强调室内外人景互动，大面积落地门窗是常用的设计元素，此外，自然、地域风格的元素也抽象为简单的装饰符号，整体呈现自然气息与现代符号相融合的特色。

第三种路径是民宿进一步产业化发展的产物，当市场供需进一步旺盛，困扰民宿发展的土地问题日渐突出，浙江省首批试点"点状供地"政策，成为推进民宿产业化、规模化的积极探索。土地问题解决之后，巨额资本得以进入行业，新的建筑技术、当下时尚的设计风格得以在民宿行业施行。以浙江湖州妙西镇为例，2018～2019 年三个代表性项目相继成熟，慧心谷由房地产企业开发，采用度假村的开发模式，聘请接受过欧美教育的建筑师操

---

① 范亚昆：《地道风物：民宿时代》，中信出版社，2017。

刀设计，以简约现代的建筑语言回应霞幕山当地的自然景观。与慧心谷相邻的是"野界"和"廿舍"度假村，"野界"采用实验性的"复土"建筑、国际领先的废物循环系统，打造独立、趣味的风格体验。"廿舍"由同济大学建筑与城市规划学院的教授与设计师规划、设计、实施，其中一子项目计划采用南极科考站的先进技术完成大陆首个真正意义上的零碳建筑。在土地政策的创新基础上，这三个项目在设计与建造上均享有优于以往的设计自由，用先进、现代的方式塑造"与风景互动的建筑"，在建筑与室内设计上呈现对现代性与趣味性的偏爱。

## （二）文创与周边设计

分析旅游民宿产业周边文创设计的需求背景，是掌握民宿文创开发要领的必要步骤，因为需求往往来自现实的困境。对民宿文创设计的研究动力来源于两个方面：首先是民宿产业的困境决定了民宿产业对于文创设计的需求，其次是现有设计策略的不足呼唤民宿文创设计的升级。

调研访谈桐庐县农业和农村工作办公室经济发展科科长俞陆平，俞指出在打造"美丽乡村桐庐样板"的过程中，实施"5525"的工作策略，即5条线路、5项活动、25个风情村，在重点区域推动民宿产业发展；这一策略的制定对受众关于民宿的特色需求和消费习惯具有较强的针对性。但他也坦言民宿发展的一些困境与期待：根据"云掌柜"发布的"2018民宿行业报告"，对比传统酒店，其单店返住率低于传统酒店，如何解决这一问题？文创设计提供了破局的一种视角。在旅游消费群体相对固定、获客成本持续走高的市场环境下，如何使消费者选择从单次、猎奇的消费行为转变为具备黏性的长期关注，如何使民宿收益从流行性消费获利升级为持续性的盈利能力，这些问题成为民宿产业密切关心的话题，也是民宿产业文创设计破解困难的努力方向。

在产业融合的视域下，已有的经验是民宿文创设计易于促进第三产业与第二产业的融合，但以民宿产业为平台，其实可以探索更多元的融合模式。党的十九大提出"乡村振兴战略"，二十字方针中位于首位的是"产业兴旺"。"产业兴旺"是乡村振兴、美丽乡村建设、民宿产业发展的内在要求与持久动力。以此为目标，必须探讨二、三产业与第一产业的融合；以民宿产业为平台，通过对农产品的采集、加工、包装，再通过民宿渠道的文化赋予与价值塑造，最终打造出高质量的精品农产，为民宿产业提升整体经济贡献度提供了一种新的可能。

中国民宿的总产业定位为乡村旅游，顾名思义其产业发展依托乡村环境资源，崇尚自然、保护乡土。民宿为客人提供的服务是包括"住""游""玩""食"的全方位体验，前三项内容对"在场"性要求较高，受住客返场率的限制，消费黏性打造难度较大，"食"的要素则更易形成持续性消费的突破口。

对民宿而言，将周边农产品转化为商品，一方面形成了新的利益增长点，另一方面有助于品牌体系的完整构造，对塑造品牌认同有益；若与农业活动结合，如通过"客人播种—通知收获"的流程设计将有助于提高住客返店率。对农民而言，农产品销量的增加直接关系农民收入，关系农民对生活的满意度，这是美丽乡村社会软环境的重要基础。对消费者而言，通过曾入住过的民宿购买农产品，一来可激发回忆，增加入住消费的边际收益；二来可降低搜寻优质农产品的信息费用与时间成本。如此看来，依托民宿产业打造农产品供应链具有现实需求。

从文创设计角度考虑这一问题，可先跳过前期的产品筛选步骤，在完成产品信息采集、梳理的基础上，设计符合情境的创意包装是工作的具体内容。现将民宿农产品分为"大产品"与"小产品"两类，对应两种不同的销售模式，也带来两种不一样的设计思路："大产品"一般是经过产业加工的成品或半成品，具有标准商品的特性，具备必要保鲜手段，对这类农产品的包装设计，重点在对视觉要素的考虑，包装材质、色彩、形态的选择按照视觉传达、包装设计的专业知识即可完成设计。这类对农产品包装的评价基于视觉的审美体系，包装风格、样式比较丰富。"小产品"即未形成产业规模的农产品，强调特色与时效，在成品形式上相对简单，往往是容器设计＋标志设计即可完成输出。在风格偏好上，这类包装倾向延续"原汁原味"的产品体验，天然的材料、纯净的色彩是常规选择。

在三产融合的视域内探讨文创设计对旅游民宿产业的推进作用，是广义

设计背景下以设计思维介入产业升级的一次系统性梳理，也是设计参与社会创新、服务经济发展的重要尝试。

### （三）体验与品牌设计

现代设计起始于工业革命，关于其要素的考量主要集中于形状（Form）、材料（Material）、色彩（Color）三个方面。旅游民宿艺术设计，突出民宿产业背景下的设计自觉，民宿作为一个"集成感"丰富的产业，其设计需求也处处体现出对设计理念创新与变革的要求。不同于传统设计"形式给予"（Form Giving）的工作重心，民宿设计需充分考虑用户体验、品牌价值、环境因素、文化含义等多方面内容，强调的是设计的广义定位。民宿设计是民宿行业面临复杂的产业语境所提出的现实需求，相关产品的设计需考虑的内容则远不止于传统的 CMF 三个方面（C-Color，M-Material，F-Form），可取的思路是将文创设计纳入民宿整体的文化组织建构中。

提到民宿品牌，人们最多能想到的是传统品牌传达设计的那些 Visual Identity（VI）、Corporate Identity（CI）的系统流程，印有民宿 LOGO 的笔记本、笔、环保袋等。在最近的民宿调研中，我们发现，这些文具如同城市内传统酒店一样地摆在房间里、吧台上。但如果深入思考产品的使用语境，结果会是怎样？城市内传统酒店的使用场景大多覆盖商务需求，办公桌上的电话、电话旁的便笺纸和文具盒与这一场景吻合；而对民宿消费而言，用户诉求休闲远大于商务，相关品牌周边产品的开发首先需要跳出器物层面的设计考虑，将场景设计置于工作流程前端，最终产出与民宿自身文化相辅相成的代表品牌体验与理念的周边产品设计。例如浙江某民宿主打特色是贴心的服务，如亲人般的主人文化。项目位于山顶，山腰处建停车坪，客人到达后需步行上山，沿途领略山中景色，体验不同于城市喧嚣的山间静谧。顺理成章的场景是服务优良的民宿管家在预定的时间到达停车场，迎接客人入住，此处便产生了酒店文创产品的植入环境：由于存在步行路程，是否降雨或有日晒，驱车前往的住客尤其是女性住客是否鞋履舒适，这些都存在着设计的可能性。最终，住客的体验是：当驱车抵达半山的停车场时，管家已在此等候，告知山路行程，着高跟鞋的女士换上备好的布鞋；烈日或是降雨，递上一把伞；一瓶茶水恰好缓冲驱车的疲惫。布鞋、伞具、水壶（随行杯）都是设计简单、质地优良的产品，最突出的视觉元素就是民宿品牌 LOGO 的植入。当然，并不是每所民宿都在山里，更不是每所民宿都需要步行才能抵达，但纳入系统性服务场景的产品设计、体现服务理念的民宿品牌设计思路是重要的准则，也是品牌传达的重要手段。

因此可以发现一个有趣的现象，同样是印着民宿 LOGO 的笔记本，一本可以作为民宿品牌的传达手段，另一本可能只能作为民宿 VI 系统的一部分或高级一些的文创产品。为什么会产生这个差异？这个问题指向一个重要却普遍模糊的领域，许多民宿主已经认识到品牌重要性，却疏于抓住"设计"与"品牌策划"的交集。任何品牌，当与消费者产生价值认同之后，后者对其产生的消费行为更易从单次的或冲动的流行性消费行为固化为一种持续的关注，由此企业或品牌便可获得一定的长期盈利能力。

在民宿行业，品牌意识近来高涨，2018 年行业洗牌加剧，30% 的门店告别单店模式，而这一数据在 2017 年仅为 9%。连锁模式的经营对"品牌"产生刚需，由此带动了民宿产业广义设计的需求。民宿品牌的包容性极大，由于民宿产品的实质最终表现为一种消费者体验，因此体验过程的构成要素均可成为品牌构件，可以是空间感觉，可以是活动体验，也可以是任何融入品牌文化的周边设计产品。正如民宿服务的唯一指向是适应人的需求，民宿的广义设计逻辑也发端于受众需求。中国美术学院宋建明教授将这个逻辑归纳为 5 个维度不断循环螺旋上升的结构：由"人"的诉求而引发需要"设计"的"事"；由"事"之所需形成相对应的"物"的发生；"人"与"事"之间存在的各种"物"与"物"的关系中构成了"场"；"人"、"事"、"物"及"场"形成的动态"剧情"关系中，内蕴文化得以释放，消费者在这个过程中得到感应和共鸣，如此才能顺利建构民宿品牌的精神内涵。①

---

① 宋建明：《当"文创设计"研究型教育遭遇"协同创新"语境：基于"艺术 + 科技 + 经济学科"研与教的思考》，《新美术》2013 年第 11 期。

# 四　设计艺术对民宿品牌价值的贡献

当设计艺术成为民宿竞争力驱动的要素时，设计艺术对于民宿价值创造的逻辑作用开始备受关注。正如企业的利润来源于交换价值的创造，设计的目的便在于提升企业提供给用户的产品和服务质量；在与用户的持续反馈当中，在企业的设计及其与用户的关系网之间，设计通过原创性与创意从而创造出使用价值。对旅游民宿而言，正是这种对于住客而言的体验感（使用价值）创造，即通过将住客嵌入一种特定的居住体验和生活方式之中，从而实现了消费者愿意为之埋单的交换价值，扩大了旅游民宿市场。①

民宿作为一种新的旅居形式，其需求主要来源于城市居民对于"世外桃源"或乡土地域文化体验的心之向往，在这种需求导向下，民宿设计承载的是人们对于日常化生活的审美救赎。若以设计营造的视角审视民宿设计艺术的本质，它是以综合各种设计符号、元素为手段创造特定民宿场域的过程；"情感""趣味"在这一过程中显示出超出技术性要素的重要地位，经由设计呈现的旅游民宿场景由此嵌入特定的文化价值与生活美学，设计艺术的价值也表现为由此引发的联动效应以及在此基础上生成的在地文化效应与市场反馈。②

从设计艺术价值营造的视角探讨旅游民宿的设计实践，其是在复杂市场环境下传统设计观念的迭代与升级；设计的策略与表现都不是凭空想象所得，而是基于特定产业语境和使用场景的充分思考。对于旅游民宿而言，设计是民宿主体为了满足客户以及自身物质需要而做的改造；设计催生意义，设计在这种运行过程中产生了财富的源泉。虽然设计在具体项目中常常表现为隐性知识而难以量化其经济贡献，但它在民宿产业中成为重要的增加和创造经济价值的因素是无可否认的事实，设计在旅游民宿产业中创造着需求。

---

① 〔英〕约翰·赫斯科特：《设计与价值创造》，尹航、张黎译，江苏凤凰美术出版社，2018。

② 李云琦、吴劭鹏：《当代艺术策展的叙事性表达在民宿设计中的转译》，《装饰》2018 年第10 期。

正如著名人类学家玛丽·道格拉斯（Mary Douglas）和经济学家巴伦·依舍伍德（Baron Isherwood）共同探讨商品在社会生活中角色的结论所示："消费者在最一般意义上的需求就是用他所挑选的商品建构出一个可供辨识的环境。商品在这个意义上成为文化的可见部分……从根本上讲，商品的结构植根于人们的社会性需要。"[1]

# 五 结语

纵观民宿发展的几个节点：2013 年，伴随自媒体兴起和消费需求的升级，民宿逐渐走入大众视野；民宿行业的美誉度大致在 2016 年达到顶峰；2017 年市场上开始出现唱衰之声。截至当下，全国民宿行业一方面由于链接乡村振兴的政策需求开始探索更具规模性、规范性与可持续性的模式升级；另一方面，各种产品、思想的交错也致行业处于混沌期。但无论是何种思想、风格的主导，旅游民宿首先是一种致力于提供空间在场体验的产品，设计艺术对旅游民宿的重要性均已经达成共识。甚至，在行业内出现一个有趣的现象，全国范围内的民宿主力相当比例都是由设计师担当，究其原因，恐怕同设计师本身的职业追求与工作模式密切相关，同时也侧面反映了设计艺术因素对于旅游民宿产业发展的重要作用。

但即便在这样的前提下，无论是设计师还是民宿主、投资人还都需要注意避免一些并不少见的问题：首先，民宿不是乡村振兴的唯一途径，不可将民宿的产业发展凌驾于乡村自然、人文环境的负荷之上。其次，乡村不是建筑师、设计师的演绎场，不可将民宿设计简化为个人喜好，这样的做法很大程度上消解了设计实践的复杂性，而实质上源于对设计的曲解。在旅游民宿产业中，设计艺术是一种基于商业背景的设计实践，作为一种商业行为，设计艺术的施行路径必须符合商业的逻辑，如果设计艺术无法在现实中促进盈利，那么它的商业效用也就无从谈起。此外，在旅游民宿这一特殊的产业

---

① 〔英〕约翰·赫斯科特：《设计与价值创造》，尹航、张黎译，江苏凤凰美术出版社，2017。

民宿蓝皮书

中，民宿提供的环境将为客户提供一种住宿体验，住客被"嵌入"预设的场景中，在这样的意义下，设计艺术成为一种社会活动，在其内部组织层面和满足社会需求层面都有赖于对社会现实与社会功能的感知。①

**参考文献**

〔英〕约翰·赫斯科特：《设计与价值创造》，尹航、张黎译，江苏凤凰美术出版社，2018。

克而瑞乐苇编著《中国民宿发展研究预测报告》，麦咭传媒，2019。

左靖主编《碧山10："民宿主义"》，中信出版集团，2017。

---

① 〔英〕约翰·赫斯科特：《设计与价值创造》，尹航、张黎译，江苏凤凰美术出版社，2017。

# B.8
# 一个乡村民宿集群的北方样本

## ——延庆姚官岭村调研报告

陈奕捷　张　燕*

**摘　要：** 乡村民宿的发展最终应与乡村社区的发展相融合。北京市延庆区刘斌堡乡姚官岭村是中国北方第一个民宿集群——"合宿·延庆姚官岭"民宿集群的所在。因为这个项目，2019年姚官岭村入选第一批全国乡村旅游重点村。本文深入调研了姚官岭村和"合宿·延庆姚官岭"民宿集群的基本情况，探究了项目成功的主要做法、各方职责和农民利益的保障机制，归纳出活化村庄、兴旺产业、富裕农民、融合城乡四大成效，并且从天时、地利、人和三个角度分析了成功的经验。本文提出，民宿要取得成功，要与生态文明的时代潮流应合，与乡村振兴的目标任务契合，与消费升级的市场需求耦合，与广大农民的利益诉求贴合，与抱团发展的企业愿望吻合，与政府部门的工作重点配合。只有这样，民宿经济才能成为乡村产业振兴的有力抓手。

**关键词：** 民宿集群　乡村振兴　姚官岭

---

* 陈奕捷，北京市农村经济研究中心资源区划处处长，北京观光休闲农业行业协会副会长兼秘书长，经济师，主要研究方向：休闲农业与乡村旅游发展、农业农村资源开发与利用；张燕，北京市农村经济研究中心资源区划处副处长，高级工程师，主要研究方向：农村资源环境、美丽乡村建设。

2019 年 7 月 28 日，由文化和旅游部、国家发改委确定的第一批全国乡村旅游重点村名单公布，北京市 9 个村庄入选，延庆区刘斌堡乡姚官岭村赫然在列。这个在京郊旅游发展史上名不见经传的村庄，这个曾经以"白菜滞销"的新闻才博得领导关注的村庄，为何一鸣惊人？因为村里有延庆区首个民宿集群项目，也是中国北方第一个民宿集群——"合宿·延庆姚官岭"民宿集群。正是因为这个项目的存在，姚官岭村与柳沟、古北口这些京郊老牌民俗旅游村一起，得到各位专家的肯定，成为全国乡村旅游重点村，实现弯道超车。

# 一　项目基本情况

## （一）姚官岭村基本情况

姚官岭村位于延庆区刘斌堡乡，距离延庆城区 22 公里，距离刘斌堡乡中心区约 3 公里。村域面积 1.02 平方公里。全村总户数 67 户，125 人，其中非农户 17 户。全村耕地面积 456 亩，山场面积 330 亩。姚官岭位于延庆区地理板块的中心，与永宁古城相接，紧邻百里山水画廊、四季花海等景区，与北京世界园艺博览会园区仅半小时车程。

## （二）"合宿·延庆姚官岭"民宿集群项目概况

2018 年 9 月，姚官岭村民俗旅游合作社在北京市延庆区旅游发展委员会（现延庆区文化和旅游局）的支持下，正式与北京沿途旅游发展有限公司签订合作协议，标志着姚官岭民宿集群项目正式启动。2018 年 10 月破土动工，2019 年 5 月 31 日正式营业。目前，"合宿·延庆姚官岭"建成民宿小院 10 家，客房 36 间，2019 年 6 月平均入住率为 60% 左右，7 月入住率将近 80%。如今，乡村旅游业成为姚官岭村经济的重要增长点，旅游收入占村级总收入的 61%，并带动本村 12 名村民就业，间接就业 19 人，其中吸引返乡青年就业 6 人。

叫"合宿",就是因为这个项目是"民宿的集合"——延庆民宿六大品牌,即原乡里、左邻右舍、大隐于世、乡里乡居、石光长城和百里乡居汇聚一村,合在一起统一管理、统一营销。

但是"合"中也有"分"。每个品牌的设计师分别设计自己的院落,从建筑到院落景观,从硬装到软装布草,都保持了不同品牌背后独有的空间特质与风格,以及各个品牌背后不同的文化内涵,保证了民宿集群产品的多样性,将多种特色融于一个村落中,满足不同人群的消费需求。

## 二 主要做法

### (一)村企成立合资项目公司

习近平总书记指出,乡村振兴要靠人才、靠资源。姚官岭的成功,就是把城市的人才、资源与农村的人才、资源有效对接到一起,产生了"1 + 1 > 2"的效用。

城市人才、资源的核心是设计力、运营力。从运营这条线看,姚官岭背后是"合宿","合宿"背后是沿途旅游平台,沿途旅游平台背后是延庆民宿联盟。延庆民宿联盟成立于2017年底,现有成员单位65家,业务主管单位为延庆区文旅局。北京沿途旅游发展有限公司由联盟的几家核心成员出资成立,是联盟平台企业。乡村的人才、资源核心是"两委"班子和集体土地。从乡村这条线看,2017年5月,姚官岭村"两委"牵头成立了北京姚官岭民俗旅游专业合作社,将村里的闲置农宅和土地都流转到合作社,进行统一管理。

北京沿途旅游发展有限公司和姚官岭民俗旅游专业合作社共同成立合资项目公司,其中北京沿途旅游发展有限公司及背后的延庆民宿联盟负责投资、设计、建设、运营;姚官岭民俗旅游专业合作社负责提供宅基地的经营权。

### (二)各方职责

民宿集群的发展是个系统工程,农民(集体经济组织与农民专业合作

组织)、政府、企业三者必须协调配合，缺一不可。

（1）村集体成立专业合作社与企业进行对接，协助公司维护与村民的良好关系，保证村容村貌的干净整洁与和谐的经营环境。

（2）地方政府部门（区农业农村局、区文旅局、区移民办等）各司其职，对姚官岭村的人居环境整治及产业发展提供了有力支持。如区移民办拨付支持的"瓜廊"；区农业农村局支持的设施农业项目；区文化和旅游局为项目搭建贷款融资担保平台，链接银行和农担公司资源，争取到贷款资金600万元，并补贴贷款担保费。未来，贷款利息补贴政策即将出台，将引领并进一步推动以姚官岭民宿集群为代表的民宿产业发展。

（3）企业负责进行房屋装修、改造、推广运营，帮助发展采摘菜园、果园，收购农民的农副产品，雇佣本村劳动力，等等。

**（三）农民利益的保障机制**

（1）财产性收益。提供宅基地的农户可以从两种收益方案中自由选择：一是签订租赁协议，按年取得固定的租金收益；二是签订入股协议，以宅基地使用权入股，获得分红。

（2）工资性收益。管家、保洁等7个直接就业岗位，全部为本村村民承担，其负责前台接待、卫生服务、水电维修、顾客接送等多项工作，月平均工资3000元左右。

（3）经营性收益。村里建有50栋生态大棚，打造了生态种植体验园，种植无公害蔬菜、有机杂粮，提供大棚采摘和农事体验服务，可供游人采摘。未来农产品还可以经过文创包装，以优质优价卖给游客。

## 三　取得的成效

### （一）"民宿集群"活化了村庄

据姚官岭村支部书记、村委会主任张晓静介绍，在该项目落地之前，姚官岭村也与许多普普通通的小村庄一样，空心化、老龄化严重。第一产业农田无人种，无人收；第二产业缺乏建设用地，举步维艰；第三产业简单采摘，低质低效。农民对增收致富有愿望、缺思路。合宿项目的落地，引入了城市文创设计、管理运营的力量，激活了村庄"沉睡的资源和资产"，唤回了外出打工的年轻人，给整个村庄带来了生机和活力。最重要的是，六大品牌民宿的设计师们不论设计风格如何，都本着"慎砍树、不填湖、少拆房"的原则，尽可能地在原有院落形态上改造，不破坏村庄原始风貌，做到"土不掉渣""退进屋是城市，跨出院是田园"。为了提供更美好的住宿体验，合作社在各民宿小院附近种植了 10 亩花田，村域空气质量等级常年保持优良级水平，水体质量能达Ⅲ类以上，绿化覆盖率超过 50%。如今的姚官岭，可以说基本实现了习近平总书记讲的"探索盘活用好闲置农房和宅基地的办法，激活乡村沉睡的资源"。

　　未来，民宿运营公司本着将"民宿周边游"转变为"民宿深度游"的目的，计划深度挖掘姚官岭村内文化，充分讲好解放永宁战斗的战壕、古井、镇山墩、明代古槐的故事，还计划举办乡村音乐节、啤酒节等系列主题活动，发展村庄的"夜间经济"，丰富游客及村民的文化体验。这些文化体验活动，活化了姚官岭的地方文化和历史记忆，使姚官岭村不仅活起来，还成为一个有独特灵魂的现代化农村社区。

## （二）"民宿集群"兴旺了产业

　　民宿集群是指在特定区域内，具有竞争与合作关系的民宿和配套服务机构在地理上集聚而形成的群落。通过合理布局、统一规划，民宿集群可以实现专业分工、业务互补、协同经营、整体营销、业务共享，既强调民宿群落的外部统一性，提升对外辨识度，也区分内部民宿间的差异性，从而带来规模经济的集聚效应。这也是六家民宿品牌愿意合伙、扎堆发展的根本原因。"合宿"民宿集群通过聚合，整合力量打通民宿产业的土地资源、设计建造、产运营销、资金整合四个板块内容，搭建民宿垂直领域的共享经济产业平台，在短短两个月内，就能获得头部民宿品牌成熟经营的收益。

对于乡村传统产业，姚官岭村在民宿产业带动下，对现有50栋蔬菜大棚和农田进行规划，统一种植绿色蔬菜、有机杂粮和观赏型花卉，既可提供新鲜的农产品、开展农事体验，还有美景可供游客欣赏，生态农业和生态旅游相得益彰。结合本地特色，姚官岭村用本地野菜、中药材，研发了妫川四宝茶，供民宿客人免费品尝，让游客体验本地区的饮食习惯和民俗文化。民宿的发展带动了姚官岭村第一、第二产业的发展，引导农民挖掘本地文化，从而满足游客对姚官岭"吃、住、行、游、购、娱"的全方位需求。

### （三）"民宿集群"富裕了农民

习近平总书记在关于走中国特色社会主义乡村振兴道路论述中指出，农村一二三产业融合不是简单的一产"接二连三"，而是要完善利益联结机制，不能富了老板、丢了老乡，要通过就业带动、保底分红、股份合作等多种形式，让农民合理分享全产业链增值收益。"合宿·延庆姚官岭"项目，为当地村民提供了财产性收益、工资性收益、经营性收益等多种收益渠道。目前农民专业合作社占有的股份不多，但是给人以希望。由于项目刚开始运营，谈分红的金额还为时过早，但是姚官岭村张晓静书记对年底的分红充满期待与信心。

更难能可贵的是，这是一个开放的集群，随时欢迎做好准备的村民加入。姚官岭村"两委"也在积极鼓励一些条件好的村民创建自有民宿品牌，委托给合宿团队统一运营。可以说，集群模式是乡村振兴大背景下全村走向共同富裕的新尝试。

富裕农民不仅仅是鼓了"钱袋子"，还充实了"脑瓜子"。村"两委"的认识提升了，农民的观念转变了，村里游人如织，何愁农民不增收呢？对这一点，"合宿"项目的总操盘手、延庆区民宿联盟主席曹一勇看得很清楚。他表示，现在与村民签约租赁农宅，也就是二十年租期，租期满了之后，也许成长起来的新一代农民就不需要外来的运营公司了，乡村民宿产业归根结底还是属于农村、农民的产业。

### （四）"民宿集群"融合了城乡

习近平总书记深刻地指出，城镇和乡村是互相促进、共生共存的。民宿集群的强势导入，给姚官岭带来了资本、技术、人才、品牌。之前，从来没有如此多的设计师在测量姚官岭，如此多的投资者在分析姚官岭，如此多的市民在打听姚官岭，如此多的媒体在传播姚官岭。"合宿·延庆姚官岭"项目运营两个多月以来，农民看到了人气、看到了希望，也受到了熏陶。自家种的小杂粮，熬成粥给民宿的客人当早餐，农产品不再发愁卖不出去。但是要得到客人的认可、卖个好价钱，就要在提升品质上下功夫，这就要求在种植过程中不施用农药、化肥，必须走生态农业的道路。要让客人吃了觉得好，走时带点走；农产品变旅游纪念品，还要在农产品包装上下功夫，既体现"农味儿"又兼具"美感"，必须走乡村文创的道路。为了保证游客有好的游览空间，经营者有好的创业空间，乡村还要在学文化、讲文明、搞卫生、讲和谐上下功夫，必须走乡村善治的道路。

另外，城市人追随民宿集群来到姚官岭，"竹篱茅舍风光好，高楼大厦总不如"，能实实在在地触摸到乡土，感受到乡情，追求与自然和谐相处的乡村慢生活成为一种时尚。乡村的经济价值、生态价值、社会价值、文化价值在民宿产业的发展中得到彰显。

## 四　主要经验与启示

### （一）天时——长期以来，延庆区坚定走"绿水青山就是金山银山"的发展道路，紧紧扣住了新时代的最强音

党的十八大以来，生态文明建设被提到前所未有的高度，而生态文明建设，是民宿集群发展壮大的根本保证。延庆是首都重要的生态涵养区，延庆的生态文明建设一直走在全市前列，先后制定实施了 2010～2012 年、2013～

2015年两轮的生态文明建设三年行动纲要，制定并实施了《延庆县生态文明建设规划（2013~2020年）》。延庆区（县）历届政府始终将保护好延庆的绿水青山作为工作的重中之重，将乡村旅游定为主导产业，让乡村旅游成为使"绿水青山"变成"金山银山"的"金杠杆"。首批全国生态文明建设示范区的荣誉成为延庆生态文明建设成果的最好证明，但延庆的生态成果绝不仅限于绿水蓝天，更体现在乡村旅游的长足进步、乡村民宿的集群式发展、乡村旅游合作社的分红之中。2017年7月19日，市委书记蔡奇同志来到延庆，用一整天时间就"两贯彻一落实"、迎接党的十九大进行专题调研。他在延庆强调，生态涵养区不是不要发展，而是要更好、更高水平、更可持续地发展。延庆的实践生动诠释了习近平总书记的科学论断——绿水青山就是金山银山。

### （二）地利——刘斌堡乡和姚官岭村一流的人居环境为休闲产业发展奠定了坚实的基础

改善农村人居环境，是以习近平同志为核心的党中央从战略和全局高度做出的重大决策。只有多举措改变农村脏乱差现象，多渠道打通"绿水青山"向"金山银山"的转化路径，多形式构建人与自然和谐共生的乡村发展新格局，才能实现农村生态美与百姓富的统一。

在姚官岭，人居环境建设正是民宿集群发展壮大的基础依托。2018年，延庆区以"建设国际一流的生态文明示范区"总体目标为抓手，紧紧围绕首都环境建设和世园会、冬奥会环境保障工作任务，从农村人居环境整治等多方面开展环境建设工作。刘斌堡乡采取了多项专门措施，全力确保各村人居环境得到有效改善。刘斌堡乡为各村发放了《一图看懂农村人居环境整治》宣传画，增强村民对人居环境整治工作的认识。乡政府还建立了《刘斌堡乡农村人居环境整治问题总台账》《刘斌堡乡农村人居环境整治党员干部户台账》《刘斌堡乡农村人居环境整治私搭乱建问题台账》，针对台账问题整改一处销账一处。同时，将在日常巡查过程中发现的问题计入环境巡查台账，确保环境问题"动态清零"。刘斌堡乡还针对党员、村民、中小学生分别发放了"三封信"，从不同角度解读保护好人居环境的重要性，并通过"三要""三做""三不要"等具体要求，对其行为做出规范，确保相关工作家喻户晓。

姚官岭村在人居环境整治中，花大力气拆掉了全村的私搭乱建，清理了村内的乱堆乱放，并定期开展保洁工作，村内的人居环境得到了极大的改善。村"两委"还要求家家户户都要清理好自家门前的卫生环境，并定期组织全村卫生环境评比，鼓励村民在"你追我赶"中营造良好的村居环境。同时，村"两委"的工作人员每周、每月也会定期对村内环境进行巡视，发现问题及时整改，确保村内环境整洁有序。2018 年，在全区人居环境检查验收中，姚官岭村获得了满分 100 分的好成绩。这也是促使延庆区民宿联盟将第一个民宿集群项目落户于此的重要考虑因素。现在村"两委"决定每年将乡村旅游收入的 10% 作为环保经费。可以说，优美的乡村人居环境与休闲产业发展实现了良性互动。

### （三）人和——姚官岭村"两委"班子年轻、团结、有活力，组织起来的农民开放、热情、有力量

办好农村的事，要靠好的带头人，靠好的基层党组织。在姚官岭调研的过程中，同行的很多人都有这样的疑问：姚官岭既不如柳沟有民俗旅游的基础和名气，也没有龙庆峡周边的好山好水，为什么"合宿"会选择在这里落地？对此，延庆区民宿联盟主席曹一勇给出的答案是：延庆区、刘斌堡乡政府、各部门领导，特别是姚官岭村"两委"的产业发展思路与他们高度一致。姚官岭的村支部书记、村主任张晓静出生于 1985 年，凭着对家乡的满腔热情，他从部队转业后回村当上支书。年轻、见过世面、有闯劲，是曹主席对这位合作伙伴的评价。正是因为有了一致的发展观念，几方一拍即合，高效率完成了这个项目。这一切正应了习近平总书记在 2013 年中央农村工作会议上讲的"村看村、户看户、农民看支部""给钱给物，还要建个好支部"。

发挥农村基层党组织的坚强领导核心作用，根本在于依靠农民群众，把

农民群众组织起来。姚官岭为了发展民宿集群，成立了民俗旅游合作社。组织起来的农民有了和"城市老板"谈判的底气，通过合作组织的利益联结机制，民宿集群成为农民自己的"摇钱树"。有了这种利益联结机制，处于弱势的农民才会放下戒备心理，以开放的心态，怀着"来者是客"的朴素意识对待每一位投资者和每一位游客，这样乡村才能成为宜居、宜业、宜游的好地方。

所谓人和，说到底其实就是习近平总书记讲的，打造千千万万个坚强的农村基层党组织，培养千千万万名优秀的农村基层党组织书记，深化村民自治实践，发展农民合作经济组织，建立健全党委领导、政府负责、社会协同、公众参与、法治保障的现代乡村社会治理机制，确保乡村社会充满活力、安定有序。

民宿经济是一个以农业为基点、农村为空间、农房为落脚点、兴村富农为目标的农村新兴产业，是乡村功能拓展和农村一二三产业融合发展的结果。民宿不应该成为城市文明、城市资本在乡村的"飞地"，而是要与生态文明的时代潮流应合，与乡村振兴的目标任务契合，与消费升级的市场需求耦合，与广大农民的利益诉求贴合，与抱团发展的企业愿望吻合，与政府部门的工作重点配合，这就是"合宿"取得初步成功的经验与启示。

民宿虽然是一个个性化、分散性、单体独立运行的产业形态，但受区位优势、资源禀赋、政策引导等因素的影响，也会在地理空间上形成集聚，关联产业也呈集群发展态势。在乡村旅游提档升级的过程中，政府管理部门要重视民宿集群的作用，重点支持具有集团化、品牌化运营能力的中小企业进入乡村，同时培育壮大行业自律组织和新型农业经营主体，村、企建立"共享"机制，形成"共建"氛围，开创"共赢"局面，以乡村民宿为核心，打造一批乡村休闲产业集聚村。政府部门更要跳出民宿抓民宿，要紧扣城乡关系重塑，深入推进"三农"内部改革，为民宿集群的发展提供全方位制度性供给，使民宿经济成为乡村产业振兴的有力抓手。

**参考文献**

中共中央党史和文献研究院：《习近平关于"三农"工作论述摘编》，中央文献出版社，2019。

朱海豹：《要善于用党的优良传统把农民组织起来》，《红旗文稿》2016 年第 22 期。

**附：**

# 合宿·延庆姚官岭项目六大民宿品牌简介

合宿·延庆姚官岭民宿集群项目的开发运营，汇聚了延庆区民宿的主要头部品牌，它们分别是：原乡里、左邻右舍、大隐于世、乡里乡居、石光长城、百里乡居。

1. 原乡里

原乡里民宿，成立于 2016 年 5 月，是由北京原乡文化发展有限公司创建的专注于北方乡村生活的民宿产业平台，其团队成员均来自博地澜屋建筑规划设计有限公司。原乡里品牌创始人曹一勇现为延庆区民宿联盟主席。

原乡里主要通过与相关乡镇政府合作，从上而下获取闲置资产，确保产权属于村民和村集体，村民提供住宅，由原乡里进行设计改造和运营。长租的方式避免了重资产的房源投入，而村集体负责与每个农户之间的利益分配，也降低了原乡里的沟通成本。

原乡里的客群覆盖全年龄层，消费主力是"70/80"后。客源主要有三类：亲子休闲的家庭；公司团建、培训；亲子活动，如幼儿园毕业典礼、耕读教育。获客途径方面，主要通过线上 OTA（在线旅游）平台预订，微信公众号也可以接受预订。原乡里会定期举办开放日，请设计师、旅行达人等

有影响力的 KOL（关键意见领袖）来体验传播。根据原乡里的数据，有 35％左右的顾客是二次消费或者通过好友推荐入住。

2. 左邻右舍

左邻右舍位于延庆区旧县镇东龙湾村，紧邻龙湾国际露营公园。该品牌民宿是由东龙湾村委会主导，通过妫川龙湾旅游合作社与社会企业合作开发的项目。项目由北大团队操刀设计，白墙灰瓦，空间错落有致，简约中式庭院，在保留乡村质朴美的同时，加入了中国园林元素和现代艺术元素，通过传统庭院的现代表达再现邻里空间，同时植入具有当地特色的文创活动与产品，塑造田园生活美学的全方位体验。

截至 2019 年 7 月末，左邻右舍精品民宿在东龙湾村共改造完成 8 个院子。自 2017 年营业以来，共接待游客 1.2 万余人次，营业收入 300 多万元。同时，项目共提供 21 个就业岗位，其中本村村民 11 人（管家、前台、库房、会计）。人均岗位收入每月 2700 元并有五险，未来还会提供新的就业岗位 10 多个。

2019 年 5 月 8 日，北京妫川龙湾专业合作社举办了"左邻右舍精品民宿"项目首次分红仪式，分红对象为第一批加入合作社的 50 户村民，分红资金共计 20 万元。左邻右舍是美丽乡村建设背景下延庆文化旅游创新振兴的一种尝试。东龙湾村以支部引领，"两委"干部带头参与，村民自愿入社，合作社有序引入社会资源，用专业团队打造品牌项目，最终形成了"村民主导、村民参与、村民受益"的东龙湾特色乡村民宿发展新模式。

3. 大隐于世

大隐于世民宿由北京大隐于世酒店管理有限公司运营。大隐于世·秘境小院位于延庆区张山营镇张山营村，于 2016 年 8 月正式营业，年收入达 50 万元；村集体占有 5％股份，收入用于村庄管理、低收入户补贴等支出。大隐于世·冬奥小镇位于延庆区张山营镇后黑龙庙村，也是采用农民＋合作社＋公司的运营模式开发。张山营镇是 2022 年冬奥会延庆赛区赛场所在地，大隐于世·冬奥小镇定位于京西北集高端民宿、特色餐饮、休闲娱乐、精选果蔬等于一体的综合性旅游目的地，目前建成精品小院 2 个，可供 15 人享受欢聚时光。同时，开发了"夏乡"特色农产品品牌，涵盖精选国宴级张山营苹果、有机葡萄、绿色蔬菜及自制农副产品等。

4. 乡里乡居

乡里乡居品牌成立于 2017 年，由刘越来、李双成、郎建鹏三位创始人联合创立。乡里乡居董事长刘越来，同时也是北京小隐观山酒店管理有限公司董事长、北京阿来酒店管理有限公司董事长、张家口星河房地产董事长，同时担任中国长城学会会员以及延庆商业精英会副会长，北京妫川书院名誉院长。乡里乡居所打造的系列民宿虽然仍属于传统旅游服务行业，但执行董事郎建鹏和他的团队却将民宿当成互联网项目，打破了周末经济瓶颈，在极短时间内创造了许多行业奇迹。乡里乡居·观山小院作为延庆区首家自带泳池的小院，一经开放就收获了无数好评，跻身为网红民宿界的翘楚。延庆正值世园会、冬奥会两大盛会，乡里乡居的建设也将为两大盛会添砖加瓦，在游客接待方面为世园、冬奥助力。

5. 石光长城

石光长城民宿项目位于八达岭镇石峡村，是由北京未名空间建筑设计咨询有限公司主持投资设计，并由北京迈克之家集团负责运营的精品民宿。客房设计尊重并继承了当地与中国传统建筑的建造传统，建筑中的一石一瓦均是当地最传统的建筑材料。设计师充分利用了当地的毛石资源与石匠砌筑手艺，在室内的设计中将粗犷的毛石墙与温暖细腻的木结构屋顶相结合，创造了一个亲近自然又不失现代感的舒适居住空间，给人以原始且温暖的感受。石光长城项目引进了西方的酒店管理模式与国际化的客源，运营团队旨在提供高品质的人性化服务，并加强延庆乃至中国文化对顾客的输出。由北京未名空间提供的精美客房设计结合其独特的经营与服务理念，将石光长城打造成了一个沟通国际文化的桥梁，并在宣扬当地乡土文化的同时提升了民族文化自信心。

6. 百里乡居

百里乡居民宿位于千家店镇百里山水画廊景区，由北京百里乡居旅游开发有限公司运营，于 2015 年启动。建筑保留古村原貌，结合现代建筑设计

工艺，充分利用旧物、旧结构。在尽可能保留古村文化的同时，追求对现代化舒适元素的打造。规划设计了精品民宿酒店区、体育锻炼区、文化教育活动区、露营非标帐篷区、儿童中心等配套设施。打造 23 套具有古村文化气息的创意小院，并配有高级特色中、西餐厅及精致早餐厅，精心设计了 23 套各具特色的创意小院，可同时容纳 100 人用餐、70 人住宿。

# B.9
# 2019年莫干山旅游民宿
# 消费者需求网评研究

蓝皮书课题组*

**摘　要：** 随着移动网络的普及和线上预订平台的出现，民宿产业发展呈现勃勃生机，发展势头迅猛。在互联网时代，人们通过在网络平台查阅评论作为自己休闲目的地住宿体验的重要决策参考依据，同时，自身体验完成后，这些顾客又会将此体验在网络平台或自媒体评论区发布，供其他消费者参考。本研究基于网络平台网站上的评价机制进行研究，通过采集、分析此类网络评论热点，对几大预订平台上所收集到的网络评价进行词频统计，词频统计使用 Python 的中文分词库 jieba，输出结果在 Excel 中降序排列，将旅游民宿网络评价前 100 个词进行整理，对环境建筑、服务质量、主体特色、特色餐饮、安全环保、接待设施方面做分析，通过数据统计与分析，勾勒出年度民宿消费者网评所关注的领域，为民宿经营者和消费者提供坐标参考系。

**关键词：** 旅游民宿　消费者需求　网络评价　莫干山

网络评论经历了早期简单的传统媒体评论"上网"，各类新闻网站和

---

* 蓝皮书课题组成员：过聚荣、王晨、王嘉豪、陈金侃、沈耀腾、马会会、凌叶、李月等；执笔：过聚荣，博士，上海医药大学执行校长，教授，研究方向为旅游管理、管理学。

门户网站设立评论栏目、频道，以及微博、微信等社交平台网络评论和移动新闻客户端网络评论快速发展的各个阶段，成为备受用户关注的高频基础应用。调查数据显示[1]，网络评论的深度用户占网民总数的60.2%，其中经常关注网络评论的用户占比为48.0%，总是关注网络评论的用户占比为12.2%。近70%的用户每次花费15分钟至1小时的时间浏览网络评论，其中单次浏览时长为30分钟至1小时的用户占比最高，达到35.4%。

旅游民宿作为一项新兴产品，得到了广大消费者的青睐。在互联网时代，人们通过在网络平台查阅评论作为自己休闲目的地住宿体验的重要决策参考依据，同时，自身体验完成后，这些顾客又会将此体验在网络平台或自媒体评论区发布，供其他消费者参考。本文将持续跟踪、采集、分析此类网络评论热点，采用网络评论大数据分析，勾勒出年度民宿消费者网评所关注的领域，为民宿经营者和消费者提供坐标参考系。

研究民宿消费者需求，不仅对于民宿产业本身有意义，对于其他相关产业的发展也有借鉴意义。通过对民宿网络评价的研究，可了解民宿经营中消费者关注的重点，总结归纳出民宿经营满足消费者需求的方向，探索民宿经营之路。

# 一 研究背景及意义

## （一）文献综述

民宿概念早期在大陆的主要发展形态是以"住农家屋、吃农家饭、干农家活、享农家乐"为主的"农家乐"。随着农业现代化的发展，乡村出现了以现代农业园区、旅游农庄、现代化家庭农场等经营模式的交

---

① 赵曙光：《网络评论的发展现状和特点》，《网络传播》2018年第12期。

集存在的"当代农庄",突出环保科普、农技示范和教育的功能①②。在分享经济浪潮下,随着在线短租民宿平台的快速发展,城市民宿行业也在蓬勃发展③。民宿作为新兴业态,与第一、第二、第三产业互为支撑,出现联动发展的趋势,"民宿"概念由此扩展并涉及"全域旅游""乡村旅游""共享经济""休闲农业"等多个领域④。

在关于顾客体验民宿的研究文献中,皮常玲和郑向敏⑤对厦门鼓浪屿景区周边民宿进行网络评价调查,通过对携程平台网络评价出现的高频词汇进行总结,发现游客抱怨的民宿问题与酒店住客关注点基本一致,民宿主却并不关注。李沛沛和单文君⑥通过类似方法对杭州西湖景区周边民宿进行研究发现,民宿总体质量较好,但顾客认为性价比不高。这开启了应用现代网络评价手段,对民宿顾客关注点的研究。

从网络评价内容生产等角度分析,顾客或用户搜索网络评论的动机和互动模式与网络平台的个性化内容推荐供给模式相结合,容易形成内容生产与用户满足之间的"喂食"关系:用户更偏好接触自己偏好的观点,网络平台精准推荐用户偏好的观点,从而在一定程度上削弱了网络评论作为现代社会培养公民参与公共生活和实现公共领域理性沟通的重要工具的作用。在网络评论互动中,最受欢迎的模式是对他人的评论认同点赞,56.6%的网络评论用户通过对他人评论认同点赞的方式与其他用户互动。用户更容易对与自己观念相同的观点产生更多认同感,从而表现出更强的互动意愿⑦。

① 皮常玲、郑向敏:《基于在线评论的民宿顾客抱怨研究——以厦门鼓浪屿民宿为例》,《旅游论坛》2017年第3期,第35~44页。
② 吴晓隽、于兰兰:《民宿的概念厘清:内涵演变与业态发展》,《旅游研究》2018年第2期,第84~94页。
③ 马丽君、郭留留:《基于网络文本内容分析的张家界游客旅游信息需求特征研究》,《消费经济》2017年第4期,第68~75页。
④ 过聚荣:《旅游民宿经营实务》,社会科学文献出版社,2018。
⑤ 皮常玲、郑向敏:《基于在线评论的民宿顾客抱怨研究——以厦门鼓浪屿民宿为例》,《旅游论坛》2017年第3期,第35~44页。
⑥ 李沛沛、单文君:《基于内容分析法的杭州西湖景区周边民宿质量现状及提升策略研究》,《现代商业》2017年第18期。
⑦ 赵曙光:《网络评论的发展现状和特点》,《网络传播》2018年第12期。

## （二）研究意义

民宿经营的销售渠道区分为线上预订和线下直接接单两大类，其中，网络销售是主要渠道之一，客户在消费后将评价上传到平台，由于网络平台上顾客可匿名，因此其评价较为真实，可以作为研究消费者需求的依据。本研究依据主流民宿预订平台上的网络评价信息，结合《旅游民宿基本要求与评价》中评价标准和蓝皮书对民宿的评价指标体系，通过对顾客消费后的网络评价信息进行归纳、分析，梳理现阶段民宿消费者的倾向性，从需求侧的角度探讨民宿经营需要关注的问题。

# 二 民宿网络评论框架设计与数据采集

## （一）设计原则

聚焦原则，民宿消费者在网络上评价采用的语言大多为个性化的描述，因此，采信网络评价则以语言聚集在某个具体领域为基本原则。

分类原则，我们根据语义分类的基本规律，结合民宿评价经常出现的用词特点进行归纳分类，以表征关键词所反映的顾客评价动机。

## （二）样本选取

本研究样本选取自民宿预订平台：携程、榛果、微信、小红书等预订平台上注册的莫干山民宿共计 752 家，这些是民宿业主网络销售的主要渠道，且用户评价机制相对完善，评价内容比较丰富。本研究采集网站上民宿的所有顾客评价（截至 2019 年 9 月 30 日），考虑价格因素在评价过程中的可比性，以及反映民宿分析的客观性，本研究将所有民宿按照价格分为 300 元/天以下，300～900 元/天，901～1500 元/天，1501～3000 元/天和 3000 元/天以上五个价格区间，对价格区间内所有民宿的网络评价集成进行数据处理与分析。

## （三）研究方法

本研究对几大预订平台上所收集到的网络评价进行词频统计，词频统计使用 Python 的中文分词库 jieba，输出结果在 Excel 中降序排列。筛去所有低频词和一些无用高频词后，将旅游民宿网络评价高频前 100 个词进行整理，其评论观点第一次分类为环境建筑、服务质量、主体特色、特色餐饮、安全环保、接待设施方面，再对一级分类进行二次分类并统计分析，最后对二次分类进行第三次分类并统计分析。

## （四）说明

由于微博、微信、直播平台、短视频应用等网络平台为个体提供了信息生产、积累、共享、传播的独立空间，用户可以相对自由地将信息面向无数个体发布，形成了用户生产、用户分享的"去中心化"机制。网络评论领域出现了大量 UGC（用户生产内容）模式。

但是，随着腾讯、百度、今日头条等互联网企业以及各类投资主体加大对内容创业的扶持力度，网络评论内容生产的 UGC 模式逐渐朝机构化方向发展，网络评论自媒体开始从初期的个人化、草根化向企业化、团队化方向发展。

因此，我们采集的数据尽可能地剔除企业化、团队化评价对样本的影响，使网络评价的数据比较真实地反映民宿消费者的需求倾向。

# 三　民宿网络评论年度关键词筛选及分析

## （一）民宿网络评论现状分析

表1　莫干山价位300以下的民宿评论关键字

| 服务质量 关键词 | 评论数 | 环境建筑 关键词 | 评论数 | 接待设施 关键词 | 评论数 | 特色餐饮 关键词 | 评论数 | 经营效益 关键词 | 评论数 | 安全环保 关键词 | 评论数 | 主体特色 关键词 | 评论数 |
|---|---|---|---|---|---|---|---|---|---|---|---|---|---|
| 服务 | 1834 | 感觉 | 1326 | 房间 | 1014 | 味道 | 214 | 性价 | 579 | 空气 | 59 | 图书 | 1 |
| 感觉 | 1326 | 环境 | 1100 | 设施 | 249 | 菜 | 181 | 价格 | 34 | 前台 | 4 | | |
| 环境 | 1100 | 位置 | 455 | 卫生 | 140 | 早餐 | 52 | 经济 | 13 | 水质 | 4 | | |
| 房间 | 1014 | 风景 | 119 | 干净 | 120 | 饭菜 | 38 | 入住 | 5 | 水 | 4 | | |
| 老板 | 745 | 交通 | 65 | 停车 | 107 | 鸡汤 | 20 | 房价 | 4 | 溪水 | 1 | | |
| 性价 | 579 | 景区 | 43 | 酒店 | 52 | 饭 | 16 | 收费 | 3 | | | | |
| 位置 | 455 | 景色 | 36 | 隔音 | 38 | 口味 | 11 | 生意 | 2 | | | | |
| 设施 | 249 | 开车 | 20 | 热水 | 34 | 手艺 | 10 | 价位 | 2 | | | | |
| 味道 | 214 | 条件 | 19 | 床 | 26 | 烧菜 | 8 | 心情 | 2 | | | | |
| 菜 | 181 | 民宿 | 19 | 设备 | 11 | 早饭 | 8 | 个人 | 1 | | | | |
| 卫生 | 140 | 装修 | 18 | 总体 | 11 | 晚饭 | 8 | 价钱 | 1 | | | | |
| 干净 | 120 | 风格 | 16 | 客栈 | 10 | 厨艺 | 7 | | | | | | |
| 风景 | 119 | 周边 | 16 | 床单 | 8 | 餐饮 | 7 | | | | | | |
| 停车 | 107 | 视野 | 15 | 空调 | 8 | 晚餐 | 5 | | | | | | |
| 一家 | 76 | 景点 | 10 | 用品 | 6 | 菜品 | 2 | | | | | | |
| 交通 | 65 | 天气 | 9 | 信号 | 5 | 食物 | 2 | | | | | | |
| 阿姨 | 64 | 整体 | 8 | 院子 | 5 | 量 | 2 | | | | | | |
| 体验 | 62 | 地方 | 8 | 空间 | 5 | 饮食 | 2 | | | | | | |
| 空气 | 59 | 采光 | 6 | 住宿 | 4 | 啤酒 | 2 | | | | | | |

续表

| 类别 | 关键词 | 评论数 | 类别 | 关键词 | 评论数 | 类别 | 关键词 | 评论数 | 类别 | 关键词 | 评论数 | 类别 | 关键词 | 评论数 | 类别 | 关键词 | 评论数 | 关键词 | 评论数 |
|---|---|---|---|---|---|---|---|---|---|---|---|---|---|---|---|---|---|---|---|
| 服务质量 | 早餐 | 52 | 接待设施 | 景观 | 5 | 特色餐饮 | 声音 | 4 | 经营效益 | 汤 | 2 | 安全环保 | | | 主体特色 | | | | |
| | 酒店 | 52 | | 地点 | 5 | | 被子 | 4 | | 美味 | 1 | | | | | | | | |
| | 人 | 51 | | 房子 | 4 | | 住房 | 4 | | 水果 | 1 | | | | | | | | |
| | 景区 | 43 | | 方便 | 4 | | 质量 | 4 | | 茶 | 1 | | | | | | | | |
| | 饭菜 | 38 | | 地理 | 3 | | 阳台 | 3 | | 竹笋 | 1 | | | | | | | | |
| | 隔音 | 38 | | 自驾 | 3 | | 睡着 | 3 | | 蔬菜 | 1 | | | | | | | | |
| | 景色 | 36 | | 氛围 | 3 | | 阳光 | 3 | | 口感 | 1 | | | | | | | | |
| | 价格 | 34 | | 周围 | 3 | | 光线 | 3 | | 营养 | 1 | | | | | | | | |
| | 热水 | 34 | | 夜景 | 2 | | 山庄 | 2 | | 饮食 | 1 | | | | | | | | |
| 环境建筑 | 床 | 26 | | 门票 | 2 | | 硬件 | 2 | | 滋味 | 1 | | | | | | | | |
| | 鸡汤 | 20 | | 生活 | 2 | | 毛巾 | 2 | | 小菜 | 1 | | | | | | | | |
| | 开车 | 20 | | 水库 | 2 | | 秋千 | 1 | | 三餐 | 1 | | | | | | | | |
| | 条件 | 19 | | 地址 | 1 | | 软件 | 1 | | | | | | | | | | | |
| | 民宿 | 19 | | 风 | 1 | | 效果 | 1 | | | | | | | | | | | |
| | 装修 | 18 | | 河水 | 1 | | 家具 | 1 | | | | | | | | | | | |
| | 主人 | 17 | | 别墅 | 1 | | 农场 | 1 | | | | | | | | | | | |
| | 风格 | 16 | | 大小 | 1 | | 品牌 | 1 | | | | | | | | | | | |
| | 周边 | 16 | | 花草 | 1 | | 椅子 | 1 | | | | | | | | | | | |
| | 饭 | 16 | | 夕阳 | 1 | | 骑行 | 1 | | | | | | | | | | | |
| | 视野 | 15 | | 居住 | 1 | | 网 | 1 | | | | | | | | | | | |
| | 经济 | 13 | | 民风 | 1 | | | | | | | | | | | | | | |

续表

| | 关键词 | 评论数 | | 关键词 | 评论数 | | 关键词 | 评论数 | | 关键词 | 评论数 | | 关键词 | 评论数 | | 关键词 | 评论数 | | 关键词 | 评论数 |
|---|---|---|---|---|---|---|---|---|---|---|---|---|---|---|---|---|---|---|---|---|
| 服务质量 | 人员 | 13 | 环境建筑 | 道路 | 1 | 接待设施 | 泳池 | 1 | 特色餐饮 | | | 经营效益 | | | 安全环保 | | | 主体特色 | | |
| | 设备 | 11 | | 房屋 | 1 | | 拖鞋 | 1 | | | | | | | | | | | | |
| | 口味 | 11 | | 小屋 | 1 | | 枕头 | 1 | | | | | | | | | | | | |
| | 总体 | 11 | | 水声 | 1 | | 地板 | 1 | | | | | | | | | | | | |
| | 房东 | 10 | | | | | | | | | | | | | | | | | | |
| | 工作 | 7 | | | | | | | | | | | | | | | | | | |
| | 店主 | 7 | | | | | | | | | | | | | | | | | | |
| | 热情 | 6 | | | | | | | | | | | | | | | | | | |
| | 态度 | 6 | | | | | | | | | | | | | | | | | | |
| | 哥哥 | 4 | | | | | | | | | | | | | | | | | | |
| | 性格 | 3 | | | | | | | | | | | | | | | | | | |
| | 店家 | 3 | | | | | | | | | | | | | | | | | | |
| | 技术 | 2 | | | | | | | | | | | | | | | | | | |
| | 家人 | 2 | | | | | | | | | | | | | | | | | | |
| | 管家 | 1 | | | | | | | | | | | | | | | | | | |
| | 美女 | 1 | | | | | | | | | | | | | | | | | | |
| | 姑娘 | 1 | | | | | | | | | | | | | | | | | | |
| | 店员 | 1 | | | | | | | | | | | | | | | | | | |
| | 掌柜 | 1 | | | | | | | | | | | | | | | | | | |
| | 客服 | 1 | | | | | | | | | | | | | | | | | | |
| | 人品 | 1 | | | | | | | | | | | | | | | | | | |
| | 帅哥 | 1 | | | | | | | | | | | | | | | | | | |

表2 莫干山价位300~900的民宿评论关键字

| 关键词 | 评论数 | 关键词 | 评论数 | 关键词 | 评论数 | 关键词 | 评论数 | 关键词 | 评论数 | 关键词 | 评论数 | 关键词 | 评论数 |
|---|---|---|---|---|---|---|---|---|---|---|---|---|---|
| 服务 | 18786 | 感觉 | 15432 | 房间 | 12016 | 味道 | 1806 | 性价 | 3138 | 空气 | 494 | 民俗 | 5 |
| 感觉 | 15432 | 环境 | 14488 | 设施 | 3214 | 菜 | 1294 | 价格 | 283 | 前台 | 93 | 图书 | 3 |
| 环境 | 14488 | 位置 | 4749 | 卫生 | 1232 | 早餐 | 977 | 入住 | 108 | 水 | 31 | 特色 | 2 |
| 房间 | 12016 | 风景 | 1041 | 干净 | 1134 | 饭菜 | 415 | 经济 | 57 | 水质 | 13 | 亲子 | 2 |
| 老板 | 6505 | 交通 | 711 | 风景 | 1041 | 早饭 | 168 | 心情 | 44 | 溪水 | 6 | 内容 | 2 |
| 位置 | 4749 | 风格 | 664 | 停车 | 968 | 口味 | 163 | 收费 | 36 | 绿植 | 3 | | |
| 设施 | 3214 | 景区 | 375 | 酒店 | 883 | 鸡汤 | 152 | 价位 | 27 | 生态 | 3 | | |
| 性价 | 3138 | 民宿 | 316 | 床 | 419 | 晚餐 | 124 | 价钱 | 17 | 街道 | 1 | | |
| 味道 | 1806 | 景色 | 300 | 隔音 | 294 | 手艺 | 102 | 生意 | 15 | 原材 | 1 | | |
| 菜 | 1294 | 装修 | 266 | 热水 | 265 | 饭 | 96 | 印象 | 14 | 泉水 | 1 | | |
| 卫生 | 1232 | 设计 | 240 | 用品 | 190 | 餐饮 | 59 | 房价 | 5 | | | | |
| 干净 | 1134 | 周边 | 158 | 设备 | 178 | 厨艺 | 56 | 系统 | 3 | | | | |
| 风景 | 1041 | 视野 | 148 | 院子 | 159 | 晚饭 | 54 | 图片 | 2 | | | | |
| 早餐 | 977 | 开车 | 123 | 客栈 | 123 | 小菜 | 30 | 消费 | 2 | | | | |
| 停车 | 968 | 天气 | 114 | 空间 | 105 | 食材 | 30 | 压力 | 1 | | | | |
| 酒店 | 883 | 地方 | 104 | 空调 | 93 | 烧菜 | 27 | 老外 | 1 | | | | |
| 阿姨 | 744 | 采光 | 70 | 冰池 | 76 | 口感 | 25 | 客人 | 1 | | | | |
| 交通 | 711 | 房子 | 63 | 睡着 | 54 | 鱼 | 23 | 个人 | 1 | | | | |
| 风格 | 664 | 整体 | 62 | 质量 | 53 | 营养 | 23 | 感情 | 1 | | | | |
| 体验 | 590 | 自驾 | 42 | 阳台 | 51 | 菜品 | 20 | 花费 | 1 | | | | |
| 空气 | 494 | 景观 | 38 | 通风 | 50 | 量 | 18 | 人气 | 1 | | | | |
| 一家 | 439 | 布置 | 37 | 床铺 | 47 | 伙食 | 17 | | | | | | |
| | | | | 总体 | 43 | | | | | | | | |

分类标签：服务质量、环境建筑、接待设施、特色餐饮、经营效益、安全环保、主体特色

续表

| 类别 | 关键词 | 评论数 | 类别 | 关键词 | 评论数 | 类别 | 关键词 | 评论数 | 类别 | 关键词 | 评论数 | 类别 | 关键词 | 评论数 | 类别 | 关键词 | 评论数 |
|---|---|---|---|---|---|---|---|---|---|---|---|---|---|---|---|---|---|
| 服务质量 | 床 | 419 | | 条件 | 37 | | 效果 | 41 | | 食物 | 17 | | | | | | |
| | 饭菜 | 415 | | 景点 | 36 | | 床单 | 39 | | 汤 | 12 | | | | | | |
| | 人 | 402 | | 地点 | 35 | | 声音 | 37 | | 水果 | 11 | | | | | | |
| | 景区 | 375 | | 地理 | 34 | | 硬件 | 37 | | 蔬菜 | 10 | | | | | | |
| | 民宿 | 316 | | 购物 | 28 | | 花园 | 34 | | 午餐 | 10 | | | | | | |
| | 景色 | 300 | | 周围 | 26 | | 餐厅 | 33 | | 茶 | 9 | | | | | | |
| | 人员 | 297 | | 别墅 | 26 | | 山庄 | 31 | | 竹笋 | 8 | | | | | | |
| | 隔音 | 294 | | 氛围 | 22 | | 品质 | 30 | | 面条 | 8 | | | | | | |
| | 价格 | 283 | | 家 | 22 | | 光线 | 25 | | 玉米 | 7 | | | | | | |
| | 装修 | 266 | | 布局 | 22 | | 床垫 | 24 | | 美味 | 7 | | | | | | |
| | 热水 | 265 | | 方便 | 22 | | 阳光 | 21 | | 面 | 7 | 安全 | | | 主体 | | |
| 环境 | 设计 | 240 | 接待设施 | 外观 | 21 | | 细节 | 18 | 经营效益 | 咸淡 | 6 | 环保 | | | 特色 | | |
| 建筑 | 用品 | 190 | | 夜景 | 20 | | 私密 | 18 | | 鸡蛋 | 6 | | | | | | |
| | 设备 | 178 | | 竹林 | 20 | | 大床 | 17 | | 饮食 | 6 | | | | | | |
| | 早饭 | 168 | 特色餐饮 | 生活 | 18 | | 客房 | 17 | | 种类 | 6 | | | | | | |
| | 口味 | 163 | | 路况 | 15 | | 品种 | 16 | | 西瓜 | 6 | | | | | | |
| | 院子 | 159 | | 地址 | 14 | | 被子 | 16 | | 三餐 | 6 | | | | | | |
| | 周边 | 158 | | 区域 | 11 | | 信号 | 15 | | 包子 | 5 | | | | | | |
| | 房东 | 155 | | 木屋 | 11 | | 住宿 | 14 | | 菜肴 | 5 | | | | | | |
| | 鸡汤 | 152 | | 气氛 | 8 | | 枕头 | 13 | | 烧烤 | 4 | | | | | | |
| | 视野 | 148 | | 山景 | 7 | | 网 | 13 | | 美食 | 4 | | | | | | |
| | 管家 | 143 | | 星星 | 7 | | 功能 | 12 | | 餐馆 | 3 | | | | | | |
| | 工作 | 121 | | | | | | | | | | | | | | |
| | 主人 | 111 | | | | | | | | | | | | | | |
| | 热情 | 87 | | | | | | | | | | | | | | |

续表

| 关键词 | 评论数 | 关键词 | 评论数 | 关键词 | 评论数 | 关键词 | 评论数 | 关键词 | 评论数 | 关键词 | 评论数 | 关键词 | 评论数 |
|---|---|---|---|---|---|---|---|---|---|---|---|---|---|
| 店主 | 79 | | | | | | | | | | | | |
| 店家 | 74 | | | | | | | | | | | | |
| 员工 | 32 | | | | | | | | | | | | |
| 态度 | 22 | | | | | | | | | | | | |
| 哥哥 | 20 | | | | | | | | | | | | |
| 帅哥 | 19 | | | | | | | | | | | | |
| 姑娘 | 18 | | | | | | | | | | | | |
| 家人 | 12 | | | | | | | | | | | | |
| 客服 | 12 | | | | | | | | | | | | |
| 美女 | 11 | | 环境建筑 | | 接待设施 | | 特色餐饮 | | 经营效益 | | 安全环保 | | 主体特色 | |
| 掌柜 | 9 | | | | | | | | | | | | |
| 店员 | 8 | | | | | | | | | | | | |
| 技术 | 4 | | | | | | | | | | | | |
| 性格 | 4 | | | | | | | | | | | | |
| 司机 | 3 | | | | | | | | | | | | |
| 商家 | 3 | | | | | | | | | | | | |
| 体力 | 2 | | | | | | | | | | | | |
| 口碑 | 2 | | | | | | | | | | | | |
| 现场 | 2 | | | | | | | | | | | | |
| 人品 | 1 | | | | | | | | | | | | |
| 其他 | 1 | | | | | | | | | | | | |
| 亲切 | 1 | | | | | | | | | | | | |
| 上菜 | 1 | | | | | | | | | | | | |

服务质量

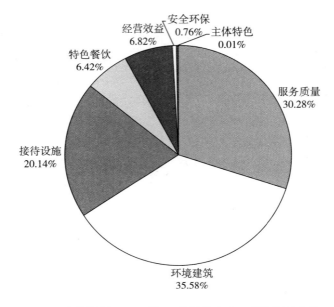

**图1　民宿价格低于 300 元/天的评论中各一级指标的占比**

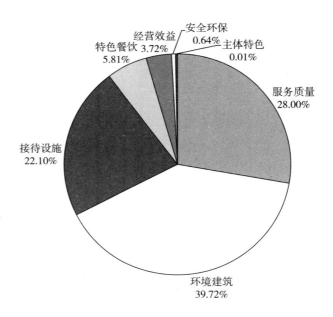

**图2　民宿价格 300～900 元/天的评论中各一级指标的占比**

表3 莫干山价位901~1500的民宿评论关键字

| 服务质量 | | 环境建筑 | | 接待设施 | | 特色餐饮 | | 经营效益 | | 安全环境 | | 主题特色 | |
|---|---|---|---|---|---|---|---|---|---|---|---|---|---|
| 关键词 | 评论数 | 关键词 | 评论数 | 关键词 | 评论数 | 关键词 | 评论数 | 关键词 | 评论数 | 关键词 | 评论数 | 关键词 | 评论数 |
| 服务 | 4668 | 感觉 | 4476 | 房间 | 3141 | 味道 | 416 | 性价 | 542 | 空气 | 125 | 亲子 | 2 |
| 感觉 | 4476 | 环境 | 4264 | 设施 | 869 | 早餐 | 245 | 价格 | 69 | 前台 | 22 | 游戏 | 1 |
| 环境 | 4264 | 位置 | 966 | 酒店 | 294 | 菜 | 219 | 入住 | 49 | 水 | 9 | 民俗 | 1 |
| 房间 | 3141 | 风景 | 349 | 卫生 | 253 | 晚餐 | 75 | 心情 | 13 | 水质 | 6 | 图书 | 1 |
| 位置 | 966 | 风格 | 273 | 停车 | 220 | 饭菜 | 54 | 价位 | 11 | 生态 | 3 | 特色 | 1 |
| 老板 | 900 | 交通 | 144 | 干净 | 196 | 口味 | 51 | 价钱 | 10 | 溪水 | 1 | | |
| 设施 | 869 | 设计 | 142 | 床 | 126 | 手艺 | 29 | 收费 | 6 | | | | |
| 性价 | 542 | 景色 | 126 | 隔音 | 88 | 早饭 | 29 | 房价 | 2 | | | | |
| 味道 | 416 | 装修 | 85 | 用品 | 68 | 饭 | 26 | 生意 | 2 | | | | |
| 风景 | 349 | 民宿 | 67 | 空间 | 61 | 鸡汤 | 24 | 印象 | 2 | | | | |
| 阿姨 | 310 | 视野 | 59 | 设备 | 57 | 餐饮 | 22 | 个人 | 1 | | | | |
| 酒店 | 294 | 周边 | 55 | 热水 | 48 | 口感 | 12 | 内心 | 1 | | | | |
| 风格 | 273 | 景区 | 54 | 泳池 | 38 | 厨艺 | 11 | 花费 | 1 | | | | |
| 卫生 | 253 | 开车 | 40 | 硬件 | 34 | 晚饭 | 10 | 经济 | 1 | | | | |
| 早餐 | 245 | 采光 | 29 | 院子 | 23 | 食材 | 9 | | | | | | |
| 停车 | 220 | 天气 | 27 | 效果 | 19 | 食物 | 8 | | | | | | |
| 菜 | 219 | 整体 | 18 | 空调 | 16 | 午餐 | 7 | | | | | | |
| 体验 | 214 | 地方 | 17 | 睡着 | 16 | 菜品 | 7 | | | | | | |
| 管家 | 198 | 景观 | 16 | 私密 | 15 | 饮食 | 6 | | | | | | |

续表

| 服务质量 关键词 | 评论数 | 环境建筑 关键词 | 评论数 | 接待设施 关键词 | 评论数 | 特色餐饮 关键词 | 评论数 | 经营效益 关键词 | 评论数 | 安全环境 关键词 | 评论数 | 主题特色 关键词 | 评论数 |
|---|---|---|---|---|---|---|---|---|---|---|---|---|---|
| 干净 | 196 | 氛围 | 14 | 质量 | 15 | 茶叶 | 6 | | | | | | |
| 交通 | 144 | 周围 | 11 | 品质 | 14 | 三餐 | 6 | | | | | | |
| 设计 | 142 | 萤火 | 9 | 总体 | 12 | 饮食 | 5 | | | | | | |
| 人员 | 142 | 别墅 | 9 | 床垫 | 11 | 小菜 | 4 | | | | | | |
| 人 | 140 | 房子 | 9 | 枕头 | 11 | 鱼 | 4 | | | | | | |
| 床 | 126 | 条件 | 8 | 餐厅 | 11 | 量 | 4 | | | | | | |
| 景色 | 126 | 布置 | 7 | 光线 | 10 | 面条 | 4 | | | | | | |
| 空气 | 125 | 布局 | 7 | 阳台 | 9 | 早晚 | 4 | | | | | | |
| 隔音 | 88 | 景致 | 7 | 信号 | 9 | 营养 | 4 | | | | | | |
| 装修 | 85 | 区域 | 6 | 地暖 | 8 | 玉米 | 3 | | | | | | |
| 晚餐 | 75 | 自驾 | 6 | 细节 | 8 | 茶 | 3 | | | | | | |
| 价格 | 69 | 购物 | 5 | 床铺 | 8 | 面 | 3 | | | | | | |
| 用品 | 68 | 夜景 | 5 | 通风 | 8 | 花生 | 3 | | | | | | |
| 民宿 | 67 | 地理 | 5 | 咖啡 | 8 | 啤酒 | 2 | | | | | | |
| 空间 | 61 | 风 | 5 | 阳光 | 7 | 菜肴 | 2 | | | | | | |
| 视野 | 59 | 竹林 | 5 | 客栈 | 7 | 汤 | 2 | | | | | | |
| 设备 | 57 | 照片 | 4 | 大床 | 7 | 美食 | 2 | | | | | | |
| 周边 | 55 | 外观 | 4 | 功能 | 7 | 烧菜 | 2 | | | | | | |
| 景区 | 54 | 景点 | 4 | 声音 | 6 | 蔬菜 | 1 | | | | | | |
| 饭菜 | 54 | 地点 | 4 | 品种 | 6 | 竹笋 | 1 | | | | | | |
| 口味 | 51 | 星星 | 4 | 房型 | 5 | 清香 | 1 | | | | | | |
| 工作 | 50 | 方便 | 3 | 床单 | 5 | 中餐 | 1 | | | | | | |
| 入住 | 49 | 山路 | 3 | 住宿 | 5 | 西餐 | 1 | | | | | | |

146

续表

| 服务质量 | | 环境建筑 | | 接待设施 | | 特色餐饮 | | 经营效益 | | 安全环境 | | 主题特色 | |
|---|---|---|---|---|---|---|---|---|---|---|---|---|---|
| 关键词 | 评论数 | 关键词 | 评论数 | 关键词 | 评论数 | 关键词 | 评论数 | 关键词 | 评论数 | 关键词 | 评论数 | 关键词 | 评论数 |
| 热水 | 48 | | | 酒店 | 3 | 灯光 | 5 | 种类 | 1 | | | | |
| 开车 | 40 | | | 地址 | 3 | 网 | 5 | 分量 | 1 | | | | |
| 员工 | 25 | | | | | | | | | | | | |
| 主人 | 23 | | | | | | | | | | | | |
| 一家 | 21 | | | | | | | | | | | | |
| 热情 | 21 | | | | | | | | | | | | |
| 哥哥 | 19 | | | | | | | | | | | | |
| 态度 | 18 | | | | | | | | | | | | |
| 店家 | 18 | | | | | | | | | | | | |
| 帅哥 | 12 | | | | | | | | | | | | |
| 房东 | 12 | | | | | | | | | | | | |
| 姑娘 | 9 | | | | | | | | | | | | |
| 店员 | 8 | | | | | | | | | | | | |
| 客服 | 8 | | | | | | | | | | | | |
| 掌柜 | 5 | | | | | | | | | | | | |
| 店主 | 4 | | | | | | | | | | | | |
| 美女 | 3 | | | | | | | | | | | | |
| 性格 | 2 | | | | | | | | | | | | |
| 人品 | 1 | | | | | | | | | | | | |
| 体力 | 1 | | | | | | | | | | | | |
| 人民 | 1 | | | | | | | | | | | | |

**表4 莫干山价位1501～3000的民宿评论关键字**

| 关键词 | 评论数 | 关键词 | 评论数 | 关键词 | 评论数 | 关键词 | 评论数 | 关键词 | 评论数 | 关键词 | 评论数 | 关键词 | 评论数 |
|---|---|---|---|---|---|---|---|---|---|---|---|---|---|
| 服务 | 769 | 环境 | 712 | 房间 | 418 | 味道 | 76 | 性价 | 126 | 空气 | 25 | 内容 | 1 |
| 环境 | 712 | 感觉 | 653 | 设施 | 154 | 早餐 | 50 | 价格 | 10 | 前台 | 4 | | |
| 感觉 | 653 | 位置 | 127 | 酒店 | 41 | 菜 | 39 | 入住 | 5 | 水 | 1 | | |
| 房间 | 418 | 风景 | 105 | 卫生 | 31 | 晚餐 | 21 | 收费 | 3 | | | | |
| 设施 | 154 | 交通 | 30 | 停车 | 26 | 鸡汤 | 15 | 印象 | 2 | | | | |
| 位置 | 127 | 景色 | 21 | 干净 | 20 | 口味 | 7 | 价位 | 2 | | | | |
| 性价 | 126 | 风格 | 17 | 床 | 16 | 晚饭 | 7 | 心情 | 1 | | | | |
| 老板 | 110 | 视野 | 15 | 泳池 | 11 | 饭菜 | 7 | 名气 | 1 | | | | |
| 风景 | 105 | 设计 | 11 | 隔音 | 9 | 饭 | 6 | | | | | | |
| 味道 | 76 | 装修 | 10 | 空间 | 8 | 手艺 | 3 | | | | | | |
| 早餐 | 50 | 别墅 | 9 | 热水 | 6 | 厨艺 | 3 | | | | | | |
| 体验 | 43 | 周边 | 7 | 院子 | 6 | 鸡蛋 | 2 | | | | | | |
| 酒店 | 41 | 民宿 | 7 | 私密 | 5 | 早晚 | 2 | | | | | | |
| 菜 | 39 | 开车 | 6 | 品质 | 4 | 伙食 | 2 | | | | | | |
| 卫生 | 31 | 景观 | 6 | 空调 | 4 | 中餐 | 2 | | | | | | |
| 交通 | 30 | 天气 | 5 | 温泉 | 3 | 面 | 2 | | | | | | |
| 停车 | 26 | 整体 | 5 | 硬件 | 3 | 餐饮 | 2 | | | | | | |
| 空气 | 25 | 房子 | 5 | 客栈 | 3 | 口感 | 1 | | | | | | |
| 人 | 23 | 采光 | 3 | 设备 | 3 | 啤酒 | 1 | | | | | | |

分类标签：服务质量、环境建筑、接待设施、特色餐饮、经营效益、安全环保、主体特色

续表

| 关键词 | 评论数 | 关键词 | 评论数 | 关键词 | 评论数 | 关键词 | 评论数 | 关键词 | 评论数 | 关键词 | 评论数 | 关键词 | 评论数 |
|---|---|---|---|---|---|---|---|---|---|---|---|---|---|
| 人员 | 23 | 地方 | 2 | 用品 | 2 | 菜品 | 1 | | | | | | |
| 晚餐 | 21 | 家 | 2 | 网 | 2 | 汤 | 1 | | | | | | |
| 景色 | 21 | 条件 | 2 | 信号 | 2 | 早饭 | 1 | | | | | | |
| 干净 | 20 | 景区 | 2 | 睡着 | 2 | 小菜 | 1 | | | | | | |
| 阿姨 | 20 | 布置 | 2 | 客厅 | 2 | 咸淡 | 1 | | | | | | |
| 管家 | 18 | 距离 | 1 | 效果 | 2 | 牛肉 | 1 | | | | | | |
| 风格 | 17 | 样子 | 1 | 床铺 | 2 | 菜肴 | 1 | | | | | | |
| 床 | 16 | 氛围 | 1 | 客房 | 2 | 西餐 | 1 | | | | | | |
| 鸡汤 | 15 | 生活 | 1 | 花木 | 2 | 种类 | 1 | | | | | | |
| 视野 | 15 | 水库 | 1 | 鸟巢 | 1 | 饮食 | 1 | 经营效益 | | | | | |
| 房东 | 14 | 购物 | 1 | 房型 | 1 | 正餐 | 1 | | | | | | |
| 主人 | 12 | 方便 | 1 | 阳光 | 1 | 蔬菜 | 1 | | | | | | |
| 泳池 | 11 | 路况 | 1 | 被子 | 1 | 营养 | 1 | | | | | | |
| 设计 | 11 | 村子 | 1 | 水量 | 1 | | | | | | | | |
| 价格 | 10 | 山路 | 1 | 质量 | 1 | | | | | | | | |
| 装修 | 10 | 大自 | 1 | 乐园 | 1 | | | | | 安全 | | | |
| 隔音 | 9 | 区域 | 1 | 地板 | 1 | | | | | 环保 | | | |
| 别墅 | 9 | 小屋 | 1 | 通风 | 1 | | | | | | | 主体 | |
| 空间 | 8 | 车 | 1 | 滑梯 | 1 | | | | | | | 特色 | |
| 口味 | 7 | 自驾 | 1 | 阳台 | 1 | | | | | | | | |

服务质量　环境建筑　接待设施　特色餐饮

续表

| 服务质量 关键词 | 评论数 | 环境建筑 关键词 | 评论数 | 接待设施 关键词 | 评论数 | 特色餐饮 关键词 | 评论数 | 经营效益 关键词 | 评论数 | 安全环保 关键词 | 评论数 | 主体特色 关键词 | 评论数 |
|---|---|---|---|---|---|---|---|---|---|---|---|---|---|
| 周边 | 7 | 照片 | 1 | 骑行 | 1 | | | | | | | | |
| 民宿 | 7 | 茶园 | 1 | 水平 | 1 | | | | | | | | |
| 晚饭 | 7 | 竹林 | 1 | 蹦床 | 1 | | | | | | | | |
| 饭菜 | 7 | 房屋 | 1 | | | | | | | | | | |
| 饭 | 6 | | | | | | | | | | | | |
| 工作 | 6 | | | | | | | | | | | | |
| 热情 | 5 | | | | | | | | | | | | |
| 一家 | 5 | | | | | | | | | | | | |
| 姑娘 | 2 | | | | | | | | | | | | |
| 哥哥 | 2 | | | | | | | | | | | | |
| 商家 | 2 | | | | | | | | | | | | |
| 店家 | 1 | | | | | | | | | | | | |
| 态度 | 1 | | | | | | | | | | | | |
| 店主 | 1 | | | | | | | | | | | | |
| 上菜 | 1 | | | | | | | | | | | | |
| 员工 | 1 | | | | | | | | | | | | |
| 帅哥 | 1 | | | | | | | | | | | | |
| 技术 | 1 | | | | | | | | | | | | |
| 店员 | 1 | | | | | | | | | | | | |

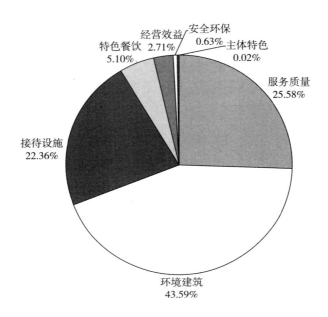

**图3　民宿价格 901～1500 元/天的评论中各一级指标的占比**

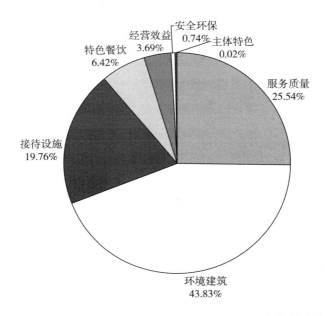

**图4　民宿价格 1501～3000 元/天的评论中各一级指标的占比**

表5 莫干山价位高于3000的民宿评论关键字

| 关键词 | 评论数 | 关键词 | 评论数 | 关键词 | 评论数 | 关键词 | 评论数 | 关键词 | 评论数 | 关键词 | 评论数 | 关键词 | 评论数 |
|---|---|---|---|---|---|---|---|---|---|---|---|---|---|
| 感觉 | 312 | 感觉 | 312 | 房间 | 196 | 味道 | 21 | 性价 | 64 | 空气 | 7 | 篝火 | 1 |
| 环境 | 307 | 环境 | 307 | 设施 | 75 | 菜 | 17 | 价格 | 9 | 水质 | 2 | | |
| 服务 | 271 | 位置 | 54 | 酒店 | 15 | 早餐 | 9 | 价位 | 4 | 生态 | 1 | | |
| 房间 | 196 | 风格 | 20 | 卫生 | 13 | 口味 | 4 | 心情 | 4 | 溪水 | 1 | | |
| 老板 | 99 | 风景 | 15 | 干净 | 11 | 饭菜 | 4 | 入住 | 2 | | | | |
| 设施 | 75 | 交通 | 8 | 停车 | 10 | 鸡汤 | 3 | 收费 | 1 | | | | |
| 性价 | 64 | 景区 | 8 | 床 | 9 | 量 | 3 | | | | | | |
| 位置 | 54 | 民宿 | 7 | 冰池 | 6 | 晚餐 | 2 | | | | | | |
| 味道 | 21 | 房子 | 6 | 院子 | 4 | 晚饭 | 2 | | | | | | |
| 风格 | 20 | 装修 | 6 | 设备 | 4 | 早晚 | 1 | | | | | | |
| 菜 | 17 | 周边 | 6 | 空间 | 3 | 口感 | 1 | | | | | | |
| 酒店 | 15 | 设计 | 5 | 效果 | 3 | 菜品 | 1 | | | | | | |
| 风景 | 15 | 地方 | 5 | 隔音 | 2 | 汤 | 1 | | | | | | |
| 卫生 | 13 | 视野 | 3 | 产品 | 2 | 西餐 | 1 | | | | | | |
| 体验 | 11 | 景色 | 3 | 空调 | 2 | 数量 | 1 | | | | | | |
| 干净 | 11 | 天气 | 2 | 枕头 | 2 | 玉米 | 1 | | | | | | |
| 阿姨 | 10 | 地点 | 2 | 热水 | 2 | 饭 | 1 | | | | | | |
| 停车 | 10 | 季节 | 2 | 花园 | 2 | 小菜 | 1 | | | | | | |
| 早餐 | 9 | 别墅 | 2 | 用品 | 1 | | | | | | | | |

类别：服务质量、环境建筑（接待设施）、特色餐饮（餐饮）、经营效益、安全环保、主体特色

续表

| 关键词 | 评论数 | 关键词 | 评论数 | 关键词 | 评论数 | 关键词（经营效益） | 评论数 | 关键词（安全环保） | 评论数 | 关键词（主体特色） | 评论数 |
|---|---|---|---|---|---|---|---|---|---|---|---|
| 床 | 9 |  |  |  |  |  |  |  |  |  |  |
| 价格 | 9 |  |  |  |  |  |  |  |  |  |  |
| 交通 | 8 |  |  |  |  |  |  |  |  |  |  |
| 景区 | 8 |  |  |  |  |  |  |  |  |  |  |
| 空气 | 7 |  |  |  |  |  |  |  |  |  |  |
| 人 | 7 |  |  |  |  |  |  |  |  |  |  |
| 民宿 | 7 |  |  |  |  |  |  |  |  |  |  |
| 人员 | 7 | 景观 | 1 | 被子 | 1 |  |  |  |  |  |  |
| 房子 | 6 | 气氛 | 1 | 品质 | 1 |  |  |  |  |  |  |
| 装修 | 6 | 开车 | 1 | 浴缸 | 1 |  |  |  |  |  |  |
| 泳池 | 6 | 景点 | 1 | 网 | 1 |  |  |  |  |  |  |
| 周边 | 6 | 世界 | 1 | 餐厅 | 1 |  |  |  |  |  |  |
| 设计 | 5 | 家 | 1 | 功能 | 1 |  |  |  |  |  |  |
| 地方 | 5 | 自驾 | 1 | 住房 | 1 |  |  |  |  |  |  |
| 房东 | 5 |  |  |  |  |  |  |  |  |  |  |
| 院子 | 4 |  |  |  |  |  |  |  |  |  |  |

分组标签：服务质量、环境建筑（建筑）、接待设施、特色餐饮、经营效益（效益）、安全环保（环保）、主体特色（特色）

续表

| 关键词 | 评论数 | 关键词 | 评论数 | 关键词 | 评论数 | 关键词 | 评论数 | 关键词 | 评论数 | 关键词 | 评论数 | 关键词 | 评论数 |
|---|---|---|---|---|---|---|---|---|---|---|---|---|---|
| 口味 | 4 | | | | | | | | | | | | |
| 设备 | 4 | | | | | | | | | | | | |
| 管家 | 4 | | | | | | | | | | | | |
| 价位 | 4 | | | | | | | | | | | | |
| 饭菜 | 4 | | | | | | | | | | | | |
| 心情 | 4 | | | | | | | | | | | | |
| 空间 | 3 | | | | | | | | | | | | |
| 鸡汤 | 3 | | | | | | | | | | | | |
| 店家 | 3 | | | | | | | | | | | | |
| 主人 | 3 | | | | | | | | | | | | |
| 店主 | 2 | | | | | | | | | | | | |
| 店员 | 2 | | | | | | | | | | | | |
| 工作 | 2 | | | | | | | | | | | | |
| 热情 | 2 | | | | | | | | | | | | |
| 一家 | 2 | | | | | | | | | | | | |
| 员工 | 1 | | | | | | | | | | | | |
| 帅哥 | 1 | | | | | | | | | | | | |

分类标题：服务质量　环境建筑　接待设施　特色餐饮　经营效益　安全环保　主体特色

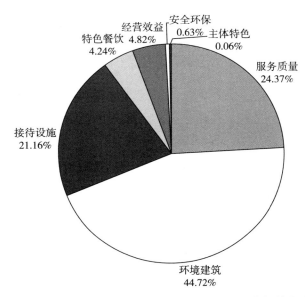

经营效益 4.82%

安全环保 0.63%

特色餐饮 4.24%

主体特色 0.06%

服务质量 24.37%

接待设施 21.16%

环境建筑 44.72%

图5　民宿价格大于3000元/天的评论中各一级指标的占比

表6　不同价位民宿一级指标评论数统计

| 一级指标 | 300元以下 | 300~900元 | 901~1500元 | 1501~3000元 | 3000元以上 | 合计 | 各指标占比（%） |
|---|---|---|---|---|---|---|---|
| 服务质量 | 2869 | 28318 | 6693 | 1039 | 425 | 39344 | 27.59 |
| 环境建筑 | 3372 | 40169 | 11405 | 1783 | 780 | 57509 | 40.33 |
| 接待设施 | 1908 | 22354 | 5849 | 804 | 369 | 31284 | 21.94 |
| 特色餐饮 | 608 | 5872 | 1335 | 261 | 74 | 8150 | 5.72 |
| 经营效益 | 646 | 3758 | 710 | 150 | 84 | 5348 | 3.75 |
| 安全环保 | 72 | 646 | 166 | 30 | 11 | 925 | 0.65 |
| 主体特色 | 1 | 14 | 6 | 1 | 1 | 23 | 0.02 |
| 合计 | 9476 | 101131 | 26164 | 4068 | 1744 | 142583 | 100.00 |
| 各价格区间占评论(%) | 6.65 | 70.93 | 18.35 | 2.85 | 1.22 | 100.00 | |

表7　不同价位民宿一级指标评论数占比

单位：%

| 一级指标 | 300元以下 | 300~900元 | 901~1500元 | 1501~3000元 | 3000元以上 |
|---|---|---|---|---|---|
| 服务质量 | 30.28 | 28.00 | 25.58 | 25.54 | 24.37 |
| 环境建筑 | 35.58 | 39.72 | 43.59 | 43.83 | 44.72 |
| 接待设施 | 20.14 | 22.10 | 22.36 | 19.76 | 21.16 |

| 一级指标 | 300 元以下 | 300 ~ 900 元 | 901 ~ 1500 元 | 1501 ~ 3000 元 | 3000 元以上 |
|---|---|---|---|---|---|
| 特色餐饮 | 6.42 | 5.81 | 5.10 | 6.42 | 4.24 |
| 经营效益 | 6.82 | 3.72 | 2.71 | 3.69 | 4.82 |
| 安全环保 | 0.76 | 0.64 | 0.63 | 0.74 | 0.63 |
| 主体特色 | 0.01 | 0.01 | 0.02 | 0.02 | 0.06 |

### （二）消费者选择低价民宿的地理位置与交通条件，而重视高价民宿的服务与房间风格与设施

在 1500 元/天以下的三个区间中，共有 136771 条评价，有关"交通"的关键词被提到 7379 次，其中机场提及 14 次，位置提及 6170 次，地铁（或其他）提及 11 次，公交提及 106 次，直接提及"交通"有 920 次。可见人们对于民宿所在地的交通条件尤其是公共交通条件非常看重。这些民宿大致可分为两类：第一类是高铁及其他城际交通枢纽附近以及可方便自驾旅游的民宿，游客多是住宿花销计划较低的单独游客或 3 ~ 4 人小型游客团体。因此民宿可进入性的高低直接影响了其客源数量。第二类则是分布于其他地区的民宿，其主要客源除了外地游客外还有度假的本地游客，游客选择这一类民宿对公共交通条件的重视度稍低，但对其他交通便利的要求反而更高。

随着民宿价格的上升，在 1500 元/天以上区间的民宿评价中，共有 5812 条评价，其中对民宿"设施"的关键词提到 353 次，其中涉及装修、烧烤、台球、电影、热水、卡拉 OK 等关键词，平均一条评价有 1 ~ 3 个关键词传达相关信息。直接提及"设施"有 229 次，占全部评价的 3.94%。1500 元/天以上民宿的消费者显然更为注重民宿本身的设施与环境，对其外部因素的需求降低。据分析，这种现象的出现是由于高价民宿的消费者使用私人交通工具，对交通条件的依赖低于低价民宿消费者，同时二者相比起来，高价民宿的消费者更注重个人的感受与自我尊重的实现。

### （三）"服务"是民宿消费者最为关注的焦点

在许多具有参考价值、详尽的评价中，都提到民宿主人的服务与态度。

在 142583 条关键词中，有关于服务质量关键词"服务"直接提及的次数就有 26328 次，占了服务质量关键词中的 66.92%，无论在 300 元/天以下价格区间的民宿中，还是 300～1500 元/天价格区间的民宿中，甚至在 3000 元/天以上价格区间的民宿中，相关"服务"关键词，如"服务"和"态度"是所有关键词中被直接提及次数最多的。

根据数据，选择价格区间低的民宿的游客反而更看重民宿主人的服务和态度。根据前面的分析，高价民宿的设施种类与舒适度比低价民宿更好，因此，除了价格优势外，低价民宿还需要以服务质量来吸引游客。游客选择民宿一般基于价格便宜和情感体验的理由，因此，民宿主人贴心的服务、让游客产生宾至如归的感受是低价民宿克服客观劣势的法宝。

### （四）"环境""景色"是民宿消费者的重要关注点

在 142583 条关键词中，有关环境建筑的关键词被提及的有 57509 条，占了全部关键词评价的 40.33%，排在了第一位。进一步细化可以发现，在环境建筑关键词中，关于周边环境的评价有 31502 条，其中直接提到关键词"环境"20871 次、"景色"486 次；在装修设计方面，游客对入住房间的要求比较重视，有关房间的关键词被提及 2347 次。上述分析表明，民宿消费者最为关注的还是环境，因为，绿水青山、田园风光等与城市喧闹形成的对比，当地的自然风貌、独特的在地文化都是民宿体验的追求，是民宿消费者体验民宿的最大关切。

值得指出的是，在众多评价中，"外部交通""地理位置"中"位置""交通方便"被提及的次数也比较多。看得出，交通是否便利和民宿所在位置也是游客比较关心的内容。

一个有意思的现象是，"娱乐设施"、"餐饮种类"和"特色活动"等关键词被提及的次数相对少一些。课题组分析，可能是两个原因，一是消费者以休闲、静心为主，娱乐活动在繁华城市司空见惯，餐饮要求在城市生活中已经得到了很好的满足，到远离城市的民宿就是要放松身心、安宁休闲，因此，民宿是否提供娱乐设施，以及是否有山珍海味就不是必备之选。二是

民宿经营处在百花齐放阶段，有些娱乐设施还没有与当地的人文环境结合起来，民宿主本身对这些方面的重视程度不高。

# 四 启示

## （一）规划并利用好资源，设计主题突出特色鲜明的民宿

莫干山民宿所处地区风景秀丽，民宿设计独特、各有风格，丰富的人文景色与自然风光吸引游客前去体验。从我们观察到的现象看，莫干山民宿的价格在全国是高的，即便如此，较有特色的民宿的入住率还是保持在一定的水准上。莫干山民宿发展的一些特点引发我们的思考。其一，我国大部分民宿是当地居民用自家房屋改建的，并没有充足资金和设计能力来规划和营建；其二，高价民宿在其他地区的市场吸引力较弱，尤其是刚刚升级改造的农家乐以较低的价格参与市场，高价格维持的基础受到极大冲击。

如果规划、设计具有特色的民宿，则民宿主人在运用闲置资源方面将大有用武之地。比如将民宿设计为禅修安静、宛如世外桃源的风格，这会给游客留下深刻印象。

不过，仅从住宿的角度讲，主题性或许有些偏离民宿原有的价值，并且会在一定程度上限制客源市场，但同样可以加强对特定人群的吸引力。例如亲子民宿，可以特别设计一个童话风格的儿童房，或是带有童趣的活动空间，这些都是主题性的体现。

## （二）旅游民宿多依托于交通和景区，加强基础设施建设是题中应有之义

莫干山景区具有民宿发展的先天优势，它背靠上海国际化大都市，地处长三角都市圈，从上海、南京等城市出发，只要两个多小时的车程，从杭州出发更是占有地理优势。依托于交通和风景区是旅游民宿发展的一个比较显著的特点。基础设施建设是我国其他地区旅游民宿发展的必要条件，主要原因在于：一是旅游民宿是短途旅游的主要选择，而且通常为自驾出行，这就

决定了行车条件要适宜，车程不应超过 3 小时；二是民宿通常应该靠近风景区，或者本身就在风景区内，以方便消费者旅游的需求。

### （三）旅游民宿不仅要提供住宿服务，其他功能也要不断完善

相对于酒店、旅馆等住宿方式，民宿被誉为"有温度的住宿，有灵魂的生活"，其最大的特点在于使顾客宾至如归，能够融入并体验当地人的生活。莫干山的民宿在各个价格区间普遍重视住宿设施条件，但对沟通、体验等知觉方面的安排涉及不多。在评价中多有提及"空调""厨房"等设施，而很少说到在民宿居住过程中体验到当地传统文化的活动，或是了解特色文化的体验项目。但是，旅游民宿不仅是达成某种住宿功能，诸如休闲、放松、体验田园生活方式等也是民宿应有的安排。

## 五　结语

在过去的十几年里，莫干山民宿经历了几轮起起伏伏的曲折发展。一方面莫干山的民宿是我国旅游民宿发展的一个缩影，诠释着全域旅游的理念与可能途径，展现在地文化与城市文明的交融，带动了一方经济的发展，也同步提升了山村居民的现代意识，奠定了较好的旅游经济基础与社区文明环境。另一方面，超常的发展也为莫干山民宿产业带来了诸多问题与挑战，近千家民宿落户期间，激烈的竞争使莫干山民宿的经营业主压力重重，游客对民宿的体验也颇有抱怨，如此等等。莫干山民宿为我国旅游民宿业发展提供了一个前期范例，其诸多方面值得借鉴和思考，而网络评论也是关注点之一。

**参考文献**

鲍敏、李明依：《宿迁三台山森林公园旅游形象感知研究——基于网络文本分析法》，《江苏商论》2018 年第 2 期。

陈宁：《基于网络文本分析的民宿体验研究——以龙胜大寨为例》，《广西职业技术学院学报》2018年第1期。

陈哲华、沈世伟：《基于网络文本分析下的嵊泗列岛旅游形象感知研究》，《特区经济》2018年第2期。

过聚荣：《旅游民宿经营实务》，社会科学文献出版社，2018。

侯思言、马强：《传统村落民宿感知体验与游客动机研究》，《住宅产业》2017年第1期。

胡喜强：《基于网络评论的长沙城市旅游目的地游客满意度评价》，湘潭大学，2017。

黄沛、陈雪琼：《基于内容分析法的旅游地客栈民宿服务质量评价研究》，《西安建筑科技大学学报》（社会科学版）2017年第2期。

李沛沛、单文君：《基于内容分析法的杭州西湖景区周边民宿质量现状及提升策略研究》，《现代商业》2017年第18期。

李燕琴、于文浩、柏雨帆：《基于Airbnb网站评价信息的京台民宿对比研究》，《管理学报》2017年第1期。

马丽君、郭留留：《基于网络文本内容分析的张家界游客旅游信息需求特征研究》，《消费经济》2017年第4期。

皮常玲、郑向敏：《基于在线评论的民宿顾客抱怨研究——以厦门鼓浪屿民宿为例》，《旅游论坛》2017年第3期。

邱枫、干青亚、张望望：《基于游客感知的四明山民宿意象研究》，《华中师范大学学报》（自然科学版）2017年第4期。

孙华贞、许亦善、肖丽芳：《基于顾客需求的武夷山民宿满意度研究》，《安阳师范学院学报》2016年第5期。

王超：《基于网络文本的评论挖掘分析》，华中科技大学，2012。

王厚红：《基于网络文本分析黄山风景区旅游目的地形象感知研究》，《辽宁科技学院学报》2018年第3期。

王金凤、吴潇：《基于网络文本分析的溶洞旅游体验研究——以梅山龙宫景区为例》，《广西职业技术学院学报》2018年第3期。

王雨婷、白希、黎水、苏田：《基于网络评价的京郊民宿发展现状初步研究》，《当代旅游》2018年第6期。

# B.10
# 旅游民宿评价指标体系实证研究

蓝皮书课题组*

摘　要： 民宿发展与乡村旅游互相促进，相得益彰。民宿经营能够在特色餐饮、文化体验、自然风光、休闲娱乐、安全舒适等方面满足游客的需要，综合发展效应非常明显。评价指标体系的选择以刚刚颁布的《旅游民宿基本要求与评价》精神为原则，结合课题组研究成果，设计了7个一级指标以及相应的二级指标，以专业性、规范性、科学性为首要前提，构建较系统全面的评价指标体系。通过莫干山地区的评选活动，验证假设，精选指标，完善体系，从中推出符合行业发展的标杆民宿，以期引领我国旅游民宿的健康发展。

关键词： 旅游民宿　指标体系　莫干山评选

## 一　民宿评价的背景及意义

我国旅游民宿发展呈蓬勃之势，各地政府在乡村振兴战略和美丽中国建设的引领下，汇集企业、集体、农户等力量，积极推进乡村旅游与乡村民宿

---

* 蓝皮书课题组：过聚荣、王晨、孟德才、陈金侃、沈耀腾、马会会、凌叶、李月等；执笔：过聚荣，博士，上海医药大学执行校长，教授，主要研究方向：旅游管理、管理学。

的发展，民宿从而成为乡村振兴的一支活跃力量受到各方的青睐。课题组研究指出，民宿发展与乡村旅游互相促进，相得益彰。民宿经营能够在特色餐饮、文化体验、自然风光、休闲娱乐、安全舒适等方面满足游客的需要，综合发展效应非常明显。

然而，目前，我国民宿发展不平衡、不系统、不专业、不规范等现象比较普遍，阻碍了这一新兴力量的成长。个别地方民宿出现了野蛮生长乱象：有的地区"千宿一面"，缺少在地的元素；有的民宿偏离绿色底线，缺乏规划与设计；个别民宿主经营价格秩序混乱，服务质量低下。

可喜的是，2019年7月3日《旅游民宿基本要求与评价》行业标准经由文化和旅游部批准，公布实施。这一行业标准的实施，将进一步规范、指导旅游民宿健康发展。

对民宿进行评价就是基于这样的大背景应时而生。评价指标体系的选择以刚刚颁布的《旅游民宿基本要求与评价》精神为原则，结合课题组研究成果，设计了7个一级指标以及相应的二级指标，以专业性、规范性、科学性为首要前提，构建系统全面的评价指标体系。

此次评选以莫干山地区为第一站，主要考虑莫干山是我国旅游民宿发展最早的地区之一，其民宿发展几经起落，发展轨迹在一定程度上折射出中国旅游民宿的基本特征。课题组希望通过莫干山地区的评选活动，验证假设，精选指标，完善体系，从中推出符合行业发展的标杆民宿，引领我国旅游民宿的健康发展。

## 二 民宿评价指标体系设计

### （一）评价指标体系遵循的基本原则

一是区域性原则。此次评价以莫干山地区民宿为研究对象，为了较好地衡量研究对象的运行情况，从莫干山这个特定区域出发，因地制宜，发挥优势。因此，评价指标具有一定的针对性。

二是动态性原则。由于民宿处在一个动态发展过程之中，指标的选取不仅要能够静态反映评价对象的发展现状，还要动态地考察它的发展潜力。因此，选取的指标要能够具有动态性，可以衡量同一指标在不同时段的变动情况，并且要求所选取的指标在相对长的一段时间内具有实际意义。

三是可量化原则。数据的真实性和可靠性是进行评价的前提和重要保障，此次评价需要大量的统计数据作为支持，因此，选取的指标具有可量化的特点。在保证评价指标能较好地反映评价对象的前提下，直接获取或者通过计算间接得到指标数据，以保证评价的可操作性，同时资料来源于课题组自建数据库，这样能够保证正确评估对象。

四是层次性原则。一级指标同时分别设立多个具体的子指标。在众多指标中，把能够相互密切联系的指标归为一类以构成指标群，形成不同的指标层，有利于全面而清晰地反映评价对象。

## （二）德尔菲法的步骤

第1步，针对民宿评价的议题，筛选了参加研讨的专家。

第2步，请每一位专家匿名并且在单独的情况下进行答题。

第3步，将结果规整，并将整理的结果告诉大家，要求各位专家根据反馈的结果再次作答。

第4步，重复步骤2和步骤3，直到有具体的共识达成为止。

在德尔菲专家问卷设计过程中，我们运用李克特尺度量表，来评估其重要性。

## （三）民宿评价指标体系

表1 民宿评价指标体系

| 一级指标 | 二级指标 | 项目等级 | 三级指标 |
|---|---|---|---|
| 环境建筑 | 装修设计 | 基础项 | 建筑结构合理 |
| | | | 设计有地方特色，与地方环境相协调 |
| | | 加分项 | 欧式风格 |
| | | | 日式风格 |
| | | | 英式风格 |
| | | | 民国风格 |
| | | | 原木风格 |
| | | | 复古风格 |
| | | | Loft 风格 |
| | | | 其他风格 |
| | 地理位置 | 基础项 | 民宿标识清晰美观 |
| | | | 根据导航能到达 |
| | | 加分项 | 距离景区近（30 分钟内） |
| | 外部交通 | 基础项 | 路况顺畅，道路宽阔平坦，车少 |
| | | 加分项 | 有车站 |
| | | | 有换乘点 |
| | 周边环境 | 基础项 | 住房周边环境整洁，无污染 |
| | | 加分项 | 有特色景观（茶园、水库等） |
| | | | 有娱乐活动体验点（攀岩、骑行等） |
| 接待设施 | 基础设施 | 基础项 | 单人间 |
| | | | 标准间 |
| | | | 大床房 |
| | | | 亲子间 |
| | | | 空调 |
| | | | WiFi |
| | | | 洗漱用品 |
| | | | 吹风机 |
| | | | 拖鞋 |
| | | | 浴衣 |
| | | | 毛巾、浴巾 |
| | | | 马桶 |
| | | | 淋浴/浴缸 |
| | | | 梳妆镜 |
| | | | 食物 |

续表

| 一级指标 | 二级指标 | 项目等级 | 三级指标 |
|---|---|---|---|
| 接待设施 | | 加分项 | 房间数量规模（30＋） |
| | | | 地暖 |
| | | | 其他基本设施 |
| | 娱乐设施 | 基础项 | 桌球室 |
| | | | 棋牌室 |
| | | | 跷跷板 |
| | | | 蹦床 |
| | | | KTV |
| | | | 家庭影院 |
| | | | 室内足球 |
| | | | 泳池 |
| | | | 沙坑 |
| | | | 秋千 |
| | | 加分项 | 咖啡厅 |
| | | | 酒吧 |
| | | | 健身房 |
| | | | 电玩 |
| | | | 高尔夫 |
| | | | 温泉 |
| | | | 其他娱乐设施 |
| | 公共区域 | 基础项 | 茶室 |
| | | | 会议室 |
| | | | 公共音响系统 |
| | | | 非经营性休息区 |
| | | | 餐厅 |
| | | | 书房 |
| | | | 停车场 |
| | | | 亲子区 |
| | | 加分项 | 花园 |
| | | | 菜园 |
| | | | 停车场有充电桩及加水设施 |
| | | | 停车场车位数量与接待能力相适应 |
| | | | 其他公共区域 |
| | 设施品质 | 基础项 | 卫生干净整洁 |
| | | | 隔音效果好 |
| | | | 通风、防潮、无异味 |
| | | | 家具及用品材质和使用性能良好 |
| | | 加分项 | 品牌设备 |
| | | | 智能家居 |

续表

| 一级指标 | 二级指标 | 项目等级 | 三级指标 |
|---|---|---|---|
| 安全环保 | 医疗服务 | 加分项 | 15 分钟车程内有医疗点 |
| | | | 提供简单医疗服务 |
| | 安全措施 | 基础项 | 有公用区监控系统 |
| | | | 有前台保险柜 |
| | | | 无安全隐患,建筑装修符合消防安全要求 |
| | | | 设有紧急出口,配备消防应急灯、灭火器等 |
| | 环保意识 | 基础项 | 水质好 |
| | | | 空气清新 |
| | | 加分项 | 有旧物改造、废物利用 |
| | | | 禁烟 |
| | | | 有无烟楼层 |
| 特色餐饮 | 口味评价 | 基础项 | 食材新鲜 |
| | | | 味道好 |
| | 餐饮种类 | 基础项 | 烧烤/BBQ |
| | | | 西餐 |
| | | | 中餐 |
| | | 加分项 | 有保留特色菜 |
| | | | 有节气美食 |
| | | | 其他餐饮种类 |
| 服务质量 | 服务态度 | 基础项 | 民宿主人参与接待,热情周到 |
| | | | 是否第一时间沟通 |
| | | 加分项 | 送特产 |
| | 服务范围 | 基础项 | 代客泊车 |
| | | | 叫车服务 |
| | | | 旅游票务 |
| | | | 叫醒服务 |
| | | | 邮政服务 |
| | | | 外送洗衣 |
| | | | 24 小时前台 |
| | | | 提供现场刷卡,开具发票服务 |
| | | | 行李寄存 |
| | | | 租车服务 |
| | | | 一次性结算服务 |
| | | | 接站服务 |
| | | | 接机服务 |
| | | | 班车服务 |
| | | | 送餐服务 |
| | | 加分项 | 提供出行用品(雨伞、手电筒、地图) |
| | | | 可带宠物 |
| | | | 儿童看护 |
| | | | 私人管家服务 |
| | | | 其他服务 |

续表

| 一级指标 | 二级指标 | 项目等级 | 三级指标 |
|---|---|---|---|
| 经营效益 | 客户评价 | 加分项 | 宾客评价数量(300以上) |
| | | 基础项 | 宾客评分(4.6基本分) |
| | 宣传效益 | 加分项 | 游记数量 |
| | | | 有微信公众号 |
| | | | 有当地农副产品和手工艺品,加工、销售乡村文创旅游商品 |
| | | | 参与行业各类旅游宣传营销活动 |
| | | | 推广能力强,参与各类大型访谈、拍摄等活动 |
| | | | 民宿品牌知名度高,网红打卡地 |
| | 社会效益 | 基础项 | 为所在社区或乡村人员提供就业或发展机会 |
| | | 加分项 | 获得地市级或行业相应荣誉 |
| | 经营主体 | — | 私人 |
| | | | 集团 |
| 主体特色 | 明确主题 | 加分项 | 亲子 |
| | | | 商务 |
| | | | 团建 |
| | | | 情侣 |
| | | | 其他主题 |
| | 特色活动 | 基础项 | 包粽子 |
| | | | 采茶叶 |
| | | | 挖笋 |
| | | | 钓鱼 |
| | | 加分项 | 陶艺 |
| | | | 篝火晚会 |
| | | | 轰趴 |
| | | | 酒会 |
| | | | 舞会 |
| | | | 相亲 |
| | | | 插花 |
| | | | 其他特色活动 |

# 三　以莫干山地区为例的民宿评价实证研究

## （一）民宿评价基本程序

评价基本程序分为四大环节，即数据分析、网络投票、现场考察、专家评审。通过综合分析，课题组推出一批富有文化内涵、有自身特色的旅游精品民宿，以期从优秀的设计规划、经营理念以及优质服务等方面引领民宿业健康成长。

## （二）民宿评价

本次网络评选于 2019 年 9 月 5 日启动，选取莫干山地区 200 家民宿进入投票区。评选活动网络投票环节于 9 月 15 日落下帷幕。经过 10 天的激烈角逐，总投票数达 71995 张，其中"云岸山居"民宿以 9143 张的高票数拔得头筹，"裸心谷""芝麻谷""莫干山仁里·叠云""白云深处·从前慢"等受到大家的喜爱。然后，评价专家实地考察；最后结合数据分析等环节，选取了莫干山地区受消费者欢迎的最美民宿。

# 四　验证与讨论

## （一）关于评价指标

对莫干山民宿一级评价指标的选择，课题组以文化和旅游部 2019 年颁布的《旅游民宿基本要求与评价》精神为原则，设计了 7 个一级指标，分别是环境建筑、接待设施、安全环保、特色餐饮、服务质量、经营效益和主体特色。一方面，这 7 个一级指标在很大程度上丰富和发展了文化和旅游部颁布的民宿评价基本要求；另一方面，我们也应该看到，在对莫干山地区民宿评价的过程中，这 7 个一级指标在某种程度上还有待进一步细化和凝练。比如，"环境建筑"与"接待设施"两个一级指标，其部分含义有所重合；再比如，在"服务质量"和"主体特色"方面，存在一定的相关性，有些主体特色其实反映了民宿的服务质量得到了消费者的认可，所以，此次对莫干山地区的民宿评价，某些一级指标的设计可能将来要进行调整。

再从三级指标来看，指标的数量比较多，设计的出发点是从多维度去评价旅游民宿的实际现状，但由于民宿个性化明星，很难在一个维度上去相互比较，因此，各具特色的指标可能会较全面地衡量每一个民宿。但是，过多的指标，也使得对民宿的评价复杂化和烦琐化，反而不利于评价民宿行业，也不利于通过评价为民宿行业提供标杆。

## （二）关于内容评价

指标体系就是民宿经营总体方面的评价维度，其内容的全面性与代表性是对指标体系内容的要求。内容的适当与否其实是评价的关键，总体而言，此次评价指标采用德尔菲法对指标涉及的内容进行筛选，根据专家的意见综合而成，但是，在实际评价中，有些内容的针对性和实操性显得较弱。比如在"主体特色"二级指标的设定中，选取了"明确主题"，具体内容包括有无特色活动、有没有提供医疗服务、安全措施如何、环保意识怎样，等等。评价后课题组讨论发现，特色活动过程中所包含的内容比较多，因此，如何认定是特色活动，就显得比较困难。从另一个角度看，特色多恰恰说明有很多方面难以被涵盖，也就很难说明民宿经营的实际情况。比如，在"医疗服务"方面，具体内容包括民宿中有没有医药箱、有没有急救的设备，以及有没有护理设施，等等，但从反馈的情况看，要么是民宿主不关注，要么是民宿消费者对此没有更多深刻体会。而专家组的意见认为，一个民宿要得到消费者积极的评价，其是否配备某种急救的医疗物品保障，也是出门在外的旅游者所关注的方面。此类指标内容的设定值得深思。

### （三）关于网络投票

此外，这次莫干山地区旅游民宿评选也采用了网络投票的方式，对入选的民宿进行网上投票，这是民宿评价设计中的一个环节，网络投票网站访问量高达数十万人次。中国农网、浙江新闻客户端、搜狐、一点资讯、今日头条等多家官方权威新闻门户及自媒体进行了全方位报道，多位知名KOL 予以关注并转发，经过 10 天激烈角逐，总投票数达 71995 张。关注程度高，说明大众对网络投票比较认可；但是，网络投票存在匿名性和广泛性，有无投票组织行为，其获得的公众印象也大不相同。很显然，有投票组织行为的民宿其得票总数明显多于没有组织行为的，然而，这并不能说明没有投票组织行为而得票少的民宿，受欢迎的程度一定弱于得票多的民宿。较好地使用网络投票的现代手段，设计好投票的结构和程序，优化相关环节，是今后民宿评价中网络投票需要调整的一个方向。

### （四）关于政府与民宿经营者

民宿业的健康发展离不开政府的有效监管与服务，也离不开民宿经营者的专业化、市场化经营。从政府角度分析，一方面，民宿经营市场准入在各个地方有不同的标准，我们了解到的民宿数量与在政府主管部门登记的民宿数量存在较大差异，反映在莫干山地区是，登记在编的民宿为 500多家，而实际考察获得的数量在 1000 家以上。如何规范与发展，简化流程，落实"放管服"，这是摆在政府主管部门面前的问题。另一方面，无序化发展将给这个欣欣向荣的新型业态带来恶果，因此，应推进民宿监管法制化、管理社会化。政府应继续整合本地区旅游资源，完善辖区内基础设施建设。

从民宿主角度考察，我们通过评价过程中问卷调查和实地考察发现，民宿同行恶性竞争现象比较明显，除了价格竞争外，莫干山地区的民宿市场已经饱和，民宿经营者必须在选址和特色上下功夫，实施差异化发展战略。

从企业经营的角度分析，良性竞争应是民宿经营者进行自检，在确保硬件设施安全舒适的同时，不断提升服务水平。我们从评价中很直观地观察到，有些民宿的硬件设施差不多，受欢迎的程度却差异较大，其根本原因就在于得分高的民宿服务质量好、受到消费者的好评。

**参考文献**

鲁东亮、李志刚：《企业经营模式理论研究综述与前瞻》，《内蒙古大学学报》（人文社会科学版）2007 年第 2 期。

张倩：《民宿热市场　还需冷思考》，《公关世界》2016 年第 12 期。

周立军：《企业物流外包风险分析与控制研究》，《物流技术》2010 年第 21 期。

# 专题报告

**Thematic Reports**

## B.11

# 旅游民宿经营模式研究

于 洁*

**摘 要：** 旅游民宿是一种区别于传统宾馆、酒店的住宿体验，是为入
住者提供温馨亲切"回家"感受的旅游接待设施。随着民宿
大量涌现、供求关系变化，民宿主被迫打起了价格战，这也
引起了学者的重视。对民宿的研究深度与广度在不断拓展，
但针对旅游民宿在快速发展竞争环境中的经营模式问题的研
究相对薄弱，本文根据经营模式的四大维度——客户界面、
核心战略、战略资源、价值网络，总结旅游民宿经营模式存
在的问题，提出经营模式的创新对策。

**关键词：** 旅游民宿 经营模式 住宿体验

* 于洁，工商管理硕士，上海杉达学院专职教师，讲师，研究方向：企业战略管理、创业管理。

# 一 引言

在中国，旅游民宿市场在 2011 年起步，旅游度假需求增长迅速，大众出行主体由商务出行转向个人旅游，居民对于客栈民宿等个体化主题酒店需求增加。国内的民宿业首先出现在经济发达的沿海地区，处在初级阶段的民宿行业本身多是自发形成，以乡村农家乐为主流，只能提供简单的餐饮娱乐和住宿服务。大陆民宿大多学习日本和中国台湾，2015 年莫干山民宿发展成为民宿行业的标杆，80 多家精品民宿聚集在浙江省莫干山，共创造了 3.5 亿元的经济收入。随后，莫干山的民宿效应在全国被纷纷模仿，国内也掀起民宿热潮，资本和创业者不断涌入。国内目前已形成了滇西北民宿群、川藏线民宿带、湘黔桂民宿群、海南岛民宿群、浙南闽北民宿群、徽文化圈民宿群、客家文化圈民宿群、京津畿连区民宿群、珠三角畿连区民宿群、长三角畿连区民宿群、浙闽粤海岸民宿带等 11 个民宿群带。

随着都市生活节奏的加快，越来越多的城镇居民希望返璞归真、回归自然，喜欢体验"看得见山，望得见水，记得起乡愁"的民宿生活，加之国家实行乡村振兴战略、民宿主实现个人情怀、地产和旅游公司转型、投资方持续关注，以及早期的农家乐或客栈升级成民宿等原因，民宿行业如今正经历爆发式增长的时期。中国旅游研究院最新调查数据显示，2019 年上半年，我国国内旅游人数达到 30.8 亿人次，国内旅游收入为 2.78 万亿元，同比分别增长 8.8% 和 13.5%，旅游火热带动旅游民宿的高速发展。以旅游民宿为代表的新业态为行业提供了新的发展思路，在新时代产品与消费之间构建了新的逻辑关系，使人们的视线由过去单一的星级饭店向更为广阔的行业空间拓展。

旅游民宿在创造一系列经济效益与社会效益的同时，也带来诸多问题，比如：①信息不对称，供求失衡，淡旺季明显，市场分布不均衡，一些热门区域附近的民宿生意火爆，主要集中在经济较发达城市周边、旅游资源丰富地区、交通主干道等区域，而一些偏僻地区民宿发展滞后；②民宿监管不

力，违法经营惩罚机制缺失，相关的法律法规不能适应行业发展的需要，发展滞后；③前期投资巨大、租金快速上涨、缺乏合理规划、互相模仿、逐步趋同、整体特色大同小异、局部恶意竞争、配套的基础设施不健全等缺陷明显；④与本土居民关系紧张，房东或经营者诚信度缺乏，恶意毁约时有发生；⑤营销宣传推广的力度与方法不当，以假乱真的"民宿刷单"误导消费，消费者隐私泄露、从业人员素质低，透支民宿行业公信力；⑥资本过度介入，推动民宿规模化扩张，与民宿"差异性、个性化"的天然属性相悖；⑦开发经营过程中绿色环保意识淡薄，重复模仿，造成资源浪费，导致生态环境遭受破坏；⑧城镇民宿数量众多、布局分散、类型复杂，经营者情况多样、安全问题突出等。对旅游民宿经营模式的梳理与创新，是解决上述问题的有效途径之一。

## 二 经营模式综述

20 世纪 70 年代，Business Model（经营模式/商业模式）成为专业术语并出现在管理类文献中，是用在相关的研究数据和流程建模当中。80 年代，IT 类行业发展文献中已经完整地诠释了经营模式的基本概念。90 年代，随着互联网的迅速发展，经营模式这一词语开始被广泛应用于公司治理、项目管理、工商管理等领域。对"经营模式"相关文献进行梳理，可以将经营模式的概念基本归为以下四类。

（1）经营模式即盈利模式，此类理论认为，经营模式是一种企业的运营模式、盈利模式、收入模式，主要研究能够使企业生存并且持续获利的方式。

（2）经营模式即实现价值，此类理论认为，经营模式就是企业处于价值链中，通过价值链中各类要素的传递机制创造价值的方式，它能让企业与合作伙伴一起创造价值、提供价值和传播价值，最终实现共赢。

（3）经营模式即系统体系，此类理论认为，经营模式是一个由多因素和多关联所构成的集合，由产品、服务、信息流、供应商、渠道、资源等构成一个完整体系，每个要素都在这个体系中发挥作用，包括价值流、收益流和物流。

（4）经营模式即整合集成，此类理论认为，经营模式是企业对自身战略、运营方式等一系列互相关联的内容进行整合集成，以实现企业获利和可持续发展。

对经营模式的内涵界定是后续研究的基础，经营模式研究已经单纯从企业自身出发，关注产品、服务、获利方式和运营过程，逐渐转为关注企业运营的本质，对企业内部运营、顾客关系、外部价值网络之间的关系展开研究，描述企业的内部要素、顾客及企业的外部价值网如何构成一个系统，以寻求企业自身盈利潜力。企业内部资源优劣与外部环境机会威胁的结合，成为经营模式研究的起点，经营模式的各组成部分之间存在紧密联系，互相作用，从而形成了一个动态复杂的系统。经营模式与战略各有侧重，两者的本质目标相同，战略强调竞争与对抗，关注竞争优势来源与获取利润；而经营模式更强调企业是否具有盈利潜力，对战略实施所需的产品/服务、市场领域、内部核心资源和外部网络进行描述，战略决定经营模式的具体内容，经营模式则是战略的具体表现。

对经营模式的深入研究，以加里·哈默尔（Gary Hamel）为主要代表，认为经营模式包括四个维度：客户界面、核心战略、战略资源和价值网络，而这四个维度相互形成连接，分别是客户利益、资源配置、公司边界。这三个连接将四个维度紧密地连成一个协调运作的整体。同时，这一分析模型不仅关注企业将创造怎样的价值以及如何创造，还关注实现经营模式创新的四要素：效率、独特性、一致性与利润助推因素（见图 1）。

通过以上对经营模式内涵与外延的厘清，本文建立了经营模式分析框架，从中可以看到旅游民宿目前面临的诸多问题：在快速发展的环境中，许多旅游民宿的内部要素、顾客关系及外部价值网络之间，尚未构成高效的动态系统，存在失衡与滞后的现象，从而造成经营不善、资源浪费、社会效益流失，影响民宿行业的整体健康、有序发展。而只有经营模式良好、不断创新的旅游民宿，才具有在市场中持续发展的竞争优势潜力。

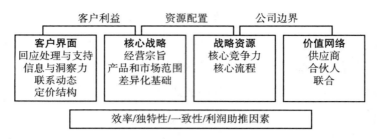

**图1 经营模式分析框架**

# 三　旅游民宿经营模式的具体问题分析

## （一）对客户界面的理解片面且趋同

客户界面是客户与企业发生联系、产生互动的界面，通过这一媒介，客户可以感知、接触或体验企业的产品服务。旅游民宿企业如何与目标客户展开沟通与联系，这是构建经营模式的核心问题。大多数的旅游民宿，将更多的思考重点放在"经营产品"而非"经营客户"上，将客户界面理解为单向宣传自身民宿产品的媒介，从而导致客户界面趋同性严重。

具体来说，客户界面包括以下四点：旅游民宿如何回应与支持客户；如何同客户以及外界交换信息，形成敏锐的洞察力；如何与客户交互影响；如何确定适合民宿特点的价格体系。

### 1. 回应处理与支持

是指旅游民宿进入市场竞争、开展运营的方式，建立与目标顾客的实际联系，包括将采用哪些途径与渠道，提供给顾客怎样的支持，提供怎样的服务水平等。客户界面既是有形的，也是无形的，凡是目标客户的"行动半径"与旅游民宿的"势力范围"产生接触的任何"地方"，无论是通过传统媒介还是新媒体，无论是在休闲场所还是工作场所，凡是目标客户可以看到、听到、问到、能感受到产品或服务的"地方"，都是旅游民宿需要纳入统一运营管理的客户界面。回应处理与支持，其本质在于如何与目标客户形成独特而持久的回应与支持模式，而非简单意义上利用 OTA 平台（Online Travel Agency）或新媒体传递民宿产品信息。

### 2. 信息与洞察力

旅游民宿不论是在前期的开发设计阶段，还是实际运营阶段，只有充分掌握市场动态与顾客需求的信息，加上深入分析产生的洞察力，这样设计出来的经营模式才有可能创造差异化，同时带给顾客价值。信息收集与整理是一个动态的知识更新过程，旅游民宿在经营过程中，对市场数据分析的关注度不够，缺乏全面而系统的市场调查能力，在预测消费行为趋势以及战略及时响应方面相对薄弱。

### 3. 联系动态

是指旅游民宿与消费者之间的动态交互影响。与客户建立动态交互的联系，这不仅仅是维系客户的生存需要，更是传递价值的终极需要。旅游民宿经营是在特定的场所空间，向目标顾客提供产品及服务的价值传递过程，这一价值是由"人"（民宿经营者）进行传递，最终落实到"物"（民宿）上，再由顾客因对"物"（民宿）的接触而获得感知与体会，与"人"（民宿经营者）持续互动而不断产生"价值认同"。最终理想的状态是，一方面，客户逐渐对于民宿"价值传递"的理解加深，最终形成对于民宿"价值"的认同与归属感；另一方面，民宿在不断修正、完善、改变和拓展过程中，建立起自己独特的价值主张并贯穿始终。现阶段旅游民宿更多体现在自我宣传与基本服务方面，其更多的是维系客户关系，互动交流性较弱。

### 4. 定价结构

是指旅游民宿的收费方式。随着竞争日益激烈，产品与服务的定价策略是旅游民宿需要面对的严峻挑战。价格作为顾客的支付成本，也是顾客做出购买决策的关注重点之一。如果定价过低，将造成过度的消费需求，同时也会因为市场过度需求时的接待能力较低导致客户满意度降低、客户流失，利润也会受到影响；如果定价过高，将导致细分市场需求不足，由此必然带来民宿企业现金流危机。这将对运用价格杠杆来调节需求从而增加收入起到一定的抑制作用。如果旅游民宿的产品或服务个性化突出、差异化程度较高，

同类民宿竞争者数量较少，同时呈现资源稀缺性的优势，所提供的房间数量有限，顾客对价格的敏感度则相对较低，旅游民宿经营者将拥有更灵活的定价空间。

### （二）对核心战略的思考不足

核心战略主要探讨旅游民宿选择进入哪些领域，在这些既定领域内如何参与竞争，这是旅游民宿选择参与市场竞争的基础。一些旅游民宿经营者，对民宿市场环境和竞争格局变化缺乏充分的认识和分析，缺乏明确的、切合实际的战略目标，感性直觉有余，理性思考不足。经营者无论处于何种行业，都需要对自身有着清晰的定位和认识，明确本企业在产业价值链所处的位置，以企业核心能力为依据实行差异化战略，避免与竞争对手的针锋相对。核心战略主要包括以下内容。

1. 经营宗旨

是指旅游民宿经营活动的主要目的和意图，其意味着企业未来的方向，本质上反映企业的核心思想和价值观。旅游民宿的核心在于民宿主人想要向消费者传达的生活理念和生活状态，如果单纯将旅游民宿界定为提供客房服务，则形态上比较单一，无法与客栈、青旅、农家乐、酒店等经营体相区别，容易出现因与客栈、青旅、农家乐、酒店经营方向区分不明显而陷入选址、装修、经营上互相模仿，毫无市场竞争力的僵局。

2. 产品和市场范围

是指旅游民宿在哪些市场或不在哪些市场展开竞争。旅游民宿除了主题客房以外，能给予人更多的是"多元化生活概念"，并和经营所在地的民俗、文化以及自然环境相结合，目前民宿经营者对民宿产品及服务的探索实践，依然处于积累经验阶段。

市场范围从空间分布上来说，主要在经济发达或旅游景区周边；从发展进度来看，少数地区发展相对成熟，整体发展不均衡；从类型上来说，除农户或房东自营的传统民宿外，外来者租赁经营民宿所占比重较大。无论是传统民宅简单改造式民宿或者类精品酒店的精致化民宿，都有各自的优势与短板。

### 3. 差异化基础

是指旅游民宿与其他同类竞争者在竞争过程中的与众不同之处。在市场条件不变的情况下，民宿的产品及服务如果高度一致，会造成民宿之间无休止的竞争与牺牲。差异化的实质是某种经营模式对顾客需求有独特的针对性，而差异化来源包括：民宿品牌、形象、独特的质量、特色服务等。旅游民宿的自然属性是个性化，为满足小众的个性化需求而存在，但同时依然需要为客户提供优质的客房服务。我国第一部关于民宿的旅游行业标准《旅游民宿基本要求与评价》已正式实施，寻求个性与标准的创新性融合，平衡标准化与差异化也成为构建经营模式的难点之一。

## （三）对战略资源未做深入理解

根据资源基础理论（Resource-Based Theory，RBT），企业是各种资源、能力以及竞争力的集合体，由于各种不同的原因，企业拥有的资源、能力各不相同，具有异质性，这种异质性决定了企业竞争力的差异，即不同的资源、能力及竞争力将为企业创造独特的市场地位。

不同的旅游民宿，拥有不同的有形和无形资源，如果这些资源能转变成独特的能力，加之这些资源在旅游民宿企业之间是不可流动的且难以复制，那么，这些独特的资源与能力将成为企业拥有持久竞争优势的源泉。而对这个问题的思考，旅游民宿往往不够深入，希望复制那些经营成功的旅游民宿资源与能力，而非构建自身的核心竞争力，从而造成民宿整体特色大同小异、局部恶意竞争时有发生的局面。实际上，企业经营模式创新的源头往往就在于此，具体包括如下内容。

### 1. 核心竞争力

是指能够为旅游民宿带来比较竞争优势的资源，以及资源的配置与整合方式，是超越其他竞争对手的独特能力。并非所有的资源与能力都是核心竞争力，它具有价值性、稀缺性、难以模仿性和不可替代性四个方面的特性。只有在旅游民宿的能力无法被竞争对手抄袭模仿的情况下，该品牌民宿才能形成持久性的竞争优势。

　　而一些缺乏核心竞争力、越来越同质化的旅游民宿，慢慢将成为另一种形态的"标准化住宿"。比如：在同一个旅游目的地，往往会出现数十家与该景点挂钩的民宿，这些民宿有着同样的服务和卖点。像西塘的一些小资情怀民宿，大多根据传统民居改造而成，外观方面几乎全部为水乡古镇风格；内部的精致装修差异度也不大，管理上都是标准的酒店化服务。而北京的民宿多以四合院为主，丽江民宿几乎都是竹楼客栈，莫干山景区民宿的露天泳池几乎成为标配，厦门的民宿大多提供活抓海鲜的特色服务，南京的城市民宿大多配置投影仪等，这些都呈现高度同质化趋势。

　　2. 核心流程

　　是指企业的核心能力转化为顾客价值的过程，其本质是一组能够为客户创造价值的相互关联的活动进程——导入资源、流程运行、输出价值。旅游民宿需要最大限度地将自己所拥有的一切资源与能力，有效地转化为顾客价值。

　　旅游民宿经营的具体流程，包括前期开发阶段（考察分析、立项定位、项目选址和经济分析、协调利益相关者等）—中期实施阶段（签订租赁合同、功能规划与视觉设计、资金筹措、命名和办理各类证照、土建施工改造、设备购置和软装配饰等）—后期运营与维护阶段（人员招聘及管理、宣传推广与客户关系管理、开业运营管理等）。旅游民宿经营者往往在运营过程中，更多考虑的是具体流程节点如何操作，较少思考应如何通过这一流程传递客户价值。

## （四）未能充分利用价值网络的优势

　　价值网络是指企业为创造资源、扩展和交付货物而建立的合伙人和联盟合作系统，包括公司的供应商、竞争者以及下游客户和最终顾客，以及其他有价值的关系，如政府机构等。旅游民宿产品及服务价值的互补性、不可分割性，导致共同创造价值的企业联结成为价值网络，而身处其中的每一个网络成员所创造的价值都是客户整体价值中不可分割的一部分。构建价值网络目的在于合作共赢，其实质就是围绕顾客价值而构建价值链，并通过重新构建实现客户整体价值最大化。

在旅游民宿的发展初期，大多数民宿未能充分利用价值网络的优势，随着竞争的加剧，单打独斗的弊端日益凸显，利润单薄、发展空间有限而且风险加大，因此近年来"民宿集群""民宿多业态群落生态圈"等概念成为大众关注的热点。单店民宿痛点很多，不可能将运动健身、休闲娱乐、文娱空间等容纳到每个单体民宿之中。但通过民宿集群的方式，比如结合多家主流民宿业态，并联合上下游产业链，将文创、娱乐、休闲等功能区间融入民宿当中，用不同的上下游产业链将众多单一的品种聚合成一个民宿的聚集区，可以解决单体民宿的痛点问题。

在构建价值网络时，为促进整个网络成员共同效率的提高，充分利用合作伙伴的能力至关重要；另外，各网络成员间的沟通能力，是否能够及时有效地对市场需求做出反应，也是关注重点。

另外，构建价值网络并不等同于民宿规模化、品牌连锁化，但在资本和利润的诱惑下，有些民宿经营者并不满足于小而美的单体民宿，而是试图将民宿连锁化、规模化和品牌化，不断扩展规模，实现土地、物业、品牌增值，最后变现，而这也恰恰是很多民宿转型精品酒店的终极目标。但民宿实现规模化，势必成为流水线产品，无法保持其个性特征，而民宿的最大魅力就是个性化和主人文化。既具有个性化又能连锁经营的旅游民宿少之又少，比如千里走单骑、原舍和松赞都是成功的案例，每一家店都有明确的个性特色和深刻的主人烙印。

## 四 旅游民宿经营模式的创新对策

经营模式的创新，是对经营模式构成要素以及组合方式的创新。在日益复杂的竞争环境中，关注动态竞争、顾客价值对经营模式的影响，并非一味和竞争者对抗，而是不断适应新的外部环境，关注包含民宿经营者、当地政府、当地居民、供应商、合作伙伴在内的网络支持系统，为顾客建立新的价值创新与传递体系。具体创新对策如下。

### （一）打破原有思维定式，实施精准营销，客户沟通更加灵活多元化

旅游民宿经营者应将思考重点从"经营产品"转到"经营客户"上，从目标客户能够感知、接触或体验企业的产品及服务角度，重新思考如何与客户沟通与联系。比如：引导顾客在民宿的空间内与主人展开较为深入的互动交流，从而使顾客对民宿主人、民宿主人的家族，乃至对民宿所在区域的历史人文、生活方式、传统风俗有更为全面而深入的了解与体会。

旅游民宿进入数字时代，如果经营者仍然依靠已有的经验进行预测并使用传统营销模式，很有可能会被利用大数据营销的竞争对手超越，导致自己处于竞争劣势地位。因此，需要转变思维，改变传统的营销模式，运用数据分析民宿客源市场、产品定位以及客户关注点等问题。学习利用数据挖掘技术，描绘客户的需求特点，对客户的众多变量进行分析，综合了解客户的多维特征，从而对客户进行科学的市场细分。同时，通过加强与目标受众群体的沟通，挖掘他们对网络传播内容的反应，深度了解消费者喜好，引导目标受众群体参与点评、转发、分享等互动活动，围绕高性价比、历史风俗、当地特色体验、个性化服务、人文关怀等要素，与目标受众群体进行深度且多元化、多渠道的沟通。及时收集并分析客户在任何渠道发布的针对民宿服务的任何评价，对客户进行有针对性的个性化服务，以提升客户满意度与忠诚度。

实施精准营销的关键在于：通过门户网站、电商网站、搜索引擎、移动支付等第三方平台来获取客户海量数据，比如：携程、途家、飞猪旅行、去哪儿等平台。在共享大量数据的过程中，旅游民宿企业还应该思考：如何妥善处理客户数据安全与数据隐私等问题。

### （二）制定适合自身特点、有规可循的核心战略

旅游民宿经营者要能对民宿市场环境和竞争格局变化进行充分而客观的分析，并制定出明确的、切合实际的战略目标，回答清楚"做什么""不做什么"等根本问题。战略定位，实际上就是企业"要做"的事情。

在思考经营边界时，不能把"我想做什么"简单等同于战略定位，科学的战略定位是"可做"（取决于外部环境）、"能做"（取决于资源和能力）、"想做"（取决于愿景、使命）以及"该做"（取决于社会责任）四者的结合。

不断开拓"民宿＋"发展理念，既保留民宿的原有特色，又赋予它更多的功能，以满足盈利的需要，推进"民宿＋农业""民宿＋文化""民宿＋体育""民宿＋旅游"等"民宿＋"发展理念，科学规划民宿的民族、地域等特色，比如日本的"民宿＋温泉""民宿＋美食"便是典型的"民宿＋"。

着力延伸旅游民宿的产业链，促进旅游民宿从基本住宿产品供给向民宿生态食品、民宿体验活动、亲子研学、民宿艺术产品、民宿休闲、健康体育、民宿文创、民宿旅游以及其他服务领域拓展，降低旅游民宿发展的总体经营成本。比如，旅游民宿可以因地制宜，充分利用当地天然资源，在配合当地文化特色提供住宿与餐饮的同时，提供运动、休闲、娱乐等功能，让游客享受多姿多彩的体验，同时充分激发顾客的潜在消费需求：组织付费自由采摘；带领客户步行远足；租借菜地给老客户，种植他们想要的蔬菜瓜果，同时替他们日常维护并收取相应的费用。另外，将民宿与电商结合，建立属于自己民宿的电商店铺，面向现实及潜在客户，实时更新网站信息及活动。这样他们在结束民宿休闲旅游后，可以继续从这一网店购买民宿生态产品，同时也能在这里预定二次入住的时间，网店应提供预定民宿、提前预订菜单、预定交通等服务。

### （三）利用民宿集群效应，打造与强化自身核心竞争力

不同的旅游民宿拥有不同的有形和无形资源，而这些单体旅游民宿在竞争日益激烈的今天，发展空间相对有限，很难完全依托自身力量，将资源转变成独特的能力，并使之成为企业持久竞争优势的源泉。而民宿集群的目的就在于合作共赢，凸显自身个性化的业态，实现优势互补，是围绕顾客价值而构建的价值链。在民宿集群内，单体民宿可以共享多家周边设施、客户群

体等资源，进一步完善自身的民宿品质，提升单体民宿品牌价值，同时也提升民宿集群整体的市场价值。

比如，乡村旅游民宿应重视回归和重现本真生活的"原生状态"，通过建筑改造和室内装饰设计，为宾客营造生活美学空间，尽量避免"千村一面"的趋同化设计，做到"一村一主题""一寨一中心"。这样，当入住客人每到一处乡村、山寨时都能体验到独具特色的民俗文化或地域风情，从而始终保持着对当地旅游民宿旺盛的热情与好奇心，不断提高和拓展入住民宿的频率与空间。与此同时，应以旅游民宿整体环境为依托，以民宿主人的"生活思考"为主导，以旅游民宿提供的"生活方式"为内容，为入住客人营造"幸福感"，激发客人对于"日常生活审美化"的思考，在主人文化、环境禀赋、空间风格、服务气质等方面构建自身核心竞争力。

## 参考文献

楼嘉军、徐爱萍：《休闲·旅游·民宿：观察与思考》，上海交通大学出版社，2017。

任大鹏：《基于哈默尔经营模式框架的山东名道文化投资有限公司经营模式研究》，中国海洋大学硕士学位论文，2013。

王圣军：《小隐隐于野——中国乡村旅游专题研究》，经济科学出版社，2018。

吴文智、王丹丹：《当代民宿的行业界定与发展辨识》，《旅游论坛》2018年第3期。

俞昌斌：《体验设计唤醒乡土中国——莫干山乡村民宿实践范本》，机械工业出版社，2018。

# B.12
# 民宿旅游发展对社区居民经济生活的影响与对策[*]

郭英之　徐宁宁　李海军　董　坤　林立军　许茜茜[**]

**摘　要：** 关于民宿旅游发展对社区居民经济生活影响认知的研究对于促进当地民宿旅游的可持续发展具有十分重要的现实意义。一方面就理论意义而言，民宿旅游发展对当地居民经济生活影响认知时间维度的动态变化研究，丰富了民宿旅游对社区居民影响的研究领域；另一方面就实践意义而言，社区居民作为民宿旅游的主要利益相关者，其对于民宿旅游发展的支持态度十分重要。本研究分别于2014年、2016年以及2019年对我国典型民宿旅游区域的社区居民进行了市场调研，运用 SPSS 统计软件，结合与民宿旅游社区居民访谈，研究了不同年份民宿旅游发展对社区居民经济生活影响认知的年际发展差异特征，分析了相关原因，并提出了针对性的民宿旅游发展供给侧结构性改革策略。

**关键词：** 民宿旅游　社区居民　经济生活影响认知　单因素方差分析

* 本文属于国家社会科学基金重大项目（12&ZD024）、国家自然科学基金项目（71373054）的成果。

** 郭英之，博士，复旦大学旅游学系教授，博士生导师，研究方向：旅游市场；徐宁宁，复旦大学旅游学系在读博士研究生，研究方向：旅游市场与经济管理；李海军，复旦大学旅游学系在读博士研究生，研究方向：旅游市场与经济管理；董坤，复旦大学旅游学系在读博士生，研究方向：旅游经济与产业管理；林立军，复旦大学旅游学系在读博士研究生，研究方向：旅游市场；许茜茜，复旦大学旅游学系在读硕士研究生，研究方向：旅游与经济管理。

# 一 引言

随着民宿旅游的快速增长和民宿旅游消费需求的多样化，民宿旅游发展对当地居民经济生活影响认知与需求会随着时间推移而不断发生变化。如何增强社区居民对民宿旅游发展的积极影响认知，降低社区居民的消极影响认知，从而实现社区居民对于民宿旅游发展的支持，以实现民宿旅游产业的可持续发展，是各地发展民宿旅游需要思考和解决的问题。一方面，民宿旅游的不断发展，促进了旅游业的快速发展；另一方面，民宿旅游的发展也对社区居民生活质量产生了多元影响，具体表现为民宿旅游发展对社区居民在家庭、生活、收入、健康、娱乐、社交、治安、社会、旅游开发、经济、政治、文化、环境、当地总体影响等宏观与微观方面的影响。由于民宿旅游发展的政策水平、经济发展水平以及区域旅游发展水平的不同，不同年份的民宿旅游发展对当地社区居民经济生活影响认知有显著差异。因此，本研究着重聚焦于不同年份的民宿旅游对社区居民经济生活影响认知的发展差异特征与供给侧改革对策。本研究分别于 2014 年、2016 年以及 2019 年对我国典型民宿旅游区域的社区居民进行了市场调研，运用 SPSS 统计软件，结合民宿旅游社区居民访谈，研究了不同年份民宿旅游发展对社区居民经济生活影响的认知差异，分析其原因，并提出了有针对性的民宿旅游发展供给侧结构性改革策略。

## （一）研究背景

第一，民宿旅游发展造福当地社区居民。民宿产业作为民宿旅游发展的重要组成部分，近几年在国内外得到迅猛发展。在不同的社会发展阶段，当地社区居民的社会发展理念、诉求内容会有很大的不同。而民宿旅游消费的主导作用，在旅游服务产业中的重要地位和优势不断显现，旅游、文化、体育、健康、养老"五大幸福产业"快速发展，既拉动了消费增长，也促进了消费升级，旅游业作为幸福产业之首，对人民幸福感的提升有重要意义①。旅游已成为民众社会生活的重要组成部分和衡量民众生活质量与幸福感的重要标志。旅游业作为幸福产业之首，是践行"让人民生活得更加幸福、更有尊严"这一治国理念的重要产业之一，必须让更多民众从旅游发展中获得幸福感②。而民宿旅游作为旅游业的重要元素之一，无疑会极大地影响当地社区居民生活质量与幸福认知，是影响旅游者和当地社区居民经济生活的重要因素之一。

第二，居民生活水平提高促进民宿发展。人民生活水平和质量普遍提高是"十三五"规划的主要目标，可通过促进基本的公共服务均等化、满足公共服务需求的多样化等增加公共服务的供给，并且实施就业优先战略，不断缩小收入差距，促进社会保险体系、社会救助体系、社会福利等事业发展，进而实现目标③。新时代我国社会主要矛盾为人民日益增长的美好生活需要和不平衡不充分的发展之间的矛盾，中央有针对性地提出增加人民收入的目标，将其作为逐步实现全体人民共同富裕这个时代目标的重要内容，把就业作为改善民生的重大举措，把提高生产率作为提高民生的主要抓手，以全面提高人民收入水平④。

## （二）研究意义

第一，本研究有助于研究民宿旅游发展对社区居民经济生活的影响认知。本文研究民宿旅游发展对当地社区居民经济生活影响认知的年际差异量化特征，实证研究 2014 年、2016 年和 2019 年民宿旅游发展对我国居民在经济生活，包括经济收入认知、经济影响认知等方面的年度认知差异，并对

---

① 李克强：《第十届夏季达沃斯论坛开幕式致辞》，http：//www. china. com. cn/travel/txt/2016 – 6/30/content_ 38783034. htm，2019 年 5 月 25 日。

② 中国文化和旅游部：《关于实施旅游服务质量提升计划的指导意见》，https：//www. mct. gov. cn/whzx/whyw/201902/t20190215_ 837315. htm，2019 年 5 月 29 日。

③ 《中华人民共和国国民经济和社会发展第十三个五年规划纲要》，https：//baike. baidu. com/ item/中华人民共和国国民经济和社会发展第十三个五年规划/18607900？ fromtitle = % E5% 8D％81% E4% B8% 89% E4% BA％94&fromid = 8315166，2019 年 5 月 24 日。

④ 习近平：《决胜全面建成小康社会 夺取新时代中国特色社会主义伟大胜利》，http：// cpc. people. com. cn/n1/2017/1028/c64094 –29613660. html，2019 年 5 月 24 日。

比分析这三年民宿旅游发展对居民经济生活影响认知差异的原因。在此基础上，结合我国近年来当地社区居民经济生活改善情况与中央和地方政策导向，提出了相应的改善当地社区居民经济生活的供给侧结构性改革策略，为民宿旅游发展对当地社区居民经济生活影响的政策研究提供了新思路。

第二，本研究有助于促进民宿旅游发展对社区居民经济生活提升的政策实施。民宿旅游发展能够为当地社区带来经济收入，改善当地的基础设施，提高环境水平，使当地社区居民经济生活比以前更加舒适自由，产生对当地的归属感和自豪感，从而增加当地社区居民的生活幸福感。本研究通过对当地社区居民关于民宿旅游发展认知的调查，分析当地社区居民不满意的地方和认知较弱的地方，进而提出相应的提升策略，以期更好地提高当地社区居民的经济生活水平，达到人民实现美好生活的目标。

第三，本研究有利于改善社区居民经济生活以支持民宿旅游发展的政策实施。当地社区居民作为民宿旅游发展的主要利益相关者，其对于旅游发展影响的认知及支持态度具有十分重要的推动作用。本研究通过对近几年不同年份当地社区居民对于民宿旅游发展认知的差异性分析，可以实时判断民宿旅游所处的发展阶段，以采取相应的策略，提高当地社区居民对民宿旅游发展的积极影响认知，弱化当地社区居民对于民宿旅游发展的消极影响，以增加当地社区居民对民宿旅游发展的支持，这对于促进民宿旅游产业的可持续发展具有重要的现实意义。

本研究主要借助质性研究与量化研究相结合的方法，分别于2014年、2016年以及2019年对我国东中西部典型民宿旅游区域的社区居民进行调研，运用SPSS 22.0统计软件，结合与社区居民的访谈结果，就上述不同年份的民宿旅游发展对当地社区居民生活影响认知差异进行对比，进行原因分析，并提出针对性的民宿旅游发展的供给侧结构性改革策略。研究结果显示，由于不同年份民宿旅游发展的政策水平、经济发展水平以及区域旅游发展水平的不同，民宿旅游发展对当地社区居民经济生活影响认知有显著差异。根据不同年份的社区居民对民宿旅游发展影响的认知差异研究结果，本文从提高居民旅游参与、完善基础设施、提高居民沟通等方面提出针对性的供给侧结构性改革策略。

## 二　研究文献的图谱分析

### （一）民宿研究的文献图谱分析

1. 国内外关于民宿研究的文献发展概述

首先，本文通过在中国知网文献数据库以关键词为"民宿"进行精确检索，1994 年之前未有相关文献，1994 年至 2018 年共得到 209 条检索记录。从 1994 年开始，国内对于民宿的关注呈现逐年递增的趋势。建筑科学（73，为文献数，下同）、商业经济（57）、旅游经济（51）、农业经济（10）等相关领域的研究学者对民宿相关方面研究做出了重要的贡献①。

其次，本文在 Web of Science 核心合集数据库以"Homestay"为关键词进行检索，共提取到 155 条文献记录，最早的一篇出现在 1984 年。国外对于民宿的研究呈上升趋势，国外学者对民宿的设计、顾客满意等方面均做出了较为集中的探讨②。

2. 国内外关于民宿研究的关键词语比较

本文进行国内外民宿研究关键词比较。除了民宿（181）外，国内研究高频关键词还包括乡村旅游（26）、设计（9）、乡村（8）、空间设计（7）、传统村落（7）、地域文化（6）、行为意向（6）、感知价值（6）等，可见，民宿作为新型的旅游业态已经是国内关注的重点。民宿不只作为旅游基础设施，成为增强目的地吸引力的关键，民宿设计及其影响因素等也是研究的热

---

① 复旦大学电子图书馆：《中国知网文献数据库》，http：//epub. cnki. net/KNS/brief/result. aspx？dbprefix = CJFQ，2019 年 9 月 25 日。

② 复旦大学电子图书馆：《Web of Science 核心合集（SCIE）数据库》，http：//202. 120. 227. 56：8331/V/825G3JQHR5SESE9UHS9IT7A8JVQJEAPMV1H2VD1JRE111A8P2E － 06337？func ＝ native － link&resource ＝ FDU00331，2019 年 9 月 25 日。

点。国外高频关键词包括 Homestay（43）、Study Abroad（19）、Community-based Tourism（11）、Malaysia（9）、Homestays Landscape（7）、Tourism（7）、Ecotourism（5）、Development（5）、Homestay Program（4）、Rural Tourism（4）等（见表1）。

**表1　国内外关于民宿研究关键词的频数前20位**

| 中文关键词 | 频次 | 英文关键词 | 频次 |
| --- | --- | --- | --- |
| 民宿 | 181 | Homestay | 43 |
| 乡村旅游 | 26 | Study Abroad | 19 |
| 设计 | 9 | Community-based Tourism | 11 |
| 乡村 | 8 | Malaysia | 9 |
| 空间设计 | 7 | Homestays Landscape | 7 |
| 传统村落 | 7 | Tourism | 7 |
| 地域文化 | 6 | Ecotourism | 5 |
| 行为意向 | 6 | Development | 5 |
| 感知价值 | 6 | Homestay Program | 4 |
| 满意度 | 5 | Rural Tourism | 4 |
| 影响因素 | 5 | Satisfaction | 4 |
| 改造 | 5 | Homestay Project | 4 |
| 发展策略 | 5 | Rural | 4 |
| 体验 | 4 | Social Capital | 4 |
| 室内设计 | 4 | Challenges | 4 |
| 乡土文化 | 4 | CBT | 4 |
| 服务场景 | 3 | Language Learning | 4 |
| 众筹 | 3 | Second language Acquisition | 4 |
| 民居 | 3 | Community | 4 |
| 农家乐 | 3 | Homestay Industry | 4 |

资料来源：1994～2018 年《中国知网文献数据库》、《Web of Science 核心合集数据库》；由本课题研究组整理而成。

3. 国内外关于民宿研究的共词网络比较

设置中心度属性值最大的关键词和核心关键词之间的关系强度以基于属性值的方式展示，可更加直观形象地说明民宿研究中的高频关键词和关于民宿研究的主要领域方向，即属性值越大越重要的关键词节点在图 1 中表现为面积更大的矩形，而核心关键词之间的连线越粗表示关系越强，分别得到国内外民宿研究共词网络知识图谱，社会网络关系知识图谱为研究核心关键词之间的关系强弱提供了有效的可视化手段。本部分主要对民宿研究的关键词之间的关系强度进行分析。

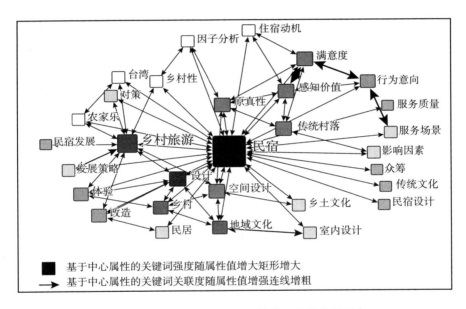

**图 1　国内关于民宿研究文献的共词网络分析示意**

资料来源：中国知网文献数据库，1994～2018 年；本课题研究组整理绘制。

由图 1 可知，国内关于民宿的研究中有多组关键词的共现强度较大，包括服务场景与行为意向、满意度与行为意向、满意度与感知价值、地域文化与室内设计等。由此可知，国内关于民宿的研究关注到影响游客行为意向的方面，包括服务场景、感知价值、满意度等。同时，国内研究还关注到地域文化在民宿室内设计中的突出作用。

由图 2 可知，国外研究有多组关键词的共现强度较大，主要体现在乡村旅游与社区参与、生态旅游与保护、房东与社会资本、民宿与保护、承诺与社区旅游等方面。由此可以看出，国外关于民宿的研究更加关注对于原生态民宿的保护以及社区旅游发展过程中民众关于民宿经营的参与等方面。

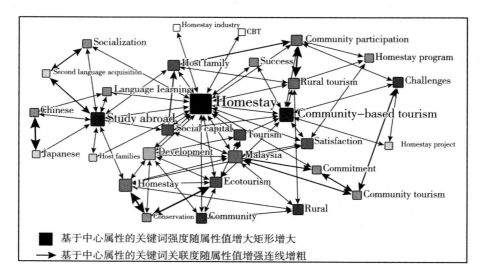

**图 2　国外关于民宿研究文献的共词网络分析示意**

资料来源：Web of Science 核心合集数据库，1984~2018 年；本课题研究组整理绘制而成。

## （二）生活质量的文献图谱分析

### 1. 国内外关于生活质量研究的文献发展概述

首先，本文通过在中国知网文献数据库以"生活质量"为关键词进行精确检索，1990 年至 2018 年共得到 132227 条检索记录。从 1990 年开始，国内对于生活质量的关注起初增长平缓，后期增长较为迅速。主要研究领域包括临床医学（60582）、肿瘤学（16071）、中医学（6950）、外科学（4932）、心血管系统疾病（3303）、神经病学（3235）、内分泌腺及全身性疾病（2951）、精神病学（2583）、建筑科学与工程（1683）、泌尿科学

（2359）等，相关领域的研究学者做出了重要的贡献。

其次，本文从 Web of Science 核心合集数据库以 Quality of Life 或 Life Quality 为主题词，以年份为 1990 年至 2018 年进行检索，共提取到 341121 条文献记录，结果发现，国外对于生活质量的研究呈指数增长趋势。主要研究方向包括 Oncology（29403）、Neurosciences Neurology（28337）、General Internal Medicine（26398）、Health Care Sciences Services（22949）、Surgery（22021）、Public Environmental Occupational Health（19652）、Psychiatry（17874）、Psychology（17733）等，国外学者对肿瘤学、神经病学、外科学、公共环境职业健康、心理学等方面的生活质量研究做出了较为集中的探讨，主要体现在医学领域。

2. 国内外关于生活质量研究的关键词语比较

本文进行国内外生活质量研究关键词比较。除了生活质量（1496）外，国内高频关键词还包括影响因素（138）、抑郁（74）、乳腺癌（64）、社会支持（61）、护理（52）、老年人（52）、焦虑（45）、糖尿病（44）、健康教育（43）、癫痫（42）等，由此可见国内关于老年人各种疾病、影响因素及其对策等是研究的热点。国外高频关键词包括 Quality of Life（1294）、Health-related Quality of Life（94）、Asthma（54）、Schizophrenia（52）等，表明国外更多将生活质量的研究热点集中于哮喘、精神分裂症等医学领域，关注患者的生活质量（见表2）。

**表2　国内外生活质量研究关键词频数前20位**

| 中文关键词 | 频次 | 英文关键词 | 频次 |
|---|---|---|---|
| 生活质量 | 1496 | Quality of Life | 1294 |
| 影响因素 | 138 | Health-related Quality of Life | 94 |
| 抑郁 | 74 | Asthma | 54 |
| 乳腺癌 | 64 | Schizophrenia | 52 |
| 社会支持 | 61 | Questionnaire | 45 |
| 护理 | 52 | Epilepsy | 43 |
| 老年人 | 52 | Depression | 41 |

续表

| 中文关键词 | 频次 | 英文关键词 | 频次 |
| --- | --- | --- | --- |
| 焦虑 | 45 | Questionnaires | 40 |
| 糖尿病 | 44 | Cancer | 38 |
| 健康教育 | 43 | Validity | 36 |
| 癫痫 | 42 | Life Satisfaction | 35 |
| 慢性阻塞性肺疾病 | 41 | Measurement | 34 |
| 冠心病 | 39 | Children | 33 |
| 脑卒中 | 37 | Reliability | 27 |
| 延续性护理 | 33 | Multiple Sclerosis | 25 |
| 肿瘤 | 32 | Health Status | 24 |
| 应对方式 | 32 | Rehabilitation | 24 |
| 化疗 | 31 | Psychometrics | 21 |
| 2 型糖尿病 | 30 | Prostatic Neoplasms | 20 |
| 精神分裂症 | 29 | Validation | 20 |

资料来源：中国知网文献数据库，Web of Science 核心合集数据库，1984～2018 年；本课题研究组整理而成。

### 3. 国内外关于生活质量研究的共词网络比较

设置中心度属性值最大的关键词和核心关键词之间的关系强度以基于属性值的方式展示，可更加直观形象地说明高频关键词和主要研究领域方向，即属性值越大越重要的关键词节点在图 3 中表现为面积更大的矩形，而核心关键词之间的连线越粗表示关系越强，分别得到国内外生活质量研究共词网络知识图谱，社会网络关系知识图谱为研究核心关键词之间的关系强弱提供了有效的可视化手段。本部分主要对关键词之间的关系强度进行分析。

由图 3 可知，国内研究有几组关键词的共现强度较大，分别为：焦虑与抑郁、生活质量与影响因素、应对方式与抑郁。由此可知，第一，焦虑和抑郁是国内学者研究生活质量的重要切入点；第二，国内学者对生活质量的研究关注其影响因素；第三，国内学者注重从抑郁的应对方式入手以期提高生活质量。

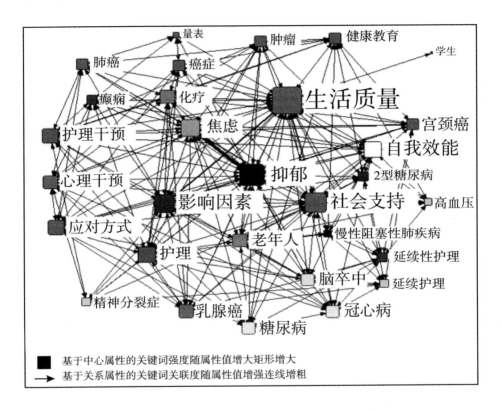

**图3 国内生活质量研究文献共词网络分析示意**

资料来源：中国知网文献数据库，1990~2018年；本课题研究组整理绘制。

由图4可知，国外研究有几组关键词的共现强度较大，包括信度与效度和健康相关的生活质量与心理学测量、精神分裂症与生活质量、青年与少年等关键词。由此可知，第一，国外学者注重衡量生活质量所用工具的信度与效度；第二，国外学者关注从心理学视角出发的生活质量；第三，国外学者多研究精神分裂症与生活质量的关系；第四，青少年群体的生活质量也是国外学者关注的焦点。

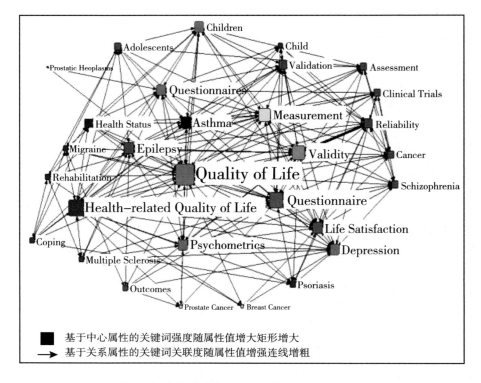

**图4 国外生活质量研究文献共词网络分析示意**

资料来源：Web of Science 核心合集数据库，1990～2018 年；本课题研究组整理绘制。

## 三　问卷设计与市场调研

　　第一，民宿旅游发展对当地社区居民经济生活质量影响认知的问卷前测检验。本研究借助问卷调查法，由于民宿旅游发展对当地社区居民经济生活影响认知各变量的测量问项和其他问项的设计会影响到研究结论，因此，本研究首先针对国内外已有旅游发展对当地社区居民经济生活影响认知研究的文献进行阅读，其次是邀请政府高层管理者和企业高层管理者、专家学者进行深度访谈并进行头脑风暴。为了确定问卷的信度和效度，能够实现科学规范的调研过程，在正式调研之前选择 50 名居民进行问卷的预调查，并在调查过程中收集当地社区居民的意见，对问卷表述的不当之处进行优化和改进调整。调查的总体目标为不同年份的民宿旅游发展对我国社区居民经济生活影响认知的年际差异分析。

第二，民宿旅游发展对当地社区居民经济生活影响认知问卷的设计内容。民宿旅游发展对当地社区居民经济生活影响认知的问卷分为两部分：第一部分是当地社区居民的个人基本情况，包括性别、年龄、婚姻状况、教育程度、职业、居住地、居住时长、家庭人口数、家庭人口工作数、家庭几代人一起居住、家庭月平均收入、对当地民宿旅游发展的建议等。第二部分是问卷的主题，设置了民宿旅游发展对当地社区居民经济生活影响认知的项目，共分为民宿旅游发展对居民经济生活的影响、对经济收入的影响、对经济发展的影响等。具体如下：首先是当地社区居民对于民宿旅游发展对自己经济收入影响的认知，包括以下问题：随着民宿旅游发展，您的收入比以前更高、您经济上比以前更为宽裕富足、您花费在生活必需品上的支出比以前更少、您花费在娱乐上的支出比以前更多、整体物价比以前降低了。其次是当地社区居民对于民宿旅游发展对当地经济影响的认知，包括以下问题：民宿旅游发展，增加了当地社区居民的整体收入、为当地带来了更多的就业机会、促进了当地高层次人才的引进、为当地吸引了更多的投资、增加了游客在当地的消费、使当地对外经济交流更加频繁、导致了当地商品和服务价格的提高、为当地政府贡献比以前更多的税收。

第三，民宿旅游发展对当地社区居民经济生活影响认知问卷的市场调研。本研究关于民宿旅游发展对当地社区居民经济生活影响认知的调查分别于 2014 年 1 月、2016 年 1 月和 2019 年 1 月对我国东部的上海、安徽、河北等省，中部的湖北、江西、山西等省，西部的云南、新疆、重庆、四川、甘肃等省区民宿旅游典型社区居民进行了民宿旅游发展对当地社区居民经济生活影响认知的问卷调查。为了保证民宿旅游发展对当地社区居民经济生活影响认知的问卷数据收集的真实性和可靠性，调查全过程采取不记名、多地点随机抽样的方式。此外，为了保证抽样样本对总体样本的代表性，保证民宿

旅游发展对当地社区居民经济生活影响认知研究结论的适用性，调查小组使用分层抽样法对调查样本的性别、年龄、收入等进行了恰当的控制。其中2014年发放600份问卷，共回收有效问卷580份；2016年发放700份问卷，共回收有效问卷690份；2019年发放600份问卷，回收有效问卷570份，剔除选项全部相同或者是漏填的选项，共得到有效问卷1840份，有效率为97%。

第四，民宿旅游发展社区居民受访者的社会人口统计学特征。2014年、2016年、2019年关于民宿旅游发展受访者的当地社区居民人口统计学的数据显示，这三年的人口统计学数据社会覆盖面较为广泛，时间跨度相当，样本中性别、年龄、受教育程度、经济收入水平、家庭结构方面的群体比例适中，为分析旅游业对当地社区居民经济生活影响差异的科学合理性结果提供了较好的保障。其中，三年抽样调研的民宿旅游受访者社区居民的社会人口统计学特征分布如下。

在2014年关于民宿旅游发展对当地社区居民经济生活影响调查的居民受访者中，男性受访者略高于女性，55.34%的当地社区居民处于已婚状态，21～30岁和31～40岁的当地社区居民所占比例较高，分别为38.79%和30.69%，当地社区居民受教育水平较高，60.52%的当地社区居民为大学学历，当地社区居民中较多是学生和公司职员，分别为22.76%和16.9%，43.28%的当地社区居民为三口之家，半数家庭中有2人参加工作，51.21%的当地社区居民是两代人一起居住，49.82%的当地社区居民月工资在5000元以上。

在2016年关于民宿旅游发展对当地社区居民经济生活影响调查的居民受访者中，女性当地社区居民略高于男性，58.26%的当地社区居民处于已婚状态，21～30岁和31～40岁的当地社区居民所占比例较高，分别为35.22%和18.41%，当地社区居民中大学学历占比最高，为24.49%。当地社区居民较多为农民和学生，分别占比22.90%和25.22%。家庭总人口数为3人和4人的所占比例较高，分别为35.65%和29.13%。大部分当地社区居民是两代人一起居住，所占比例为50.87%。超过半数家庭有2人参加工作，家庭月平均收入 2001～3000 元所占比例最高。

在 2019 年关于民宿旅游发展对当地社区居民经济生活影响调查的居民受访者中，男性当地社区居民略高于女性，57.50% 的当地社区居民处于已婚状态，21～30 岁和 31～40 岁的当地社区居民所占比例较高，分别为38.42% 和 26.03%。43.80% 的当地社区居民为大学学历。当地社区居民中较多是学生和公司职员，分别为 22.99% 和 15.76%。37.07% 的当地社区居民为三口之家。49.18% 的当地社区居民是两代家庭一起居住，53.32% 的当地社区居民有 2 人参加工作，家庭月平均收入 7001 元以上所占比例最高。

## 四　年际差异与发展特征

### （一）民宿旅游发展对社区居民生活收入影响认知的发展差异特征

表3　民宿旅游发展对当地社区居民收入影响认知的年际方差分析比较

| 民宿旅游发展对社区居民收入的影响 | 年份 | 均值 | 标准差 | t 检验结果 | | | α |
|---|---|---|---|---|---|---|---|
| | | | | t | df | Sig. | |
| 您的收入比以前更高 | 2014 | 3.42 | 1.014 | 1.654 | 1801.186 | 0.275 | 0.715 |
| | 2016 | 3.37 | 1.116 | | | | |
| | 2019 | 3.47 | 1.022 | | | | |
| 您经济上比以前更为宽裕富足 | 2014 | 3.35 | 1.695 | 2.591 | 1263.096 | 0.008* | |
| | 2016 | 3.45 | 1.123 | | | | |
| | 2019 | 3.38 | 1.000 | | | | |
| 您花费在生活必需品上的支出比以前更少 | 2014 | 3.05 | 1.080 | 4.853 | 1826.145 | 0.005* | |
| | 2016 | 3.16 | 1.194 | | | | |
| | 2019 | 3.23 | 1.065 | | | | |
| 您花费在娱乐上的支出比以前更多 | 2014 | 3.42 | 1.024 | 0.086 | 1823.137 | 0.856 | |
| | 2016 | 3.42 | 1.122 | | | | |
| | 2019 | 3.44 | 0.985 | | | | |
| 整体物价比以前降低了 | 2014 | 2.92 | 1.239 | 33.319 | 1825.751 | 0.000*** | |
| | 2016 | 2.46 | 1.238 | | | | |
| | 2019 | 2.74 | 1.259 | | | | |

注：＊表示 P＜0.05，＊＊＊表示 P＜0.001。

资料来源：本课题研究组市场调研分析结果，2014～2019 年。

首先，根据表3结果可知，当地社区居民认为民宿旅游发展对其收入影响，在"您花费在生活必需品上的支出比以前更少"题项上，2014年、2016年和2019年这三年间存在显著差异。其中，2019年最高、2014年最低，2016年中等。其原因如下。

第一，旅游发展阶段。随着民宿旅游发展，旅游目的地社区居民态度也会有不同的变化，居民对旅游发展的态度经历兴高采烈、冷淡、恼怒以及对抗四个阶段。在民宿旅游起步阶段，居民会对民宿旅游业带来的收入持兴高采烈的态度；但是随着民宿旅游发展与游客量的不断增加，居民不满足于同样的旅游收入，反而会对外来游客十分冷淡；旅游发展的后期阶段，民宿旅游会给居民带来生活成本的增加和环境的污染，居民会恼怒甚至对抗民宿旅游的发展。

第二，参照群体作用。根据参照群体理论，社区居民在此过程中会把国家整体发展水平和周边社区居民的生活水平作为自己的参照群体。随着国家经济水平的发展，整体恩格尔系数下降，收入水平提高，居民对于物价的认知就不会那么明显；人们对旅游休闲的需求普遍增加，居民的认知会参照周边人的生活，加大对教育方面的投入，对生活花费的支出占家庭支出的比重降低。

其次，根据表3结果可知，当地社区居民认为民宿旅游发展对其收入影响，在"您经济上比以前更为宽裕富足"题项上，2014年、2016年、2019年三年间存在显著差异，其中2016年最高，其次是2019年，2014年最低。其原因如下。

第一，经济增权认知不均衡。由于不同民宿旅游发展的模式不同，社区居民对于民宿旅游带来的经济发展感知表现为经济增权和经济去权，获得直接性民宿旅游收益的居民属于经济增权，获得间接性民宿旅游收益的当地社区居民属于经济去权。新媒体时代与信息时代下，当地社区居民获取民宿旅游相关信息的渠道更加多样化，当地社区居民会通过社交媒体发泄自己的不满或者是表达对民宿旅游带来收益的惊喜，居民互相了解后，经济去权认知会更加强烈，故民宿旅游发展对当地社区居民在经济生活等方面的影响比以前更大，表现为 2019 年低于 2016 年。

第二，社区旅游参与度差异。民宿旅游目的地居民参与民宿旅游的方式和途径不同，民宿旅游发展前期，居民对于民宿旅游经济收益的认知与开发前相比会显著提高；但是随着民宿旅游的发展，一些邻近民宿旅游的社区居民，如从事餐饮、住宿、商品等业态经营的居民会更多地参与到民宿旅游发展中，有更多的参与民宿旅游发展的机会，可以谋取更多旅游红利，而大部分民宿旅游边缘的居民，其参与机会较少，经济收益仍不变，故民宿旅游目的地的社区居民在经济上比以前更为富裕充足的认知会先上升后下降。

再次，根据表 3 结果可知，社区居民认为民宿旅游发展对其经济收入影响，在"整体物价比以前降低了"题项上，2014 年、2016 年、2019 年三年间存在显著差异，其中 2014 年最高，2016 年最低，2019 年中等。其原因如下。

第一，脉冲效应。民宿旅游发展虽然为旅游目的地带来了经济效益，但也使得当地社区居民的物价上涨指数增加，政府会对价格进行宏观调控，区分居民生活区和民宿旅游区。近两年随着环境污染的增加，一些电子企业被限制生产导致相关民宿旅游产品的生产成本增加、价格上涨，农业产品由于自然灾害等原因供应量减少，肉类生产由于出现禽流感等疾病供应量减少，在客观的大环境中物价上涨，故在"整体物价比以前降低了"方面出现 2014 年最高、2016 年最低、2019 年中等的情况。

第二，多重差异。居民对于物价以及生活的评价主要是与周围其他居民的生活状况、自己认为值得的生活状况，以及过去最好的生活状况相比较。在民宿旅游发展初期，居民对于物价的评价倾向于与过去的生活状况相比，为获得一定的经济收益，民宿开发初期景区周边的物价有所上涨，包括饭店、购物等与居民息息相关的方面，故 2014 年物价认知水平最高；后期会与自己周边的居民相比，在宏观大环境中，居民有了更多的人生阅历，与自己认为值得的生活状况相比，故 2019 年又会上升。

又次，根据表 3 结果可知，当地社区居民关于民宿旅游发展对居民收入的影响，在"您的收入比以前更高""您花费在娱乐上的支出比以前更多"

等题项上，2014 年、2016 年和 2019 年这三年间，并不存在显著差异。其原因如下。

第一，节俭价值观。在中国历史文化中，节俭是资源使用与物质需求满足的价值观，随着时代的发展和科学技术水平的提高，人们的收入增加，但是消费支出也在不断增加，虽然娱乐消费互动更加多样化，但是出于节俭的价值观，居民还是会秉承高性价比的原则，会将自己的行为与孩子以及家人的社会关系相联系，以实现未来更好的生活，也就是说会更多的安于节俭、乐于节俭，不会认为是一种缺失。故而人们花在娱乐方面的支出还是会按照自己的收入水平合理配置，不会产生显著差异。

第二，可持续发展。中国式父母与西方父母不同，中国式父母更多的会倾向于为子女安排好生活中的一切，随着全民教育水平的普遍提高，学生的学习压力和竞争压力不断增加，在九年义务教育阶段，早教班、各类特长课程、各科的补习班、奥数班，都需要大量的支出。且随着二孩政策的施行，从早教到大学结束，家庭需要承担更大的压力。因此，考虑到子女未来的学习和工作，居民会将娱乐消费转化为子女所需的教育费用，减少娱乐消费的支出，以保证教育消费的支出。

最后，根据关于民宿旅游发展对当地社区居民收入影响的结果，提出以下民宿旅游发展对当地社区居民收入影响的供给侧结构性改革策略。

第一，减少课外支出，监督教学质量的供给侧结构性改革策略。一方面，教育部门和学校应该增加基础教育中关于书法、舞蹈等课程的设置，保障学生的全面发展，夯实教育水平的提高，实现学生的德智体美劳全面发展，对教师的学科教育水平进行严格审核，尤其是语文、数学、英语等通识课程，减少学生校外辅导的可能性，减少家庭在课外辅导方面的支出；此外，关于课外机构的学费应该设立监督机制，家长为了孩子的成绩提高，会报名参加授课教师的课外辅导班，因此应严禁在校老师在外开办辅导班，减少家庭的课外辅导费用支出。

第二，民宿优惠准入，居民优惠参与的供给侧结构性改革策略。根据积极情绪扩建理论，积极情绪不仅可以建构自我的心理防线，还可以扩展自我思维，促进个体持久处于积极的状态。因此，增加居民的娱乐休闲活动对于居民幸福感的提升是很有帮助的。民宿旅游目的地应该针对居民采取某些优惠准入政策，使得居民可以使用更多民宿旅游目的地的娱乐设施，参与到与游客的互动中去，如民宿旅游景区可定期举办一些居民与游客共同参加的娱乐活动，还可以推出一些新平台，鼓励居民自荐成为网约导游，带领民宿游客参观讲解，增加其休闲活动的多样性。

## （二）民宿旅游发展对社区居民经济生活影响认知的发展差异特征

表4　民宿旅游发展对社区居民经济生活影响认知的年际方差比较

| 民宿旅游发展对当地社区居民经济生活影响 | 年份 | 均值 | 标准差 | t 检验结果 | | | α |
|---|---|---|---|---|---|---|---|
| | | | | t | df | Sig. | |
| 增加了当地社区居民的整体收入 | 2014 | 3.61 | 0.943 | 1.173 | 1812.154 | 0.113 | 0.836 |
| | 2016 | 3.62 | 1.053 | | | | |
| | 2019 | 3.70 | 0.932 | | | | |
| 为当地带来了更多的就业机会 | 2014 | 3.64 | 0.898 | 14.961 | 1825.126 | 0.000 *** | |
| | 2016 | 3.64 | 0.971 | | | | |
| | 2019 | 3.92 | 0.827 | | | | |
| 促进了当地高层次人才的引进 | 2014 | 3.53 | 0.931 | 0.291 | 1815.654 | 0.342 | |
| | 2016 | 3.54 | 0.958 | | | | |
| | 2019 | 3.58 | 0.968 | | | | |
| 为当地吸引了更多的投资 | 2014 | 3.61 | 0.927 | 28.516 | 980.056 | 0.000 *** | |
| | 2016 | 3.55 | 0.984 | | | | |
| | 2019 | 3.96 | 1.870 | | | | |
| 增加了游客在当地的消费 | 2014 | 3.78 | 0.946 | 17.307 | 1815.410 | 0.000 *** | |
| | 2016 | 3.58 | 0.967 | | | | |
| | 2019 | 3.91 | 0.873 | | | | |
| 使当地对外经济交流更加频繁 | 2014 | 3.73 | 0.903 | 17.327 | 1807.091 | 0.000 *** | |
| | 2016 | 3.54 | 0.946 | | | | |
| | 2019 | 3.87 | 0.839 | | | | |
| 导致了当地商品和服务价格的提高 | 2014 | 3.85 | 0.935 | 6.577 | 1818.397 | 0.001 *** | |
| | 2016 | 3.74 | 0.938 | | | | |
| | 2019 | 3.95 | 0.842 | | | | |

续表

| 民宿旅游发展对当地社区居民经济生活影响 | 年份 | 均值 | 标准差 | t 检验结果 | | | α |
|---|---|---|---|---|---|---|---|
| | | | | t | df | Sig. | |
| 为当地政府贡献比以前更多的税收 | 2014 | 3.90 | 0.903 | 18.799 | 1787.789 | 0.000 *** | 0.836 |
| | 2016 | 3.60 | 1.005 | | | | |
| | 2019 | 3.90 | 0.837 | | | | |

注：*** 表示 P<0.001。

资料来源：本课题研究组市场调研分析结果，2014~2019 年。

根据表4可知，当地社区居民关于民宿旅游发展对当地经济影响中，民宿发展"为当地带来了更多的就业机会""为当地吸引了更多的投资""增加了游客在当地的消费""使当地对外经济交流更加频繁""导致了当地商品和服务价格的提高""为当地政府贡献比以前更多的税收"等方面在2014年、2016年和2019年三年间存在显著性差异，其中民宿旅游发展"为当地吸引了更多的投资""增加了游客在当地的消费""使当地对外经济交流更加频繁""导致了当地商品和服务价格的提高"的均值，2019年最高，2016年最低，2014年处于中等，主要原因如下。

第一，民宿产业的综合属性。首先，民宿旅游产业是综合性的产业，带动了民宿旅游发展，增加了就业机会，同时也推动了行业供应商类、政府机构类以及商品供应类等其他旅游间接企业的发展。其次，随着民宿旅游需求的不断增加，为了优化旅游业的供给，民宿旅游目的地实施全域旅游的发展战略，不断增强民宿旅游基础建设，不断丰富民宿旅游产业的业态，增加民宿旅游产品供给。最后，旅游业具有生产和消费同步性的特点，需要面对面地为民宿游客提供服务，进而也就为当地社区居民创造了更多的就业机会。

第二，民宿收益的非均衡化。民宿旅游发展对当地经济的发展有一定的影响力，但不显著，空间上呈现"距离衰减效应"，对当地社区居民的经济收入效用十分有限。靠近民宿旅游发展中心的社区，从民宿旅游经济中受益多；远离民宿旅游的社区，从旅游经济中受益少。同时，旅游增速放缓不代表经济衰退。2014年的增速最快，2016年和2019年增速有所放缓，不代表旅游发展对这两年当地经济没有正向积极的作用，只能说明没有 2014 年增速这么快，为当地政府贡献比以前更多的税收方面的认知均值 2016 年较 2014 年和 2019 年低。

根据表 4 结果可知，居民关于民宿旅游发展对当地经济影响的认知，在"增加了当地社区居民的整体收入""促进了当地高层次人才的引进"方面，2014 年、2016 年和 2019 年三年间并不存在显著差异，其主要原因如下。

第一，旅游利益在居民间非均质化。民宿旅游发展中的主要受益者是资本所有者，而非旅游从业者，政府从旅游发展中获得了外部效应。由于很多民宿旅游经济基础差，因此外来资本占据大部分旅游市场。民宿旅游的开发，虽使社区居民增加了收入来源，生活得到改善，但当地社区居民进入民宿旅游行业的主要原因是住宿空闲，并且社区居民从事民宿旅游的形式多是与个体商户或景区管理部门合作以雇佣或者租赁形式为主，有规模和直接参与民宿旅游开发经营的很少，故而三年间在增加居民的整体收入等方面差异并不显著。

第二，人才引进在地域分布上非均衡化。目前各省市均制定人才引进政策，虽然提供丰厚的工资待遇以及科研待遇，但是各专业领域的人才还是倾向于选择北上广等经济发展较快的城市。而民宿旅游作为服务性较强的行业，相对于第一产业和第二产业，其对于高端人才的需求较低，故而民宿旅游发展对于当地人才的引进方面不存在显著的差异影响。

## 五 供给侧结构性改革对策

### （一）民宿旅游发展对社区居民生活收入影响认知的供给侧结构性改革对策

根据民宿旅游发展对社区居民经济收入影响认知的数据分析结果，特提出以下民宿旅游发展的供给侧结构性改革策略。

第一，培养目的地品牌，增加民宿旅游目的地自信的供给侧结构性改革

策略。首先，增强民宿旅游产业的网络可达性，新媒体时代下采取多元化的营销方式可以增加民宿旅游产业的识别度，与小红书、抖音短视频、微博等用户忠诚度较高的社交媒体合作，投放精心制作的用户生成内容，培养民宿旅游目的地品牌，通过创新来延长民宿旅游的产业链。其次，民宿旅游发展中目的地要定期对当地社区居民的经济收入认知进行调查，并且结合相关政策对居民收入进行调整，增加当地社区居民参与民宿旅游发展的机会，增加当地社区居民在民宿旅游产业的就业人数，使得当地社区居民保持对民宿旅游发展的收益满意度。

第二，提升居民效能感，优化居民优势感的供给侧结构性改革策略。首先，政府进行民宿旅游发展规划前，能够事先倾听当地社区居民的意见和建议，了解居民的利益诉求，积极引导其自发参与，保证居民支持当地民宿旅游的发展。其次，民宿旅游管理组织可以借鉴发展良好的民宿旅游地居民参与民宿旅游的方式和经验，集合民宿旅游社区居民管理的所有优势，增强当地社区居民对所在民宿旅游目的地管理的认同感，在与其他参照群体的对比中，形成对本地民宿旅游目的地的积极认知。

第三，社区居民旅游增权，保障社区居民收益的供给侧结构性改革策略。民宿旅游发展过程中应该多关注居民——主要的利益相关者的利益，打破目的地政府、民宿开发商与居民不平衡的权力关系。在民宿旅游发展过程中，对于外来投资商投资的民宿旅游社区，政府应该掌握民宿旅游社区或民宿旅游目的地的所有权，民宿旅游开发商掌握其经营权，民宿旅游产业的专业管理团队掌握管理权。在民宿旅游发展过程中赋予社区居民更多的话语权与经济分享权，对于所有权属于政府的社区或者企业可鼓励实行居民入股制度，在居民作为股东的情况下，其民宿旅游发展的工作积极性和参与度也会提高。

第四，社区居民参与多样，平衡社区居民就业机会的供给侧结构性改革策略。目的地政府监督并且与旅游企业合作，减少旅游企业管理公司外聘员工的情况，增加当地社区居民参与民宿旅游发展的可能性，既可以减少雇佣外来员工的成本，也可以增加居民的民宿旅游就业机会；要平衡景区周边居民和景区较外围居民的民宿旅游就业机会、就业人数以及就业岗位，定期统计各家庭参与民宿旅游的人数，居民收入水平的提高会进一步增加其生活满意度。此外，还可以制定人才政策，吸引在外地的当地优秀人才返乡建设，提高居民对于民宿旅游目的地的社会认同感。

第五，宏观调控供给，智慧调控物价的供给侧结构性改革策略。目的地政府部门应该时刻关注到市场需求情况，时刻关注与人民生活以及旅游业密切相关的一些商品的价格动态，利用先进的技术手段提高物价变动的分析预测能力。民宿旅游目的地政府应该构建高效的多层次、分品种、全方位的物价调控体系，对生活必需品形成稳定的供货渠道，建立一定的信任与联系，以保证民宿旅游社区居民的物价认知不会出现大的变动。

第六，构建社区记忆，心理适应性提高的供给侧结构性改革策略。民宿旅游目的地政府应该与各社区合作，通过定期举办一些活动，如社区旅游之星评比、社区纪录片拍摄等，对自己的生活状况有影片式或者活动式的记录，形成居民对于生活状况的认知，在记录中感受生活状况的优化；另外，应该对宏观环境进行宣传，在社区的宣传栏或者超市等公共区域定期投放关于政策或者物价变化的报纸，增强居民对于物价上涨的心理调适能力。

## （二）民宿旅游发展对社区居民经济生活影响认知的供给侧结构性改革对策

根据民宿旅游发展对当地社区居民经济生活影响的数据分析结果，特提出以下民宿旅游发展对当地社区居民经济生活影响的供给侧结构性改革策略。

第一，打造电商经济，实现经济稳步增长的供给侧结构性改革策略。我国民宿旅游发展飞快，越来越多的传统旅游行业趋于网络化发展，民宿旅游带来人流量，拉动当地的电商消费。地方政府和个体经营者应该积极开拓当地民宿旅游电商，从当地电商门户端口打造社群电商入口，通过社群端口获取民宿旅游用户信息，以此来建立游客画像，了解用户需求，推送产品，让

用户购买。通过当地特产来满足绝大多数的用户，从而拉动当地经济发展。特别是在节假日、游客生日或者纪念日向游客发送短信邀约，使游客有重游的意愿。

第二，打造品牌景区，建立景区品牌效应的供给侧结构性改革策略。只有具有较高知名度、美誉度的民宿旅游产品，才能形成一定的民宿旅游品牌。民宿旅游品牌的推广，要有统一的标志、图案、颜色及格调来开展市场营销，可采用广告媒体、制作风光片、聘请旅游形象大使、策划节事活动、营销推广等开展形象宣传和产品促销，加强民宿旅游景区品牌的维护与管理。还可以利用法律武器对民宿旅游商标进行排他性保护，及时向工商行政管理机关举报或向法院投诉侵权、假冒行为，依法保护自己的商标，充分行使商标注册人的合法权益。

第三，通过打造民宿活动，满足游客多重需求。在当今全新的时代，人们久居都市，厌倦了都市熟悉的一切，倡导一种回归大自然亲近大自然的旅游消费观念，形成一种返璞归真热潮。民宿旅游游客越来越注重体验而不是仅仅满足于观赏，更多的年轻民宿旅游团队或散客，注重自己体验与参与。在民宿旅游目的地，设置闯关竞赛或迷宫活动等，可以激发游客的好胜心，并为户外竞赛爱好者提供了很好的休闲娱乐场所，若不时更换一些民宿旅游项目还能很好地吸引回头客，从而结伴而来的游客可能会越来越多。所以，策划多种多样的民宿旅游体验型活动，也是应对目前客户需求的重要营销方式。

第四，优化人才引进，提供多元福利政策。民宿旅游产业虽然是服务型产业，但是民宿旅游发展与当地文化的传承是分不开的，民宿旅游发展的目标与当地文化形象的确立是一脉相承的。首先，民宿旅游目的地应该重视旅游人才引进策略，鼓励当地的优秀人才投身当地民宿旅游业，为当地的旅游产业谋发展。其次，目的地应该成立民宿旅游发展专业委员会，聘请旅游学术界的专家学者、优秀的旅游企业家，为目的地民宿旅游发展出谋划策，以促进当地民宿旅游的稳定发展。

## 参考文献

陈瑾：《发展民宿经济与提升乡村旅游品质研究》，《企业经济》2017 年第 8 期。

陈云：《民宿服务场景对顾客行为意向的影响研究》，南京财经大学博士学位论文，2016。

丁晓风：《民宿游客的感知价值研究》，安徽大学博士学位论文，2019。

方波：《民宿服务场景、场所依恋与顾客再次消费意愿的关系研究》，浙江工商大学博士学位论文，2018。

复旦大学电子图书馆：《Web of Science 核心合集数据库》，http：//202. 120. 227. 56：8331/V/825G3JQHR5SESE9UHS9IT7A8JVQJEAPMV1H2VD1JRE111A8P2E － 06337？ func ＝ native － link&resource ＝ FDU00331，2019 年 9 月 25 日。

复旦大学电子图书馆：《中国知网文献数据库》，http：//epub. cnki. net/KNS/brief/result. aspx？ dbprefix ＝ CJFQ，2019 年 9 月 25 日。

《中华人民共和国国民经济和社会发展第十三个五年规划纲要》，https：//baike. baidu. com/item/中华人民共和国国民经济和社会发展第十三个五年规划/18607900？fromtitle ＝ % E5% 8D% 81% E4% B8% 89% E4% BA% 94&fromid ＝ 8315166，2019 年 5 月 24 日。

郝诗雨、赵媛、李可：《厦门市民宿的空间分布特征与影响因素研究》，《华中师范大学学报》（自然科学版）2018 年第 6 期。

李晨阳：《上海乡村民宿顾客满意度测评与提升研究》，华东师范大学博士学位论文，2018。

李克强：《第十届夏季达沃斯论坛开幕式致辞》，http：//www. china. com. cn/travel/txt/2016 － 6/30/content_ 38783034. htm，2019 年 5 月 25 日。

廖军华、李盈盈：《以供给侧改革助推乡村旅游转型升级》，《世界农业》2016 年第 10 期。

刘瑞：《地方依恋视角下民宿游客感知价值与行为意向关系研究》，山东师范大学博士学位论文，2019。

刘贤菊：《重庆民宿消费者市场研究》，重庆师范大学硕士学位论文，2017。

马鹏、张威：《游客互动、体验价值、主观幸福感关系研究——一个民宿旅居者视角的实证检验》，《消费经济》2017 年第 5 期。

毛哲然：《桐庐县民宿发展现状及提升策略研究》，浙江农林大学博士学位论文，2015。

祁洪玲：《大连金石滩滨海旅游地演化进程、机制与调控对策研究》，东北师范大学博士学位论文，2019。

邱枫、干青亚、张望望：《基于游客感知的四明山民宿意象研究》，《华中师范大学学报》（自然科学版）2017 年第 4 期。

石洪凡：《我国乡村旅游中民宿的产生背景、特色定位及其发展策略》，《农业经济》2017 年第 12 期。

陶虹佼：《乡村振兴战略背景下发展民宿业的路径研究——以江西省为例》，《企业经济》2018 年第 10 期。

屠天诚：《民宿原真性对顾客满意度的影响研究》，浙江工商大学博士学位论文，2019。

王建芹、邓爱民：《环保责任与民宿可持续发展》，《生态经济》2018 年第 3 期。

王建芹：《主客互动的维度厘定与实证检验——以中国民宿行业为例》，《统计与信息论坛》2018 年第 11 期。

王璐、李好、杜虹景：《乡村旅游民宿的发展困境与对策研究》，《农业经济》2017 年第 3 期。

习近平：《决胜全面建成小康社会　夺取新时代中国特色社会主义伟大胜利》，http：//cpc. people. com. cn/n1/2017/1028/c64094－29613660. html，2019 年 5 月 24 日。

徐彬：《大理环洱海地区民宿旅游发展策略研究》，云南师范大学博士学位论文，2017。

徐雪微：《传统村落民宿旅游者选择意向的影响因素研究》，华东理工大学博士学位论文，2018。

阎晓梅：《民宿旅游意象对游客行为意向的影响研究》，东北财经大学博士学位论文，2016。

张广海、孟禺：《国内外民宿旅游研究进展》，《资源开发与市场》2017 年第 4 期。

张靖：《南京市商业民宿旅游业发展对策研究》，安徽大学博士学位论文，2017。

张野、李雪飞、赵新生：《乡村旅游发展中民宿经营管理的策略分析》，《农业经济》2019 年第 8 期。

赵婉琳：《民宿服务场景对游客地方依恋及行为意向的影响研究》，上海师范大学博士学位论文，2018。

赵雅萍：《湖州市民宿空间集聚及发展研究》，上海师范大学博士学位论文，2018。

中国文化和旅游部：《关于实施旅游服务质量提升计划的指导意见》，https：//www. mct. gov. cn/whzx/whyw/201902/t20190215_ 837315. htm，2019 年 5 月 29 日。

周佳宁：《长三角地区民宿服务质量、顾客价值与顾客满意研究》，华东师范大学博士学位论文，2018。

# B.13
# 民宿发展的国际经验与中国实践

马勇　徐圣*

**摘　要：** 民宿是现代旅游接待业中的重要形式，随着全球一体化的推进，国际旅游规模不断扩大，民宿由于其独特的文化优势在网络技术的推动下焕发新的活力。欧美日等国家和地区在民宿业发展上有着丰富的经验，近年来中国民宿市场迅速崛起，亟须借鉴其他国家在民宿服务、运营、法规等方面的经验。中国的民宿业通过政府的积极引导和民宿业的不断改进与创新，在合法合规经营的前提下，应提升民宿产品的市场供给，并积极利用多种技术手段来完善民宿的整个供应体系，在民宿的资本、形式、内容等多个维度不断创新以实现民宿的价值提升，进而实现中国民宿业的高质量发展。

**关键词：** 民宿产业　Airbnb　国际经验　高质量发展

在酒店业尚不发达的年代，旅行者通过支付一定的费用给民居主人换得一张床和一顿早餐，由此产生了"Bed and Breakfast"。在英国，"B&B"曾被悬挂在窗户下方作为标识来吸引游客入住。在民宿的表达上，"B&B"并非是各国民宿的通用标识，美国在不同的历史时期采用过"Boarding House""Tourist Home"，欧洲还有国家采用"Paradors""Gasthaus""Shukukos"等

---

* 马勇，湖北大学旅游发展研究院院长，研究方向：旅游与酒店投资等；徐圣，湖北大学商学院旅游管理系研究生，研究方向：旅游与酒店投资。

词代表民宿。日本民宿采用"Minshuku"，该词音译成"民宿"并逐渐在中国流行。总体上，民宿是主客间一种互惠互利的关系，房屋主人通过短租多余的宅邸获得额外收益，客人则可能是因为较低的住宿费用、更加个性化的经历或更多的当地文化展示而选择民宿。伴随着旅游业态的更迭和互联网的推动，民宿在新的历史时期呈现多样的形态，中国的民宿市场受制于发展历时短，民宿个体户乃至全民宿产业链均有较大的提升空间。借鉴欧美日国家和地区的发展经验，对中国的民宿业高质量发展将大有裨益。

# 一　民宿业发展迎来重要机遇

民宿业是既传统又新潮的行业，其传统在于民宿业的发展已有百余年，新潮在于全世界范围内民宿的发展迎来新高潮，全球化、互联网以及新客群为民宿业的发展创造新机遇。

## （一）全球化激发民宿业发展新活力

人类的旅游活动最直观的表现是空间上的移动，旅游者在抵达一个新的地域环境后首要解决"食"和"住"两大问题。在民宿业发展早期，民宿通常被认作一种廉价的住宿形式，受制于当地旅游市场的整体规模，民宿市场规模在现代酒店业出现后开始缩小，尤其在美国，汽车旅馆、经济型酒店等业态直接替代了民宿。随着现代交通工具的出现，产业部门协调程度不断提升，旅游的全球化进程不断推进，二战结束后越来越多的美国人开始前往欧洲旅游，他们深刻感受到以英国民宿为代表的现代民宿形式，这些游客将民宿发展经验引入美国，美国的民宿业如"触底反弹"一般再次兴起。当前全球范围内的旅游市场规模持续扩大，跨国旅行成为时尚，2018年全球国际旅游规模达到121亿人次，相比2017年增幅达5%（见图1），得益于游客对住宿需求的扩大，民宿也借势发展。例如日本政府已经将民宿服务用于解决2020年东京奥运会期间外籍游客的住宿问题。由于资本市场的不断完善，诸多设想得以转变为现实，互联网平台在资本的推动下崛起，民宿业在资本的扶持下也出现了集团化发展的趋势，例如雅诗阁（ASCOTT）、雅高（Accor）、途家等均为民宿提供管理支持。旅游的国际化还体现在不同文化之间的交流与融合，由于民宿植根于本土文化，其与周边的环境在很大程度上反映了地区的原生文化，这种对文化的可视化表达也吸引着有相关需求的游客群体。

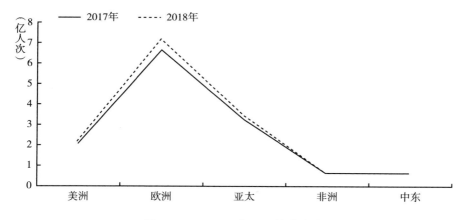

**图1　2017～2018年国际旅游人次**

资料来源：World Tourism Organization，provisional data。

## （二）互联网提供民宿业发展新平台

近年来民宿业的蓬勃发展主要受益于互联网普及率的提高，在互联网普及之前，相比拥有完整平台体系的连锁酒店而言，个体经营的民宿由于缺乏预订渠道和展示平台，在旅游住宿业中的占比较低。直到Airbnb、Booking、HomeAway等民宿预订网站的出现，民宿业的市场规模才开始持续扩大，全世界的房源通过互联网呈现在网站页面上供游客选择，网站中醒目的民宿位置信息、价格信息、全细节照片以及视频展示不仅为旅客选择适宜的民宿提供了更加便捷的方式，还因为减少了预订中信息不对称的弊端而降低了旅客对于民宿的风险预期，民宿网络平台在短期内就引爆了热门旅游地区民宿业的发展。同时得益于PayPal、Apple Pay、Alipay等现代电子支付手段，民宿预订

的付款流程也更加安全和简单，这在全球范围内加快了民宿业的发展。自2008年Airbnb成立以来，其客房数量快速增长，已经超过了世界上任何一家酒店集团，截至2019年6月，Airbnb为全球范围内的191个国家或地区提供服务，用户数量超过1.5亿人，房源超过600万套，平均每晚有50万人入住，预订价格平均为每天80美元。国内以途家平台为例，截至2018年底，其房源约120万套，主要服务国内400多个目的地，平台活跃用户数量超过300万人。

### （三）新客群构建民宿业发展新格局

时代变迁造就了每一代人独特的消费特征。进入21世纪后，"千禧一代"占据了休闲旅游者的40%，他们能熟练使用互联网，有着时尚的个性化需求又很节俭，是不可被忽视的消费群体，其整体上旅游消费特征体现为出行高频化、消费大众化、客群年轻化以及需求品质化。2018年民宿的预订群体中21~30岁群体占到45.99%，20岁及以下群体由2017年的3.23%上升到7.6%。民宿业作为旅游接待业中的重要组成部分，其发展格局同样需要契合新客群在旅游住宿方面的新需求，目前的旅游消费需求很大程度上受到了后现代主义思潮的影响，在后现代旅行意识的影响下，旅游者的诉求由标准化的旅游产品转变为对体验性、探索性和求知性的追求。这种新的价值诉求体现在旅游产品的各个方面，不仅表现在游玩过程中更加重视体验，还表现在住宿中也要追求一个情感的满足感。这种游客对旅行产品多样需求的特征既是民宿业发展的基础也是其不断完善的方向。外国游客也是民宿发展中不可忽视的客群，随着国际交往更加密切，中国、越南、泰国、巴西等发展中国家开始成为热门旅游地区，国际旅游业务的发展对民宿的预订渠道、服务品质、支付手段等提出了更新的要求。这些新客群的现实需求在很大程度上构建了目的地国家民宿发展的新格局。

## 二 国外民宿业发展经验

国外民宿业正在不断提质升级，其服务更加多样，国际化程度更高，经营指导更加全面，法律制度更加完善，形成了一种良性发展的局面，不仅带来了更多收益，也加快了旅游目的地的打造。

## （一）差异竞争，拓展民宿市场覆盖面

民宿要在与标准酒店业的竞争中求生存就要实现不对称优势。Nuntsu指出民宿中的原生要素为客人提供了一个友善且亲近的氛围进而促动其去了解当地的人文自然环境；Tussyadiah通过研究美国和芬兰的旅游者发现，促使其选择民宿的两大因素分别是社交和消费。20世纪80～90年代，B&B行业开始从简单的家庭化建筑转向个性化设计的豪华建筑，预订服务能力和客房服务标准逐步提升。目前B&B有80%的收入来源是客房租赁，礼品、食品、水疗等服务销售占到了20%。B&B的未来发展趋势是加入越来越多的服务类型，例如水疗、酒水、会议等，以此来保持与大型酒店的竞争。不难发现，民宿的服务类型与现代高星酒店类似，但在服务的细节上又凸显个性。民宿的价格亦是其一大竞争优势，目前在欧洲地区民宿的平均价格比当地酒店低8%～17%，在美国的前25个市场中，民宿的价格比酒店低6%～17%。HVS估算酒店每年因民宿导致的直接收入损失约4.5亿美元。

根据Airbnb提供的2019年民宿预订率数据，韩国江陵以2175%的民宿预订率成为全球最受欢迎的旅游目的地。美国的印第安纳波利斯（256%）、哥伦布市（254%）等中西部城市的民宿预订率增长显著，主要是因为这些民宿靠近国家公园，有着良好的自然环境。加拿大的埃德蒙顿（284%）和弗尼（179%）邻近加拿大落基山脉，自然风光和城市古朴氛围吸引了大量旅游者。越南以低廉的物价和海洋风光也成为具有吸引力的目的地。图2为2019年民宿预订率前10的旅游目的地，这些地区的预订率均超过200%。①

---

① https://ipropertymanagement.com/airbnb-statistics/。

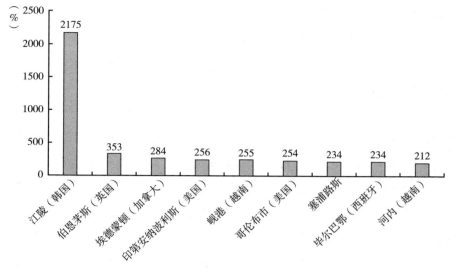

**图2 2019年民宿预订率前9的旅游目的地**

资料来源：https：//ipropertymanagement. com/airbnb – statistics/。

## （二）积极引导，提升民宿经营专业度

有学者对比分析民宿成功与失败的案例，发现民宿的成功关键在于应对顾客需求、内部治理、市场营销以及人力成本方面。不同于拥有完整服务体系和管理章程的现代酒店业，绝大多数民宿的经营管理由业主自身来完成，在当前"细节决定成败"的商业环境中，重视民宿的细节管理，通过课程培训、指导手册、政策扶植等手段引导民宿有序发展显得尤为必要，美国阿拉斯加（Alaska）地区政府就为潜在的民宿经营者提供了一份指导手册，主要的架构如图3所示。

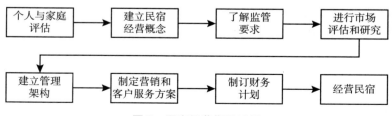

**图3 民宿经营指导手册**

这一架构将民宿的经营准备阶段分为七个部分，第一部分强调利用自家房屋进行民宿的经营活动建立在对自身与家庭诉求的评估基础上。表1为评价量表，旨在评价业主是否适合从事民宿经营。通常一个好的民宿经营者会具有以下特征：①热爱餐饮和娱乐；②享受房屋装修和改造；③具有酒店业的从业背景；④具有小型企业的管理经验。

**表1　业主是否适合从事民宿经营评价量表**

| 评价内容 | 是/否 |
| --- | --- |
| 能否自我激励以及具备良好的沟通技能以消除压力、愤怒与误会 | |
| 能否提供热情且有礼貌的服务——常会为客人做任何事 | |
| 能否在经常被打扰以及客人需求不断变化的情况下长时间工作 | |
| 能否多次热情回答同一个问题 | |
| 能否以礼貌和友好的方式同与你可能有冲突或意见分歧的客人交谈 | |
| 能否提供干净的卧室、浴室以及公共区域，提供一对一服务并维护好房屋设施 | |
| 能否遵循卫生部门标准和许可要求，制定菜单并提供餐饮服务 | |
| 能否制作手册、广告和宣传材料 | |
| 能否掌握簿记和会计——制定和执行预算，理解财务报表和营业税相关要求 | |
| 能否制定决策与计划，从经营中学习，必要时调整服务行为 | |

第二部分强调经营者需要明白如何开展民宿业务，经营者需要从"区位、设施、标准"这三个方面来制订业务开展计划。①评估当地游客的过夜需求以及民宿总量；②对房屋的厨房、卧室、浴室以及公共区域进行相应的改造以满足客人的需求；③制定一套服务标准，一方面对客人进行约束，主要从"宠物、儿童、饮酒、抽烟、宵禁、娱乐"等方面展开；另一方面则为客人提供其他服务，包括接机、洗衣、导游等。第三部分强调民宿的经营活动需要在法规允许的框架下进行，包括经营许可、卫生标准、食品安全标准、消防标准、建筑标准以及保险、税收与经营性娱乐相关政策等。第四部分指出经营者需要了解市场的现实需求和同类民宿产品的供应情况，做到有利可图。第五部分指出民宿同样需要完整的管理架构，尽管大部分民宿以独资企业的形式存在，但是随着管理公司的进入，民宿的管理架构正变得多元化，每一种组织形式都有明显的利弊，业主需要结合自身的技能和价值诉

求来选择合适的管理架构。第六部分指出民宿的市场营销对于经营收益起到重要促进作用，营销活动主要围绕着五个方面来进行：①寻找潜在的入住者，这些人主要是一般游客、商务人士、节事游客、走亲访友者，经营者需要结合人口特征确定目标市场；②市场的淡旺季，旅游业具有季节性特征，不同季节的到访游客量呈现明显的变化；③全球化趋势，随着旅游全球化程度的不断推进，入境旅游市场应该作为民宿业开发的重点市场；④价格，客房价格通常取决于四个因素，分别是区位、设施类型、餐饮类型、其他服务，费率的设定应该根据已有的设施和提供的服务决定；⑤竞争者，同一地区的住宅一般具有相近的风格，打造竞争优势以区别对手，对规避风险以及提高收益有帮助。目前，民宿主要依靠网络营销来吸引全球客人，对于小型的民宿业主而言，营销手段通常受制于时间和预算，但营销是经营民宿所必需的。经营者需要投入足够的时间和金钱进行较长时间的营销，并对营销的效果进行监控以避免浪费资源。通过良好的服务来提升口碑也是行之有效的营销手段。

最后一部分即财务计划，其是民宿经营活动最重要的部分，主要包括启动资金、产品价格以及预期收益，启动资金一般包括客房的改造费用、设备购置费用和一次性用品采购费用，这些费用可能存在政府补贴部分，或者可以通过融资的手段获取，这就需要业主去查询相关的补贴政策。①

### （三）重视管理，指引民宿业良性发展

民宿的发展受到了所在地社会环境、产业政策与行业监管的影响。在二战后，美国游客开始探索欧洲并重新认识了 B&B，与此同时国家公布了《国家历史保护法》（*National Historic Preservation Act*）和《税收改革法》（*Tax Reform Act*），法案中允许对老建筑进行保存和修复，并实行税收优惠。这为将历史建筑改造成民宿创造了条件。日本为了应对 2020 年东京奥运会

---

① Steps to Success for Rural Entrepreneurs: Starting a Bed and Breakfast, U. S. Department of Commerce Economic Development Administration, 3. 2008。

期间海外游客的住宿需求，鼓励居民利用闲置房间改建为住宿设施，并针对私人民宿存在的治安、卫生、物业问题于 2018 年 6 月 15 日正式实施《住宅宿泊事业法》，这一法案专门针对私人民宿服务，要求房东提供民宿标识、消防安全检查标识以及证明房间设施完善才能取得营业执照和许可编号；一年中的可营业天数最多为 180 天，并可提出限制性条件。例如东京大田区要求民宿只能在"国家战略特别区域"内经营；京都要求民宿仅在每年的 1 月 15 日到 3 月 15 日经营，且第三方经营的民宿低于 800 平方米；东京中央区在"平日"禁止民宿经营；北海道禁止民宿在学校附近经营，其他区域只能在周末及假日内经营。该法案还针对民宿业务的经营、管理和销售人员提出了监管方案，并包含惩罚措施。此外，荷兰阿姆斯特丹将整套房屋的出租时间限制在每年 60 天；巴黎限制为每年 120 天；伦敦限制为每年 90 天；旧金山限制为每年 90 天并且需要商业登记和短期租赁证明。显然政府通过制定法律来规范民宿的经营活动，旨在保障整个民宿业的健康可持续发展。

## 三　国内民宿业发展

### （一）供给升级，激发民宿行业新动能

纵观我国民宿发展，民宿的功能从满足基础性住宿需求向着满足房客更高层次的情感需求不断拓展。20 世纪 80 年代中后期，"农家乐"作为民宿的主要形式在乡村或海岛地区迅速发展，尤其对于农、林、牧、渔等自然资源丰富但较为偏远的地区投资较大规模的酒店，一方面回报周期可能较长甚至出现亏损，另一方面大量的基础建设会造成生态环境不可逆的破坏，日益增多的游客和不足的接待能力形成了供需矛盾，而发展民宿不仅能缓解供需矛盾，还能增加当地居民的收入。在城镇化的进程中，城市吸引了大量周边乡村的年轻人群，乡村的大量宅基地和住房开始闲置，盘活此类资源、创造经济价值对于推动乡村振兴具有重要意义。随着外来投资者加入乡村旅游目的地建设，酒店集团开始进驻乡村，此时"农家乐"与酒店共同构成了乡

村旅游接待实体。民宿在弥补了旅游接待业的空白部分后，开始注重场景的塑造和功能的提升，例如农业生产、自然奇观、奇花异草、个性艺术等都成为民宿场景塑造的原材料，我国"三里不同风，十里不同俗"丰富的文化底蕴成为民宿发展的资源优势，这一阶段中出现了莫干山裸心谷、温州墟里等"网红"民宿，这些高品质的民宿在很大程度上成为中国民宿高质量发展的模板。此外在城市中出现了如上海的"水舍""客堂间"等展示老上海氛围的民宿产品。截至 2019 年第一季度民宿的房源数量和线上交易额都呈现快速增长态势（见图4）。

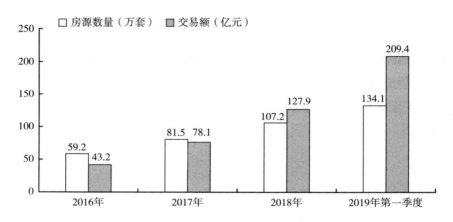

**图4　2019 年第一季度民宿的房源数量和线上交易额增长态势**

资料来源：Trustdata，2019 年中国在线民宿预订行业发展研究报告。

## （二）合力推进，打造民宿行业新前景

中国民宿产业的突飞猛进是多种因素合力的结果，主要与旅游产业发展、资本推动、技术升级、需求转变等因素相关。伴随着我国旅游业整体转型升级，旅游细分市场不断被开拓，共享经济的崛起和房产投资产生的闲置房源共同催生了城市民宿业的兴起，乡村振兴战略的实施也加速了中国乡村旅游转型升级，乡村民宿供给质量不断提高。民宿作为我国旅游接待业中的蓝海市场受到资本的追捧，在短时间内就迎来爆发式增长，"小猪"和"途

家"截至 2019 年第一季度均完成近 3 亿美元的新一轮融资，美团在获得 40 亿美元的融资后打造了"榛果民宿"，这种大规模的平台建设能够降低民宿经营门槛并提升运营质量。在技术方面，互联网企业的跨界经营为民宿的发展提供了强有力的技术支持，携程、去哪儿、飞猪等 OTA 平台为游客的定制化旅行提供了条件，拥有更多自主权的游客成为民宿业庞大的潜在用户群体，信息技术的发展为房客提供了包括视频、图像、全景图在内的多种房屋展现形式，大数据提供的用户画像也实现了房源供给与房客个性化需求的精准匹配。房客的多样化需求与民宿多种场景的契合是其在旅游住宿业中脱颖而出的核心优势。民宿旅游的核心在于主客间互动，这种互动不局限于主人的参与，更强调民宿的供给与游客对目的地的感知相匹配。例如建筑风格与环境的一致性、内部设施与居民家中陈设的相似性、服务类型与当地文化的相关性等都是影响民宿可持续发展的重要因素。莫干山的"裸心谷"表达出"洋家乐"的风格，后期开展的马术、高尔夫等活动与之贴合，这体现出经营者对消费者心理与地域特征的把握。例如在二孩政策放开后，家庭出游需要更大更自由的互动空间，民宿的多种房型能够满足家庭所需；2018 年我国宠物行业实现 27% 的增长率，携宠入住成为部分游客的核心需求，民宿灵活的经营模式能够满足这一需求。总体上在旅游产业整体向好的背景下，民宿在资本和技术的推动下实现了资源整合，通过多场景的服务来满足房客多样化需求，实现了自身快速发展。

### （三）政策保障，引领民宿行业新发展

2017 ~ 2019 年，国务院办公厅及各部委出台了一系列关于民宿的政策与文件，2017 年 2 月在《中共中央国务院关于深入推进农业供给侧结构性改革 加快培育农业农村发展新动能的若干意见》中提出发展乡村旅游与休闲农业，同年 7 月国家发改委发布《关于促进分享经济发展的指导性意见》，2018 年 3 月国务院办公厅发布的《关于促进全域旅游发展的指导意见》中明确指出"城乡居民可以利用自有住宅依法从事民宿等旅游经营活动"；2019 年 7 月国家文旅部发布了《旅游民宿基本要求与评价》（LB/T

065 – 2019），进一步规范了民宿的经营管理活动。在地方实施上目前可以借鉴的有上海市提出的《关于促进本市乡村民宿发展的指导意见》，该意见包含了民宿的指导思想、整体原则、设立条件和保障措施；上海市的奉贤区发布了《奉贤区乡村旅游民宿管理暂行办法（试行）》，文件中较为详细地提出了民宿的消防要求、治安要求、卫生要求、环境保护要求、餐饮服务要求这五类的具体标准，并给出相关许可证照的申办程序，经营者凭借民宿联合备案表去办理营业执照、小餐饮临时备案、上海市特种行业许可证（公安许可制）、公共场所卫生许可证（现场复核），证照齐全后方可进行民宿业的经营活动。海南省为加快推进全域旅游，助力乡村振兴，出台了《海南省乡村民宿管理办法》和《海南省促进乡村民宿发展实施方案》，总体上规范了乡村民宿管理，并对民宿发展提出了扶持政策。浙江省发布了《关于确定民宿范围和条件的指导意见》，该文件旨在规范民宿的规模和经营许可。以下为部分地区的民宿管理办法（见表2）。

**表 2 部分地区的民宿管理办法**

| 项目 | 上海市 | 海南省 | 浙江省 | 广东省 |
|------|--------|--------|--------|--------|
|  | 郊区、乡村 | 乡村 | 城乡 | 城镇、乡村 |
| 客房规模 | 独立式建筑,符合《上海市企业住所登记管理办法》 | 经营用单栋民宿面积低于 800 平方米,客房数量不超过 14 间;床位数低于 30 张;客房净面积不少于 8 平方米(不含洗手间) | 单栋房屋客房数不超过 15 间,建筑层数不超过 4 层,且总建筑面积不超过 800 平方米 | 《旅游民宿基本要求与评价》(LB/T 065 – 2017) |
| 消防 | 上海市特种行业经营许可证（旅馆业） | 乡村民宿消防安全规定 | 《浙江省民宿（农家乐）治安消防管理暂行规定》 | 住宅以外改造的民宿参照《建筑设计防火规范》(GB 50016) |
|  | 《农家乐(民宿)建筑防火导则(试行)》建材〔2017〕50 号 |  |  |  |
| 治安 | 旅馆业治安管理信息系统或手机端 App | 乡村民宿治安管理信息系统、居民身份证读取设备、手机 App 等 | 旅馆业住宿登记信息系统或使用手机客户端(App)旅客住宿登记系统、防盗设置、安保人员 | 安装治安主管部门认可的民宿住客信息采集系统,配备安全技术防范设施 |

| 项目 | 上海市 | 海南省 | 浙江省 | 广东省 |
|------|--------|--------|--------|--------|
| 卫生 | 公共场所卫生许可证(告知承诺制或现场复核) | 客房、公共场所、饮用水、食品、污水处理、垃圾处理 | 客房及卫生间、清洗消毒设施、人员资质、污水处理 | 公共用品、食品餐饮、直接服务人员健康证明 |
| 商事登记 | 营业执照 | 乡村民宿经营备案证书 | 经营许可或申报登记 | 登记制度,经营范围:民宿服务 |
| 保障机制 | 乡村民宿发展联席会议 | "审批一张网"系统在线办理 | 暂无 | 统筹协调工作机制 |
| 其他 | | 使用××乡村民宿称谓 | 明确经营者责任 | 明确经营者责任 |

# 四　中国民宿产业提升路径

中外民宿的发展各有千秋,以欧美国家为代表的国外民宿发展经验丰富,在新的时代背景下也不断进行行业创新和规范,相比之下我国的民宿业有着更为庞大的消费市场,发展速度也较快,通过引入国外的发展经验有利于推动自身的高质量发展。

## (一)明确地位,破解政策风险

目前中国的民宿业首先要解决民宿的合规问题。民宿经营活动需要满足消防、卫生、工商等多个法规,而这些法规原本是为具有大规模客房的旅馆业制定的,民宿属于非标准住宿业,大部分的规模较小,按照以往的标准进行改造会大幅增加个体经营户的成本以及抬高准入门槛,但如果不对非标准住宿业进行规范,难免会形成参差不齐的市场供给并伴随较大的公共安全隐患。目前民宿业可以分为乡村民宿和城市民宿,乡村民宿是乡村旅游产业的重要组成部分。目前的政策性文件中鼓励利用乡村的闲置房屋来开展民宿业,但对于本就不富裕的乡村,经营成本极大制约了乡村民宿的发展。如果民宿按照旅馆业的管理方法来进行监管,业主就不得不对房屋按照卫生、消

防、治安等规定进行改造，前期的成本不仅让业主难以承受并且会推高民宿价格，在业主不进行民宿经营时新增设施反而成为闲置资源，这不符合"共享"的初衷，资金、人才、环保等问题也伴随着建设始终。越来越多的乡村出现老龄化和空心化的现象，专业化管理对于留守居民来说存在一定的难度，这就需要政府积极开展人员培训活动，制定金融保障措施以及环境监督办法。

对于城市中的民宿，其主体为商业性住宅和普通住宅，目前普通住宅要改为经营性用房才具备经营民宿的基础，在取得相关证照后方可开始经营。民宿的经营活动对小区居民生活环境负面影响问题也亟须解决，例如噪声、物业、废弃物等。在日本，《民泊新法》第 9 条就指出民宿的经营者应该遵守国土交通省和劳动省的条例，以避免民宿的经营活动对周边地区生活环境造成负面影响，尤其是噪声污染，并且这一法案对民宿的经营区域和时间做出限制。而我国尚未有相关的法规细则。此外，"偷拍""诈骗"等事件严重影响了民宿社会形象，大部分民宿原本是业主的私人住宅，业主或经营者对于客房布置有更多的自主权，整体的安保条件通常也低于酒店，这使得偷拍、盗窃等违法行为更容易发生，并且发生后游客维权难度大，因此亟须制定相关法规来明确业主的义务与责任以保障游客的安全和隐私。政府相关部门对于城市民宿的发展要持谨慎态度，一方面是保障社区居民良好的生活环境和正常的生活秩序，另一方面是避免非法经营的民宿扰乱旅游住宿业的健康可持续发展。此外，全球范围内反恐形势严峻，城市民宿的开放带来的潜在安全威胁也值得政府重视。

### （二）技术赋能，完善供应体系

网络预订平台的出现是近年来民宿快速发展的关键要素。目前的民宿经营模式主要分为个人房源自主经营和分散式房源代理经营，网络在线平台对这两种经营模式进行整合，利用智能算法实现房源信息的实时反馈并为游客提供个性化推动服务，实现房屋保洁、物品采购、订单管理、支付结算的全过程管理。在现实民宿预订中，高清图片、移动支付、智能入住等因素增强了旅游者对民宿的接纳程度。伴随着 5G 网络、物联网、云计算等技术的成熟，民宿的信息展示手段和内容将会出现颠覆性的改变，虚拟现实技术使得游客对房间布置和周围环境有更加直观的认识；物联网使得房屋的设施状态能够实时上传反馈；智能家居的应用能够为游客提供更加舒适的居住环境；电子支付的升级为游客提供了更加安全的支付环境，也为业主提供了高效的结算服务。网络评论和评分作为选择民宿的重要参考内容一直受到预订平台、业主、游客等多方关注，Booking 经调查发现 53% 的旅游者会因为房东的负面评价而放弃预订，75% 的旅游者认为他人的评价有助于找到热情的房东。部分业主为了谋取更大的利益或打压竞争者，通常利用"网络水军"操纵评论并"刷分"，失真的评论和评分增加了游客对民宿的不信任感，不仅干扰了游客的自由选择，还在很大程度上扰乱了民宿业的健康发展，尽管网站中有多重机制防止"恶意评价"或"刷好评"，但利益冲突导致的乱象难以消灭。目前高盛（Goldman）提出了一个全新的解决方案——将区块链技术应用在民宿管理中，利用区块链来进行身份和声誉管理，通过去中心的多方账本和不可破解的密码来提升业主、房屋、游客三方的透明度，加快业主对游客订单的反馈进程；通过智能合约与哈希密码来创造智能且安全的支付系统，整体上打造一个高质量的预订平台。

### （三）多维创新，实现价值提升

目前，整个在线民宿市场中亏损已成为常态，资本逐利的本性要求各个民宿平台不断创造新的价值，民宿的价值提升主要可以通过商业模式创新、内容创新、要素创新来实现。商业模式的创新成为价值提升突破口，目前民宿业尚存的有两种商业模式，分别是以途家为代表的 B2C 模式和以 Airbnb 为代表的 C2C 模式。第一种是平台方在线下搜集房源，后期进行包装、管理和运营，通过简化交易流程来实现交易效率的提升和资源配置的优化，这一模式的缺陷在于搜集房源的成本较高以及削弱了主客间互动，后者往往被作为民宿的核心特色之一。第二种模式是完全的轻资产运营模式，利用互联网平台实现房东与房客的直接对接，而这一模式的最大问题在于平台对于房

源的监管不够，致使房客在预定时会有较高的风险预期，而信任却是共享经济的基石，舆情事件引发的信任危机将持续阻碍平台的稳定发展。这两种模式各有利弊，但都难以满足消费者对于场景深度的多元化需求和品质要求。过分集中的管理会形成"类酒店"化的氛围，失去了民宿应有的特色，而完全的自由交易则导致劣币驱逐良币甚至违法事件的发生。目前民宿的另一个问题表现在内容上，民宿的风格脱离了本土的民间文化和地区要素，创造出一种"不食人间烟火"的孤傲感，过分强调形式与外表，轻视了民宿"居住"本质，导致"卖家秀"和"买家秀"出现极大反差。这种创新仅仅依靠大数据、区块链等技术还远远不够，精准的用户画像也需要高质量的产品来匹配，应通过更智能的设备、更环保的涂料、更新潮的符号等要素实现房型设计、装修风格、陈设摆件等多方面的创新，通过提供更多高质量的消费场景来实现超额收益。

# 五　结语

全球一体化和互联网的发展成为民宿业崛起的契机，民宿这一具有悠久历史的住宿形式在新时代焕发生机，中国的民宿产业作为后起之秀在政策、技术和资本的带动下占据旅游接待业中的重要地位，在新时代旅游高质量发展的背景下，民宿产业要紧跟经济发展新动能，不断满足大众对美好生活的新需求。

**参考文献**

Nuntsu N., Tassiopoulos D., Haydam N., The Bed and Breakfast Market of Buffalo City (BC), South Africa: Present Status, Constraints and Success Factors. *Tourism Management*, 2004, 25 (4): 515 – 522.

Schneider J., Blostein A., Lee B., et al., *Blockchain: Putting Theory into Practice*. Profiles in Innovation Report, 2016.

Tussyadiah I. P., Factors of Satisfaction and Intention to Use Peer-to-peer Accommodation. *International Journal of Hospitality Management*, 2016, 55: 70 – 80.

陈娟:《集体无意识对于现代民宿设计的启示与发展研究》,《艺术百家》2017 年第 5 期。

张广海、孟禹:《国内外民宿旅游研究进展》,《资源开发与市场》2017 年第 4 期。

# B.14
# 中国旅游民宿业发展现状浅析与展望

侯满平　张守夫　穆鹏云*

**摘　要：** 本文采取了资料收集、现场调研及综合分析等研究方法。首先对民宿现状进行了简要分析；其次讨论了民宿规范、民宿概念界定、民宿业的整体效益等问题，对民宿品位的提升作了针对性的探讨；最后提出了民宿未来发展的战略性预判，建议发展民宿必须综合考量区位、资源、环境、交通及消费群体等元素，整体条件较好的应走综合开发经营模式，不可走重资产投入的方式。

**关键词：** 民宿产业　概念界定　品位提升

## 一　民宿业现状简析

民宿最早发源于英国，20 世纪 60 年代初期，位于英国的西南部与中部人口较稀疏的农家，为了增加收入开始出现民宿，当时的民宿数量并不多，是采用 Bed and Breakfast 的经营方式，即酒店业中常说的 2B 酒店，它的性质是属于家庭式的招待。从国内民宿的发展来看，我国的民宿最初产生于莫干山，后来在江浙地区流行推广开来，近几年北京及其他大中城市周边也开

---

* 侯满平，博士，北京第二外国语学院中国文化和旅游产业研究院研究员，博士生导师，研究方向：文化与旅游产业规划、乡村田园规划及三农领域；张守夫，博士，山西大学马克思主义学院副院长，教授，博士生导师，研究方向：马克思主义理论；穆鹏云，山西大学马克思主义学院博士研究生，研究方向：马克思主义理论。

始流行起来。民宿的产生是出于情怀，后来是情怀加发财梦，现在许多短租平台参与经营，借此形成一种共享经济。有不少城市精英、各行业人员及从国外回国定居者参与其中。目前民宿一晚的消费价格从 200 元到 6000 元不等甚至更高，不少大城市周边的民宿特意搞饥饿式营销，定价都在每晚数千元。

乡村民宿以其独特的自然风光、文化风情、慢生活体验以及部分兼有物美价廉等优势，日益受到市场热捧。相关机构调查显示，1/4 的游客出行愿意选择民宿。2018 年"十一"黄金周期间，乡村民宿成为休闲度假"新网红"，尤其在中西部地区其热度飙升，有的在线预定需要提前 45 天，甚至一些精品民宿、特色民宿出现一房难求的现象。全国民宿以莫干山为特例，其地处沪、宁、杭金三角的中心，业界人士认为，如此优越的区位条件为莫干山的人气汇集提供了无限的可能。莫干山民宿效应在全国的影响力及传染力大爆发，2019 年上半年乡村民宿线上交易额呈爆发式增长，途家民宿平台显示，大理市、德清县、惠东等县交易额同比增长百倍以上。

据《2017 年民宿产业发展研究报告》中表述，直接从事民宿的行业人员近 200 万人，2017 年末国内民宿数量达到 20 万家，民宿行业营业额达362.8 亿元。《中国共享住宿发展报告 2018》中提到 2017 年涉及民宿行业人员达到 7800 万人之多（房客约 7600 万人），民宿产业交易额约 145 亿元；国内较有影响力的民宿交易平台房源数量达 300 万套；到 2020 年国内民宿交易额有望达到 500 亿元。这两份公开的统计数据相差较大，究其原因，不得而知。但国内民宿行业现状确实已近乎"疯长"了。

## 二 民宿规范的试行探讨

2017 年 8 月 15 日原国家旅游局发布了《旅游民宿基本要求与评价》行业标准。本标准规定了旅游民宿的定义、评价原则、基本要求、管理规范和等级划分条件，并给出了定义。也给出标准的适用范围，即这一标准适用于

正式营业的小型旅游住宿设施，包括客栈、庄园、宅院、驿站、山庄等。但又注明，根据所处地域的不同可分为：城镇民宿和乡村民宿。城镇民宿与酒店有什么区别，该标准没有给予说明。看其定义解释为利用当地闲置资源，民宿主人参与接待，为游客提供体验当地自然、文化与生产生活方式的小型住宿设施。国家信息中心分享经济研究中心发布了《共享住宿服务规范》。其主要针对入住核实登记、房源信息审核、卫生服务标准、用户信息保护体系等社会民众关心的焦点问题提出了规范要求，并结合智能安全硬件设施的使用等技术创新和未来发展趋势展开前瞻性引导。其对共享住宿的关注重点是网上预订及房主与客人的责任。但规范的内容还是酒店管理的精简版，其实共享住宿说的还是民宿，只不过换了个名称。一些行业人士对《共享住宿服务规范》提出了一些客观的看法，认为此规范虽然能对行业规范化发展提供一些指导，但对行业的市场化行为难以约束，尤其是依法营业方面没有相应的参照。因此，民宿产业距离真正的合法化与规范化发展还有较长的路要走。

## 三 目前民宿概念的界定模糊

近几年档次高、品位高的"民宿"不断出现，一些民宿比普通酒店还要豪华奢侈。这些到底是酒店还是民宿，抑或是乡村别墅，让人摸不着头脑，似乎都在赶这个风口。民宿，顾名思义，民间的住宿，即借民房而宿也。许多民宿事实上就是乡村酒店（2017年习近平总书记考察浙江乡村旅游时称之为乡村酒店），只不过和普通酒店的区别就是民宿主自己经营而已。有的民宿与其说是民宿，还不如说是大城市周边的高级别墅式酒店。这些高档的所谓"民宿"到底卖的是什么？是空气、是环境、是服务、还是别的什么，似乎没有答案。这其中普通的低档的民宿才是真的民间住宿，一方面，其真的是当地老百姓自己搞的；另一方面，确实是为老百姓服务，而不是专门为富人服务的。

从旅游业角度来看，民宿是度假产品、是休闲产品，还是传统旅游产品，似乎都不好归类，其功能本来就是借富余的民居而住宿，硬要将其放在旅游业考虑，也只能算是酒店新业态，乡村民宿也就是乡村酒店。正是因为民宿乱象之多，近两年相关管理部门才出台了一些标准。

## 四　民宿业的整体效益相对偏低

随着乡村休闲旅游规模的扩大和消费水平的提高，民宿的热度仍处于持续上升阶段。乡村民宿业态的不断演化和升级，促进了健康与养生、游乐与度假、体育与教育、生态与创意农业等多种产业的发展，也形成了新的乡村民宿设计、建设、餐饮、营销、培训、融资、预订网络等多种服务业态。如此高涨的扩大民宿，到底能否盈利？行业专家及实践家普遍认为，国内民宿产业表现为两种境况：一方面以莫干山为代表的民宿发源地，依托成熟的区域市场及强大的品牌效应，表现出强劲的发展活力，定价堪比星级酒店，全年无淡季；另一方面大批新晋民宿经营者却面临着定位失准、客源不稳的发展困境，在日益激烈的竞争之下举步维艰。特别是高级的别墅式的"民宿"，基本处于亏损局面。那些投入数百万元一栋的"民宿"，若价格定得不高，何时才能赚回成本？这是民宿之痛。相关公开数据表明，2018年一季度全国民宿平均出租率在30%左右，其中乡村民宿入住率平均在25%左右，城市民宿入住率在50%左右；从消费能力来看，中低、中等、中高和高消费者占比没有明显差异，高消费者略显优势，主体消费者消费能力有较大的分区现象，定位在每天150～450元的民宿受到消费者的青睐。民宿业虽然发展较快，但相对于过高的投入成本，目前民宿业整体效益还是相对偏低。

## 五　如何提升民宿的品位

如何提升民宿的品位，达到健康可持续发展呢？笔者认为需从两个方面着手：一是要注重具体建设及经营管理；二是要走综合发展之路。

走综合发展之路是要建设走田园式，服务走保姆式，提升其经营服务能力，从而提升整体品位。否则，单调的卖环境很难有发展前景。综合发展模式，即结合山水田园生态环境及资源，布置包括生活、娱乐、观赏、养生等场景和体验性项目，让消费者置身其中不仅仅是在独栋的房间里待上一两晚，而且能享受到乡村情景化的生活，开门就能见到乡村美景，入屋就有乡村情怀。同时，乡村民宿也需分散建设，而不是建成密密麻麻的楼房，需要给消费者提供充足的环境空间，使其获得疏朗、舒服及旷野感。还要为入住家庭中的老人、孩子提供可选择的游乐活动项目，项目内容需紧密结合乡村资源及环境特色，而非城市化的内容。总体上切勿用城市化方式去建设乡村民宿，否则，就失去了乡村味道与价值。现在的许多民宿越来越有城市化的味道及经营方式，这是不可取的，也终将会被抛弃的。

具体建设及经营管理需要从以下几个方面着手。

根据本地区的历史文化传统及当地建筑风格，不同类型的民宿可以采用不同类型的建筑和装修风格，不必到处做成茅草房的模样。根据开展的活动和服务布置相应的设施，总体上保持乡土特色。注意建筑布局科学合理，建筑风格、活动区域的地面与墙面及建筑外观等都应与环境相协调。立面改造中要采用传统建筑符号（如马头墙、穿斗拱等），组织建筑元素，结合环境特征形成地方特色。在经济实用的原则下，精心组织建筑造型元素，丰富民宿的立面造型，利用露台、楼梯间、外廊、出入口、门窗及屋顶等特殊部位的细节造型及花样变换来创新设计美感。民宿文化墙建设是农村精神文明建设的重要载体，文化墙上的语言应该亲切自然，避免喊口号，其内容要突出本地乡村民俗及传统文化，在表现手法上可以利用当地的农民画，也可以采用彩绘、砖雕、浮雕等形式，如新疆民房红黄相间的外墙，给人兴奋感。

装饰风格力求简化，以简洁的内部装饰来满足消费者的要求，装饰物色彩要简单并与主色调相映衬。材料选取首先要添加自然元素，合理利用木头元素作为装饰材料，体现浓厚的乡土特色。整体设计具有粗粝的材质质感，在桌边上、窗台上、走廊等角落摆上花盆或插花，可以挑选竹藤、木头等天然材料制作收纳盒等摆件，增加室内"自然风"的居家氛围。还要善用布制品，提高室内陈设的质感，增加舒适度。采用原汁原味的实木家具和时尚的布艺沙发，沙发的布艺材质、颜色可以设置成与房间内窗帘、地毯等不同的质地，使房间更有"家庭感"。利用灯光营造氛围也很重要，室内需要光线充足，灯光明亮柔和，能够在夜晚带来温馨浪漫的气氛。在设计时可以选取一些老式的挂灯、新式吊灯搭配室内整体装饰，创造独具特色的空间照明效果。另外也可以融入一些本土特色与整体环境相呼应，例如可以将当地的玉米、辣椒等特色农产品作为装饰元素添加到其中，增加新颖的装饰美感和色彩。

## 六　民宿的未来发展思路

民宿未来怎么发展，需要怎么做？这是一个大的课题，需要长期跟踪研究。狭义的"民宿"其实就是环境条件较好的"农家乐或乡村酒店"，传统农家乐似乎只提供餐饮，乡村酒店提供食宿。近几年从江浙流行起来的民宿主要突出其"居住与住宿"功能，其实也必须解决入住者餐饮问题。现代民宿还要解决入住者的游玩等其他消费行为。只想仅仅靠所谓"民宿"本身来吸引客源这种做法确实很难，投入也相当大，因为民宿建设与服务的标准没有最好，只有更好。民宿已经跟风发展多年，再去单独投资民宿，市场风险越来越大。中低档民宿看高档民宿定价，高档民宿定价走低，中低端民宿就面临歇业的境地，反之情况就较为乐观。近期火爆的民宿都是依赖周边强大的资源与区位优势，特别是与景区紧密联系，走的都是线上线下一体化营销，甚至其自身已形成了休闲度假的刚性需求。区位环境综合条件较好的都在走综合开发经营模式，行业经营者普遍认为，只要是相关的好产品或商品都可以卖。不是所有地区都可以发展民宿，必须综合考量区位、资源、环境、交通及消费群体。

## 参考文献

侯满平：《民宿未来之路在何方》，http：//www. nyxw. org. cn，2018 年 12 月 3 日。

中国饭店协会：《2018 中国民宿客栈行业发展报告》，http：//www. sohu. com，2018 年 12 月 5 日。

邹统钎：《如何提升民宿的品位》，《瞭望新闻周刊》2018 年 8 月 6 日。

# B.15
# 中国旅游民宿出版物研究报告

蓝皮书课题组*

**摘　要：** 民宿旅游作为全域旅游的重要力量正蓬勃发展，成为旅游业创新升级的排头兵。从中央到地方各级政府，都高度重视民宿业的健康发展，实践发展中的民宿仍处在初级阶段，但理论的研究仍然滞后于民宿的实际。本文通过"京东"和"当当网"收集到的有关民宿图书的信息，采用文献分析法，统计2002~2019年国内关于民宿研究成果的出版物，并从年份、评论、种类等方面进行分析，以期对民宿研究领域有一个基本判断，为我国民宿研究提供新的角度。

**关键词：** 旅游民宿　出版物　民宿产业

## 一　研究背景及意义

### （一）研究背景

随着人们对旅游产品个性化需求等的不断提升，传统酒店住宿业已经难以满足旅游消费者对美好生活的多层次需求。民宿产业在各级政府出台政策的推动下，无论是规模还是质量都得到了快速发展。

---

\* 课题组成员：过聚荣、王晨、李月、王嘉豪。过聚荣，上海医药大学执行校长，博士，教授，研究方向：旅游管理、管理学。

2015 年 11 月 19 日《国务院办公厅关于加快发展生活性服务业促进消费结构升级的指导意见》中明确提出"积极发展客栈民宿、短租公寓、长租公寓等细分业态",这一新型业态被定性为生活性服务业。由此,民宿在经历了野蛮生长的无序阶段后,正在向正规、合法化方向转变。① 结合原国家旅游局的统计调查和课题组的不完全统计数据,2016 年,我国大陆民宿总数 53852 家,而截止到 2019 年 9 月 30 日,民宿数量已经达 16 万家,② 增长了近 2 倍。

从理论研究看,早期研究主要集中在对农家乐、家庭旅馆、客栈的研究上,民宿的概念还比较新。根据课题组的研究,2015 年以来关于"民宿"的出版物得到较快增长,这一现象就成为一条有价值的线索,值得关注。

### (二)研究意义

从现有的资料来看,民宿逐渐成为学者关注的重要课题。有关学术期刊的综合文献研究逐年增加,研究方法也采用数据分析的工具,从定性研究向定量研究发展,进一步丰富了民宿研究的内容。而对出版物的集中研究还比较少,本文将系统梳理从 2002 年到 2019 年 9 月 30 日国内关于民宿研究的出版物,试图梳理出一条研究脉络,以推动国内民宿的理论研究进展,同时为出版界选题提供出版线索。

## 二 民宿出版物数据采集与研究方法

### (一)样本选取

本文样本取自"京东"和"当当网",课题组采集的数据显示,目前两

---

① 关于政府出台相关政策,课题组在其他章节已经对此做了专题分析,读者可以参阅。
② 资料来源:宿宿网。

网出售的有关"民宿"的图书共计248种，本文主要通过对有关民宿图书的出版时间、出版社以及出版数量等要素的分析，为民宿出版物做画像。

### （二）研究方法

本文对从"京东"和"当当网"收集到的有关民宿图书的信息，通过python中的pandas库对数据进行筛选、整理之后进行数据的分析，然后通过图表形式展现。

## 三　民宿出版物相关数据筛选和分析

### （一）数据采集基本情况

1. 两网售卖比例

课题组采集数据分析发现，从2002年至2019年9月30日，在"京东"和"当当网"总共售卖民宿图书248种。其中，"当当网"售卖民宿图书占68.55%，"京东"售卖民宿图书占31.45%，说明"当当网"有关民宿图书售卖品类上多于"京东"（见图1）。

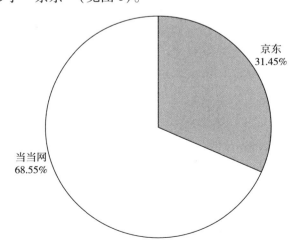

图1　"当当网"与"京东"民宿图书售卖比例

2. 出版社出版数量及时间

从出版社出版民宿图书的数量看，前10名的出版社分别为：广西师范大学出版社、华中科技大学出版社、江苏科学技术出版社、中国旅游出版社、中国林业出版社、江苏凤凰文艺出版社、中国科学技术出版社、化学工业出版社、中国建筑工业出版社和中国电力出版社。其中，出版10种及以上民宿图书的出版社是：广西师范大学出版社13种、华中科技大学出版社10种（见图2）。

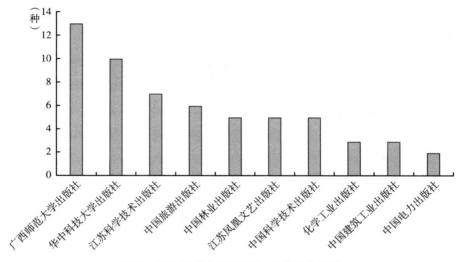

**图2 民宿图书出版数量前10位的出版社**

从民宿图书出版时间可以看出，数据显示2002年1月1日，天津教育出版社出版的《体验成长：青少年民宿地球村报告》是网络调查可以统计到的最早出版物，最近的出版物是广西师范大学出版社于2019年8月2日出版的《现代木屋》和《名宿之美》系列。

从历年民宿出版物的数量上看，呈现三个时间段，一是2002～2015年，这14年来，每年民宿出版物数量都在个位数，也基本反映我国民宿业发展处在萌芽阶段。二是2016年民宿图书出版数量达到17种，印证了我国民宿业正在这一阶段得到重视与关注。三是2017年和2018年，民宿图书出版数量显著增加，两年的民宿出版物达到了106种，显示出在这两年民宿受到了极大的关注（见图3）。

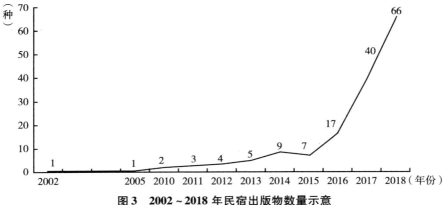

图 3　2002～2018 年民宿出版物数量示意

需要说明的是，在获取到的民宿图书信息中，有 199 种民宿图书含出版日期。其中 2018 年出版的民宿图书最多为 66 种。总体而言，从 2010 年开始，每年出版的民宿图书数量几乎都在增加，而从 2016 年起民宿出版物数量显著增加。

## （二）基本分析

图 4 显示的是 2016 年被统计的网络电商售卖民宿出版物的月份数据情况，图 5 显示的是 2016 年每月民宿出版物在年度中比例情况。数据表明，2016 年共出版民宿图书 17 种，其中 1 月出版民宿图书最多（4 种），占全年民宿出版物总数的 23.53%。

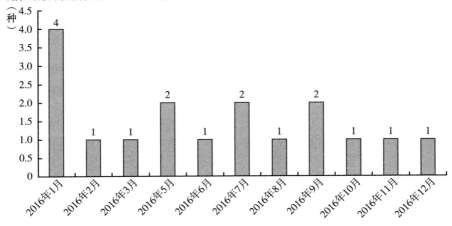

图 4　2016 年月度民宿出版物统计

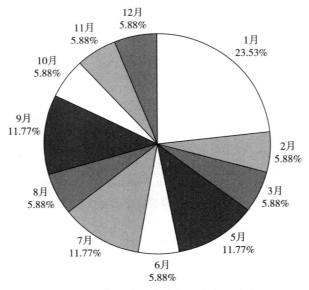

图5　2016年月度民宿出版物在年度中占比

图6显示的是2017年被统计的网络电商售卖民宿出版物的月份数据情况，图7显示的是2017年每月民宿出版物在年度中占比情况。数据表明，2017年民宿图书出版数量为40种，其中8月出版数量最多为7种，占全年民宿出版物总数的17.5%。

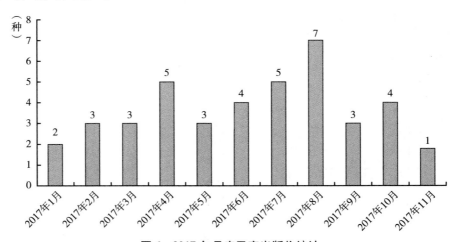

图6　2017年月度民宿出版物统计

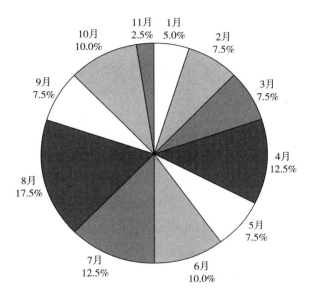

**图7　2017 年月度民宿出版物在年度中占比**

图 8 显示的是 2018 年被统计的网络电商售卖民宿出版物的月份数据情况。图 9 显示的是 2018 年每月民宿出版物在年度中占比情况。数据表明，2018 年民宿图书出版数量为 66 种，其中 9 月出版数量最多为 11 种，占全年民宿出版物总数的 16.67%。

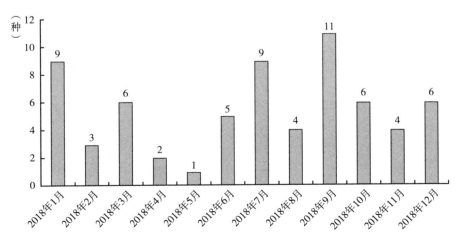

**图8　2018 年月度民宿出版物统计**

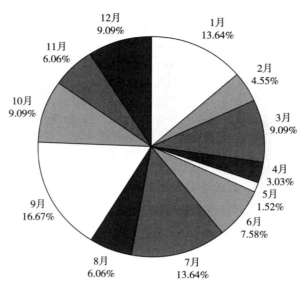

**图 9　2018 年月度民宿出版物在年度中比例**

为了更好地说明我国民宿出版的基本情况，课题组将统计数据截止到 2019 年 8 月，图 10 显示的是 2019 年 1~8 月被统计的网络电商售卖民宿出版物的月份数据情况。图 11 显示的是 2019 年 1~8 月每月民宿出版物在该年统计中的占比情况。可以看出，2019 年 1~8 月民宿图书出版数量为 44 种，其中 3 月出版数量最多为 15 种，占比 34.09%，也是课题组统计数据中民宿出版数量最多的一个月。

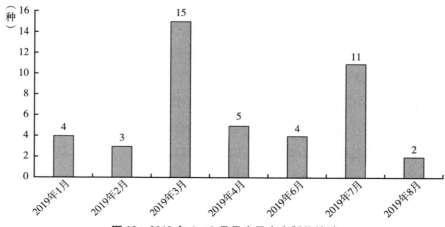

**图 10　2019 年 1~8 月月度民宿出版物统计**

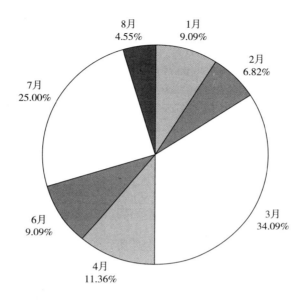

**图 11 2019 年 1~8 月月度民宿出版物占比**

## （三）出版物评论分析

出版物的网络评论反映了读者对本书的评价，我们通过采集每一本书在售卖平台的评论数据及其文字评论，对已经出版的民宿图书进行综合评价。

图 12 显示，"当当网"民宿出版物评论数处在前列的图书。从各图书的评论数据中可以看出，《恋上名宿，恋上慢生活》和《不租房的 606 天》受到读者的热议。比如，《恋上名宿，恋上慢生活》的评论数达到 2896 条，《不租房的 606 天》评论达 2462 条。评论数超过 1000 条的图书还有：《就想开民宿》《打造天天客满的好民宿》《在鼓浪屿恋上民宿》《民宿养成指南》等（见图 12），评论超过千条的民宿出版物表明图书受到读者的欢迎。

我们可以看到，"当当网"的评论总数为 21467 条，其中《恋上民宿，恋上慢生活》的评论数最多，为 2896 条，占同类图书评论数的13.49%。《不租房的 606 天》的评论数为 2462 条，占同类图书评论数的11.47%。

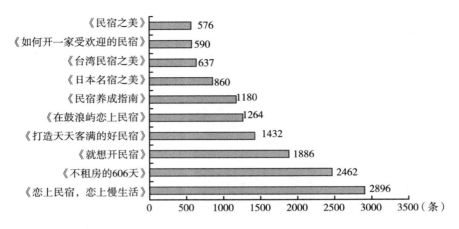

图 12　"当当网"民宿图书评论排序

值得指出的是，图书评价有正面，也有负面，评价总数仅代表该书的热议程度，还不能完全反映这本书的好评情况。据宿宿网数据分析，在"当当网"评价数据中，有几本民宿出版物的评价好评率达到100%，即《恋上民宿，恋上慢生活》、《不租房的606天》和《旅游民宿经营实务》。

图13是"京东"售卖民宿出版物的评论情况，相比"当当网"民宿出版物的评论数，"京东"的评论数比较少，在"京东"上共567条评论中，《日本住宅设计解剖书》的评论数最多，为287条，占同类图书评论数的50.26%。

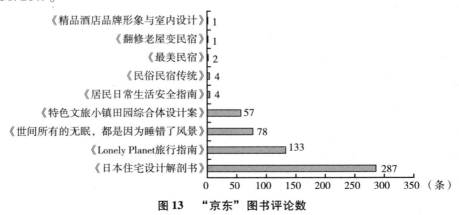

图 13　"京东"图书评论数

评论数最多的是《日本住宅设计解剖书》，该书是 5 本一套的套装书，分别介绍日本的住宅设计理念和设计样本，有别墅、木质房屋、民宿、家装室内设计等内容，丰富的内容满足了多层次读者的需求，民宿是该书其中的章节。

图 14 是"京东"与"当当网"评论数的对比。两个网站民宿出版物评论数共计有 22038 条，其中，"当当网"评论数为 21467 条，"京东"评论数为 571 条，"当当网"评论数占到总数的 97.41%，可以看出，"当当网"民宿出版物的售卖业绩要好于"京东"。

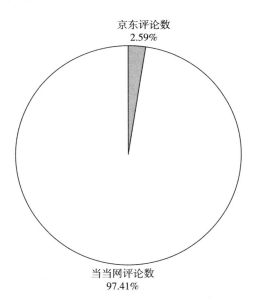

京东评论数
2.59%

当当网评论数
97.41%

**图 14　"当当网""京东"评论数对比**

另外，我们观察到一个有趣的现象，即在电商平台上售卖的民宿出版物，有的有内容介绍，有的没有内容介绍，而两种不同的情况表现在书后的评论数，其差异就很大。图 15 为民宿图书在平台售卖时有无内容介绍与获得评论数的对比。我们采集的样本评论数共计有 22038 条，其中有内容介绍的民宿图书其网页上的评论数占总评论数的 95.80%。不难得出，有内容介绍的民宿图书更能够激起与读者的互动，从这个意义上讲，也更有利于民宿图书的销售。

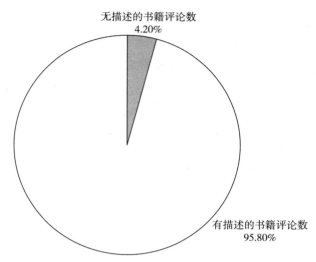

图15　民宿图书售卖时有无内容介绍与获得评论数的对比

# 四　结语

通过梳理可知，中国旅游民宿出版物在初期大多是介绍国外旅游民宿的发展情况，出版物主要集中在设计、美术等角度。随着中国旅游民宿的发展，相关出版物逐渐转到研究中国旅游民宿的本质、经营方式以及发展模式等演进，从出版物受重视的程度看，中国旅游民宿出版物在设计、美术、装潢等方面较受欢迎。现在的旅游民宿出版物在各个不同领域均有所涉及。

因此可以看出，如今中国旅游民宿出版物已经构成了相当丰富的图景，呈现在读者面前。当然，旅游民宿出版物只是从一个侧面反映中国旅游民宿的现状，其所蕴含的价值还有待进一步挖掘。

**参考文献**

过聚荣：《旅游民宿经营实务》，社会科学文献出版社，2018。

# 案 例 研 究

## Case Studies

# B.16
# 江西赣州市丫山风景区及民宿发展研究

侯满平　张玉怀　刘昕*

**摘　要：** 本文采取资料收集、现场调研等研究方法，首先介绍了丫山风景区总体发展布局。其已获得国家4A级景区、江西省5A级乡村旅游示范点、国家森林公园、2018中国最美乡村等多项荣誉，已形成立体式开发模式。其次简要介绍了丫山六种特色民宿及其他形态旅居住宿。丫山民宿有效融入了农商农艺、民俗文化、田园养生、森林运动、农事农乐、时尚美学等特色元素。本文系案例介绍，以期对民宿业的发展及实践有参照引导作用。

---

\* 侯满平，博士，北京第二外国语学院中国文化和旅游产业研究院研究员，博士生导师，研究方向：文化与旅游产业规划、乡村田园规划及"三农"领域；张玉怀，山西大学环境与资源学院硕士研究生，研究方向：乡村休闲旅游及国土规划；刘昕，山西大学黄土高原研究所硕士研究生，研究方向：乡村休闲旅游及国土规划。

关键词： 丫山风景区　民宿产业　江西赣州

# 一　丫山风景区概述

赣州素有"世界钨都"之称，是江西省的南大门，是江西省面积最大、人口最多的设区市。大余县位于赣州市西南部，是宋代周程理学起源地，有"梅花诗国"的美称，丫山风景区便坐落于此。丫山景区先后荣获或入选：国家 4A 级景区、江西省 5A 级乡村旅游示范点、国家全民户外活动基地、国家森林公园、中国传统文化养生基地、国家登山基地、全国青少年户外体育活动营地、中国养生食品研究基地、国家居家养老示范基地、国家新闻出版广电总局播音主持实践锻炼基地、2016 中国美丽休闲乡村、中国乡村旅游模范村、中国乡村旅游创客示范基地、中国首批运动休闲特色小镇试点项目、国家级创作基地、国家五星级汽车自驾营地、全国金融支持旅游扶贫重点项目、2018 中国最美乡村、2018 体育旅游精品景区等称号或项目范畴。丫山景区由大余章源生态旅游有限公司于 2007 年开始进行保护性开发经营，截至 2017 年底，企业已投资逾 7 亿元建设景区，产业规模达 3 万余亩，固定员工 600 余人，2017 年综合产值达 1.6 亿元，并间接带动周边乡镇上万农户脱贫增收。

丫山景区现已形成山下乡愁游乐区、山中运动康养旅居区、山顶文化旅养区的格局，景点项目涵盖：一个康养中心，一大山地越野基地，两大自然景观，三大 A 哆主题乐园，六大生态农业基地，七大生态餐饮基地，八大山景住宿区（九成山舍、道源书院、生态酒店、春秋舍、茶田民宿群、农商街、枫夜里、云野驿站），以及食品加工厂、木塑加工厂等，产业联动山区三大产业，正逐步成为中国领先的集运动休闲、森林康养、乡村度假于一体的旅游目的地。丫山一直响应国家旅游扶贫等开发工程，致力于打造世界优秀、国内领先的运动休闲康养度假胜地，形成一个更加国际化、全方位发展、全产业联动的乡旅度假综合体、全域旅游经济共赢体，让丫山成为中国乡村富裕、美丽、文明的可复制样板。

丫山景区内原始植被繁茂，山中秀木成林，谷深水幽。特殊的生态环境造就了壮丽的云海奇观。每逢雨后，整片山区云烟缭绕，宛如仙境，有"江南最美的云海"之誉。丫山也是花的海洋，四季有花。丫山坐拥近3万亩的翠竹林海，还有道源书院、千年古寺、卧龙大峡谷、高山茶田、丫山画院等特色遗产文化及景观。

## 二 景区开发及游乐体验项目

景区建设成一个回味乡愁、体验乡村、游乐户外的乡村版"迪士尼"。其占地近20万平方米，丫山以建设秀美乡村、探索"旅游＋体育"模式、实现精准扶贫、践行中国梦创意的乡村主题活动乐园为宗旨，以"乡居、乡趣、乡乐、乡味"的乡愁理念规划建设了农乐园、农趣园、农居园和农味园四大乡愁特色园区，有40余项融合传统农耕文化与乡土游乐体验特色的项目令人耳目一新，同时以森林运动为主题建设了汽车越野赛道、自行车越野赛道、新动力（丫山）越野基地、中国第一条顶级沥青泵道、世界首条水幕空中滑索，还独创建设了A哆森林王国、立体运动乐园。

丫山民俗演艺项目，由丫山人自编、自导、自演的丫山民俗特色文艺演出，是丫山乡村旅游的精神文明成果。丫可喜演出团以欢乐的山歌、乡舞、脱口秀，以及山水实景剧、诗歌舞剧等多种艺术形式的表演为游客带来不同凡响的生态文化盛宴。丫山生态优良，美食文化浓厚，建设了乡村生态美食系列餐馆。景区特产多，开发了独特的原生态食材的礼品。

## 三 景区民宿概况及未来趋势

丫山的各式民宿或立于森林之中或建于山水之旁，或以花海茶园为邻，或以竹林枫林草木为伴，当然也不乏建于乡村商业街道之中的特色乡村小院，各式各样的民宿精品，别具风味。丫山民宿显著的特点是生态环境优

美，再结合本地的地形地貌特点和文化乡俗特色，突出表现出来的就是屋景合一、天人合一，生态至上、体验至上。此外，丫山的露营基地又可以让人享受到"睡进"自然里的生态体验；丫山大龙山生态酒店内设康养山景房，豪华典雅，至尊至贵。

### （一）丫山民宿简介

十年来，丫山民宿产业发展相当成熟。目前，丫山已打造了六种风格特异的民宿，客房达300余间。丫山民宿有效融入了农商农艺、民俗文化、光明文化、快乐文化、田园养生、森林运动、农事农乐、时尚美学等特色元素，成为丫山全域旅游经济体中尤为活跃的一项，推动了旅游扶贫的进程及分享经济的发展，也为丫山升级精品森林旅游地、精品森林旅游线路、森林特色小镇、全国森林体验及森林养生试点基地等规划奠定了扎实的根基。

### （二）丫山民宿经营方式及理念

#### 1. 打造方式与特色

丫山充分整合乡村的林、田、房、泉等生态资源，根据田园休闲养生度假、运动康养旅游等时尚理念，创意打造别具一格的丫山民宿，树立乡村旅游高大上的形象。

与村民共建，村民获利。在村民原土坯房基础上升级改造特色民宿，形成产业扶贫。在村民宅基地基础上，与村民合作，翻新打造特色民宿，推动产业扶贫。

企业自建，村民受益。根据森林地貌与人文特色，企业自建具有林地、山地风格的木屋民宿或别墅型民宿，促进就业扶贫。

#### 2. 经营理念特色

创新举措助力乡村振兴。民宿户主保有宅基地或房屋产权，并享有自用客房，无须搬离民宿。对于租用村民土坯房打造的民宿，企业免费给村民升级装饰美化房子，并且原户主享有每月无风险租金。对于在村民宅基地基础上修建的民宿，村民按投资比例，获取民宿相应收益。企业给民宿户主老人

［按1人／（户·月）标准］定额看家护院费福利。有劳动力的原村民享有景区就业岗位优先录用权、创业摊位优先使用权。

原乡原土留住乡愁，以原村民生态环境打造幸福乡居，以原村民生活方式获得乡味浓郁感，以原村民参与经营保持乡情淳朴之风。

## （三）丫山特色民宿

### 1. 九成山舍云海木屋

九层山舍有18栋生态木屋，28个豪华山景房，呈现为临崖山色、云海仙境之景观。养生木屋设置为林中有屋、屋中有景，推开每一扇窗，都呈现一幅自然的山水画。

### 2. 道源书院墨香书房

巍巍道源，宏伟书院。书院除了具备中国传统书院的基本设施外，还设有兼住宿、修行及休闲功能的文化书房29间。道源书院系江南最富诗意的生态山居，临崖傍水，墨香竹海典雅高贵。

### 3. 花海客栈花田人家

花海客栈花田人家位于A哆乡村农居园，其中，乡村木屋以四季花海为背景，坐拥丫山全境，蔬菜瓜果化身绿植，配套农家小院，舒适优雅。

### 4. 茶田民宿群

茶田民宿群由A哆乡村原民居升级改装的五星标准民宿酒店、栖茶田民宿、罗家大院、雾里人家等民居组成。在此能最亲密地触碰幸福乡愁，一山茶田，一片云雾，一林古樟，一件旧家什……满满都是过往的美好记忆（见图1）。

### 5. 春秋舍

春秋舍位于竹林主题度假体验区。"春秋舍"，意寓"一日一春秋，三生三邂逅"。由14栋独立的竹林雅舍构成，青砖墙、木梁房、木塑回廊、室内古藤灯、毛竹椅等特色环保家居齐备，简洁奢华。每一间房都独享竹林山景，常有白鹇出没，生态优雅（见图2）。

**图 1 茶田民宿群（由丫山景区提供）**

**图 2 春秋舍（由丫山景区提供）**

6. 六大露营基地

六大特色露营区各有不一样的生态体验：兰香谷露营卧拥兰香入梦；幸福天路露营感受幸福之路；贤达广场露营沐晨曦、赏云海；瑜伽广场露营坐落云朵之上；怀云茶亭露营细品晚霞如茶，山青若黛；A 哆农园露营居美瀑、花海之畔，记住乡愁。

7. 农商街与枫夜里

丫山农商特色小镇是在丫山原荒坡、荒地上用"一房一品，一街一村"

的理念创意打造的特色新农村景观，形成了农商街和枫夜里两大街区。农商街"一房一品，一街一村"，周边有荷塘月色，街区蔬果飘香，民宿粉墙黛瓦，特色文化云集。客家竹、木手工艺、书画艺术、农家茶叶、茶艺、山货土特专卖、牛肉馆美食等，家家有亮点、户户是特色（见图3）。

图3　农商街街景（由丫山景区提供）

农商街包括乡村山货民宿、石见客栈、个个精舍、木艮山房、草木人家等民宿。

乡村山货民宿，是集丫山山珍、土特产于一体的专卖店；农商之家，拥有特色民宿旅馆（如野奢套房，主卧、客房、儿童房各一间，适合全家入住）；牛里牛气，集乡村特色牛肉馆于一栋（见图4）。

图4　乡村山货民宿（由丫山景区提供）

石见客栈：一家集书画及民间剪纸作品创作、展示、交流于一体的特色民宿。有5间房，其中1个主卧、4个客房。

个个精舍：一家客家竹木手工艺展示、交流的特色民宿，可参观，也可订制购买。有4间房，2个主卧、2个客房（见图5）。

**图5　个个精舍（由丫山景区提供）**

木艮山房：以本地根雕、矿物标本为展示及交易的特色民宿，有5间客房。

草木人家：是丫山精品茶艺品享、茶叶交易的特色民宿，有5间客房。

枫夜里：因枫叶林得名，与枫叶林浑然成景。文化民宿连排，特色文化云集，有特色酒吧、DIY工艺品、音乐咖啡厅、休闲茶座、老家水饺、生态粥品、烧烤夜宵等，乡村夜生活多姿多彩。每到深秋，漫山红叶，这里更加浪漫优雅。枫夜里引领精品乡旅度假新潮流，是乡村夜生活的聚集地。

枫夜里包括3家枫林特色民宿：枫情民宿，意味枫情万种，有4间房，2个主卧、2个客房。枫香民宿，意味枫香四溢，有5间房，3个主卧、2个客房。枫桥民宿，名取自唐诗《枫桥夜泊》，隐喻丫山为旅客提供夜泊的家园，有5间房，3个主卧、2个客房。

8. 大龙山生态康养山景房

康养山景房位于北纬25度的黄金生态带上，其卧龙云海中，傲立绿色天地间，每一间都独享无敌山景，至尊至贵，窗外山如画屏，水似明镜，竹海清幽，室内豪华典雅，舒适温馨。

9. 房车生活

丫山形成了 UTV、机动车、自行车等多种以车为媒的度假方式，车体验项目不仅增加了丫山的乡旅特色，而且牵动了丫山乃至全县 22 家乡村旅游点的全产业蓬勃发展。丫山将建起中国最美房车营地，以带动全县各乡旅点都发展房车营地，完善全域房车生活网络，让大余成为中国房车旅游目的地（见图 6）。

**图 6　丫山房车营地（由丫山景区提供）**

## （四）丫山民宿未来

未来，丫山将继续依托优越的旅游资源，策应国家战略，以幸福民宿为切入点，高标准升级、扩大现有产业成果。与山区原村民深度合作，升级打造 3000 间更具国际化、立体化、全龄化的特色民宿，进一步促进旅游扶贫，让幸福丫山成为全国乡村富裕、美丽、文明的可复制样板。

**参考文献**

韩磊：《丫山风景区简介》（内部资料），2018。

# B.17

# 中国民宿头牌

## ——莫干山"裸心谷"案例研究

王晨　范秀平　许全华　杨国亮　费敏俊*

**摘　要：** 随着物质生活水平的大幅度提高，人们的消费需求也在不断改变。人们外出旅游正经历从观光旅游向度假旅游的转变。旅游民宿作为度假旅游中的组成部分，已经成为乡村振兴中重要的影响因素。民宿行业在我国的快速发展是国民大众对旅途住宿环境追求舒适、个性化的结果。浙江省德清县"洋家乐"根据地区环境优势与国际化的经营理念，已经发展成为中国民宿行业的典范。德清莫干山里的"裸心谷"，以其独特的运营模式、市场定位吸引了大量中高端消费群体。"裸心谷"作为"德清洋家乐"经营模式的典型代表，其成功对未来民宿行业的发展具有极大的借鉴意义。

**关键词：** 度假旅游　德清洋家乐　"裸心谷"　民宿业

## 一　民宿业的兴起与发展

### （一）民宿业的兴起

19世纪工业革命发生以来，人们的物质生活得到了极大的满足。然而，

---

* 王晨，博士，南京艺术学院教授，研究方向：文化资源学、文化产业；范秀平，南京艺术学院硕士研究生，研究方向：文化产业；许全华，湖州海关副关长，研究方向：乡村民宿与生态原产地产品评定；杨国亮，德清县文化旅游集团总经理，浙江农林大学硕士生导师，研究方向：乡村旅游的创新和发展；费敏俊，德清县文化旅游控股有限公司副总经理，研究方向：乡村民宿的发展与管理服务。

物质层面的满足并不能掩盖人们精神上的日益贫乏与空虚。消费主义与商业文化充斥着生活的每一个角落，使这个时代的每一个人都渴求能够在某一段时间里远离都市的浮躁与忙碌，寻求一处安谧、悠然之地，让心灵和灵魂能够得到短暂的栖息。在这样的时代背景下，旅游业的出现也就成为必然。旅游业发展到一定阶段，民宿业也呈现井喷式发展。民宿是指利用自己家庭的空闲房间或者以购买、租赁的方式获得房产的使用权，并结合当地人文特色以及自然生态、环境资源等对房屋进行设计改造，从而为旅客提供食宿的一种经营方式。①

关于民宿起源的说法，大多数学者认为它来源于20世纪30年代的英国。在20世纪的英国，农村地区的人们通过对房屋进行简单修缮和改造，为来自远方的游客提供暂时的住所，以获取一定的房屋住宿费用。这种新颖的获利方式，迅速获得了市场关注，越来越多的人开始投入民宿的建设与经营中。

## （二）国内民宿业的发展

后来，民宿业的发展从欧洲地区扩展到日本、中国台湾地区等。如日本的温泉民宿、台湾地区的坲卡夏民宿等都是民宿发展的代表。在中国大陆，民宿业是在21世纪以后逐渐形成与发展起来的。最初，国内民宿行业由一小部分人开始尝试。这一部分人原本目的是寻求建造一个逃离都市、使身心放松的地方。后来，随着国内旅游业的快速发展，越来越多的人对农村中富有建筑特色的房屋进行投资、改造和经营，才逐渐形成目前民宿行业的庞大规模。

随着产业结构的不断调整，农村地区开始推行乡村振兴战略。在政府与相关从业者的努力下，农村旅游不断发展。民宿作为乡村旅游中的组成部分，已经成为助推农村经济发展的重要支点。中国的民宿发展经历了农家乐、精品民宿、民宿连锁、民宿村落四个阶段（见图1）。《2018中国民宿客栈行业发展报告》显示，2017年中国在线住宿市场规模达到1586.2亿元，同比增长13.5%，保持了较高的增速，显示出旺盛的住宿需求。在国

---

① 贾荣：《乡村旅游经营与管理》，北京理工大学出版社，2016。

内，民宿发展最为成熟的地区主要在江南地区，以江苏省的无锡、苏州，浙江省的德清、杭州等地为代表。目前，位于德清县莫干山的民宿业最为发达，已经成为行业发展的先行者与领头羊。

数据资料显示，2017年德清县乡村旅游接待游客658.3万人次，实现直接营业收入22.7亿元，同比增幅达36.7%。截至2019年，莫干山地区有500多家民宿在从事经营活动。莫干山在2018年春节期间接待国内外游客就达到近18万人次，实现旅游收入1.96亿元；其中民宿接待游客5.46万人次，直接营业收入达到6100万元。

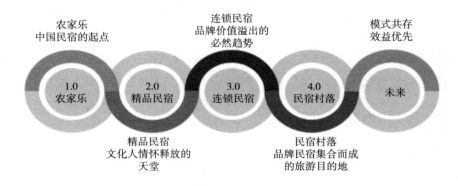

图1　国内民宿行业发展阶段

## 二　德清县"洋家乐"概况

### （一）"德清洋家乐"缘起

位于浙江北部的德清县，有着明显的地理优势。东部与上海相望，南部与杭州交界，德清县位于长江经济发展三角洲地区。"德清洋家乐"是指在浙江省德清县西部莫干山脚下，由具有文化创意的外国人通过租用农村老房子，对其进行改造经营而形成的乡村度假集聚项目。这种项目运营崇尚国际化的休闲度假理念，旨在提供一种富有异国特色的乡村旅游民宿产品。简单地说，"洋家乐"是指外国人在中国进行民宿经营、发展农村旅游经济的方式。莫干山的第一家民宿"裸心谷"就是一个叫高天成的南非人建设经营的。在上海的工作生活经历，使他对现代文化重新思考，他希望创建一个接近自然、充满愉悦与静谧的地方，让都市人的心灵与精神能够得到暂时休憩。"德清洋家乐"在设计、建设与运营中，就是运用了这样的理念，不仅为消费者到德清了解当地生产、生活、信仰等文化风情民俗提供条件，同时满足消费者求知、求新、怀旧、审美的需求。

### （二）"德清洋家乐"的现状

随着人民生活水平和消费水平不断提高，生态旅游和乡村旅游在全球范围内呈快速发展之态，与之相伴随的是民宿业的产生以及蓬勃发展之势。德清莫干山"洋家乐"民宿发展的独特模式，吸引国内外投资者的纷纷效仿。"洋家乐"已经成为莫干山地区的一种新型业态。目前，莫干山"洋家乐"已达 70 多家。"德清洋家乐"作为新的旅游业态，已经成为带动当地旅游发展的新动力，引起旅游界的高度关注。据统计，2014 年德清县精品民宿共接待游客 23.4 万人次，实现直接营业收入达 2.36 亿元，税收 1800 余万元。2018 年前 10 个月，德清全县接待游客 2059.23 万人次，同比增长24.17%；旅游收入 239.57 亿元，同比增长 13.12%。仅国庆期间，莫干山接待游客量就达 15.65 万人次，旅游收入 1.7196 亿元。其中，民宿接待游客 7.09 万人次，营业收入 1.2236 亿元。一个带动德清县域旅游发展、造福40 余万德清人的"洋家乐王国"已现雏形。

## 三　"德清洋家乐"的发展优势

### （一）"德清洋家乐"良好的生态环境

"德清洋家乐"的生态性主要表现为优越的产地生态环境、良好的社会生态环境和环保绿色的设计理念。

1. 优越的产地生态环境

"德清洋家乐"位于德清西部的低山区，主要山脉为天目山余脉，分南、北、中三支，海拔 700 米以上的山峰有 5 座，莫干山周围群山连绵，植被覆盖率为全国所罕见。该地区属亚热带季风气候，温暖湿润，四季分明；由于地形复杂，地势落差大，立体气候资源丰富。野生动植物种类繁多，如有国家级保护植物南方红豆杉、银杏、榧树、花榈木、黄皮树等；已发现野生动物 7 大类 1492 种；县内已知的国家一级保护动物 2 种，分别是朱鹮（见图 2）、白颈长尾稚；国家二级保护动物 11 种，穿山甲、河麂、鬣羚等。

**图 2　德清县朱鹮**

2. 良好的社会生态环境

德清县，取名于"人有德行，如水至清"。在德清这片土壤上，崇尚仁义道德蔚然成风，留下了许多脍炙人口的道德佳话和善行故事，并建立了全国第一家公民道德教育馆，集中展示了该县公民道德建设的丰硕成果。2012 年初，德清县委县政府创造性地提出了"讲道德　更健康"诚信农产品工程建设，从政府和社会两个层面着手，加大政府监管、行业自律、社会监督力度，切实推进诚信农产品工程建设，取得了较好的成效。

3. 环保绿色的设计理念

德清洋家乐在整个产品生命周期中，从民房的设计改造开始，到为游客提供食、住、游、娱、购服务消费全过程，符合绿色环保、低碳节能、资源节约、生态健康四项生态核心要素。在设计改建方面，主要通过改造当地废弃和旧的农房、厂房等，逐渐兴起了以"裸心谷""法国山居"等为代表的"德清洋家乐"。

## （二）"德清洋家乐"丰富的文化资源

德清莫干山所具有的丰富人文资源也是它能吸引众多游客的重要原因。其中最著名的就是春秋末期吴王阖闾的干将、莫邪的雌雄双剑在此铸成，也因此得名莫干山。近代 100 多年来，莫干山就是一个国际化的度假区，传统风景区的建筑群也非常独特。1890 年，美国传教士佛利甲来到莫干山旅游，马上被这里的奇山秀水所吸引。后来他的好友雷斯敦·史博德博士于次年夏慕名到莫干山避暑，被这清凉世界深深打动，于是撰文力荐，莫干山作为避暑胜地从此开始传向全世界。这就引来了一名英国商人贝勒。1896 年，贝勒在莫干山建起了第一座度假别墅。随后很多外国人来到这里，先后建起了 250 多幢风格迥异的别墅群。建筑风格既有西欧田园式乡村别墅，又有欧洲中世纪城堡式山庄，还有古典式建筑，每幢别墅留都有名人踪迹、逸闻趣事。

莫干山镇燎原村，曾是上海、杭州到莫干山的必经之地。众多国内叱咤风云人士及外国传教士都来过这里。现有蚕种场、私立莫干小学、民国首位外交部部长黄郛故居等一批历史遗址，以及武康镇的五四村，其因毛主席 1954 年在杭州修改宪法上莫干山路过建村得名。莫干山拥有北宋石颐寺遗址、春秋战国古冶铜遗址、莫干山山区古道、莫干黄芽茶制作工艺等一大批有影响力的物质和非物质文化遗产，当地政府正通过整理、嫁接的方式使这些物质与非物质文化遗产成为新的旅游景点或游客参与性的民俗活动。祖祖辈辈一脉相承的民俗民风、独具特色的生产生活、具备韵味的节气祭祀方式等都是德清莫干山文化旅游发展的文化资源（见图 3、图

4）。目前，当地政府正在创建民国风情小镇，挖掘"民国文化""农耕文化"等地域特色文化，改造沿街5051平方米外部区域以及建筑面积6200平方米历史文化遗址，开发清境文创园、陆放版画馆等文化体验产品，形成精致、有特色、高品质的慢生活模式。

**图3 德清非遗"十样景灯"**

**图4 德清非遗"东沈竹编"**

### （三）"德清洋家乐"先进的经营理念

"德清洋家乐"对外以西方乡村民宿及我国台湾乡村民宿为标杆，对内以高端人群为目标，坚持崇尚生态理念、创新经营管理理念，不断提升品质，保障德清经济持续健康发展。"德清洋家乐"在社会责任感的承担、对员工表现出的人文关怀以及对生态环境的保护等方面都体现出它所独有的特点。

"德清洋家乐"的经营者对目标市场选择以及对于市场消费者的关注程度高，对设施与环境的品质要求也非常高，他们追求为每一位顾客提供最精致的服务。精致的含义不是豪华，而是对目标市场旅游者的尊重与关注。同时，"德清洋家乐"建筑景观的多样性、针对不同目标市场服务方式与活动内容的多样性，都极大地提升了乡村的吸引力，降低了乡村旅游同质性的负面影响与替代。同时"德清洋家乐"在自己的空间内所创造建筑的多样性，装饰环境的多样性，均提高了自身的竞争力与吸引力。

"德清洋家乐"在开发建设中，通过对现场空间的优良规划设计，实现了空间价值的大幅度提升。乡村生活氛围保留、开阔空间的保护、乡村观景空间的保留、坡地的良性利用和绿地生态系统的良好维护，使乡村传统民居形态与美学特征得到进一步彰显。乡村空间稀缺价值的充分塑造，提升了目标城市消费者的感知价值，也真正降低了乡村旅游同质性的影响，同时减少了运营成本，实现经营的可持续发展。

## 四　"德清洋家乐"代表——"裸心谷"案例分析

### （一）"裸心谷"项目介绍

德清莫干山作为中国最早发展民宿带动地方经济的地区，已经形成成熟的经营模式，其中以"裸心谷"最为著名。"裸心谷"作为浙江省民宿发展最成功的代表，位于德清县筏头乡莫干山谷之中。"裸心谷"是南非人高天

成投资 1.5 亿元建设的一处高端旅游度假之所，集休闲娱乐、观光旅游、餐饮住宿等功能为一体。2009 年该项目开始建设动工，在建造过程中最大限度地保持了环境的原生态。"裸心谷"在 2011 年 10 月正式开幕经营。在营业伊始，就因植被保护良好、风光秀美的周边环境、建筑与自然完美融合等特点，吸引了来自上海、江苏和浙江等周边省份的中高端消费者，成为国内民宿经营的头牌项目。

"裸心"有着自身独一无二的含义：它意味着远离尘嚣的纷繁困扰，回归生命的纯净状态，与自然、环境和周围生灵融为一体，享受纯美自然的生活理念。因此，高天成在设计之初，就将返璞归真、因地制宜和可持续发展作为项目设计理念。

### （二）"裸心谷"的区域规划

目前，"裸心谷"度假村将整个区域分为五大功能区（见图 5）。除了住宿区域外，还包括自然景观、休闲活动、餐饮服务、科普教育四大区块。每个区块有着自己的主题定义与功能，各个区域既相互区别又相互联系。在休闲活动区与自然景观区，游客们可以自由地与大自然亲密接触，使精神获得极大地放松。科普教育区则适合一家人亲子游览，沟通感情，寓教于乐。

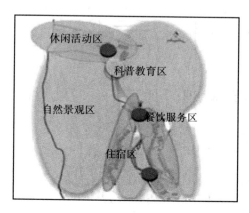

**图 5 裸心谷功能区划**

同时五个大的功能分区由 20 多个小节点构成，有茶舍、骑马场、裸心小馆、会议中心等（见图 6）。这些景观点从不同的方面为各个年龄阶层、有各种消费需求的游客提供选择，其核心理念都是为游客提供丰富的游玩与休闲体验。节点之间通过建筑与自然的衔接，构成一个大的景观空间。让游客步移景异，每到一处都有新发现与新乐趣。

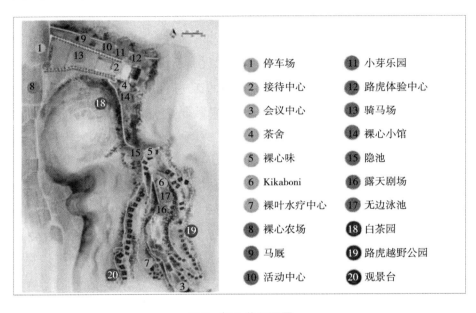

① 停车场    ⑪ 小芽乐园
② 接待中心    ⑫ 路虎体验中心
③ 会议中心    ⑬ 骑马场
④ 茶舍    ⑭ 裸心小馆
⑤ 裸心味    ⑮ 隐池
⑥ Kikaboni    ⑯ 露天剧场
⑦ 裸叶水疗中心    ⑰ 无边泳池
⑧ 裸心农场    ⑱ 白茶园
⑨ 马厩    ⑲ 路虎越野公园
⑩ 活动中心    ⑳ 观景台

**图 6　裸心谷平面图**

## （三）"裸心谷"的成功因素

"裸心谷"占地面积 360 亩，投资总额为 1.5 亿元。这个由众多小型别墅与休闲设施组成的庞大建筑体，在它开始经营以后，很快成为德清民宿业纳税第一户。"裸心谷"作为德清洋家乐民宿经营的首例，它的民宿品牌在民宿行业内广为人知。为什么"裸心谷"能够成为莫干山民宿经营的头牌，在众多佼佼者中脱颖而出，它的成功来源于哪里？可归纳为以下几个方面。

1. 优美的环境和完备的配套设施

"裸心谷"通过打造原生态的外部环境，营造谷地概念。面积庞大的

茶园，一望无际的山林风光，让它远离了都市繁华，充满着无限的自然风情与魅力。"裸心谷"在保留莫干山原有的农屋农舍风味同时，配套了一系列的观光休闲体验项目。用石头铺成的小道、用石头砌成的石墙以及竹篱、茅舍都蕴含着浓厚的民间文化与审美风味，让游客能够最大限度地感受乡野文化。

"裸心谷"度假区为游客设计了多种多样的娱乐活动，包括骑马、瑜伽、爬山、捕鱼、山地车、书法课、采茶和游泳等项目。同时，还提供相关联的观光休闲会所。在会所中，有精致简易的餐食让游客填饱肚子；游客在用餐期间还能俯瞰广阔的大草坪，有兴趣的话还可以在马场上骑马，体验游牧乐趣。"裸心谷"的 Kikaboni 餐厅是一家融合亚洲美食与非洲美食的综合性餐厅，极富特色。它提供有机食物，每一样食材都取之于自然，餐厅用当季当地的美食捕获每一位来宾的味蕾。

池吧，是一间充满小资情调的小清吧。店内装饰风格将现代元素与当地文化元素巧妙地联系在一起。在秋日的午后，喝一杯生啤、鸡尾，能让你瞬间元气满满。夜晚来临时，坐在池吧里，都市的繁华与乡间的宁静完美融合在一起。"裸叶水疗中心"——为每一位游客提供一系列的理疗服务。它涉及运动、饮食等方面，针对个人的身体情况与特点，特别定制最适合游客的理疗服务。同时，在"裸心谷"还有大型的会议室，投影演讲设备齐全、先进，为高端会议的召开提供相应的配套服务。会议室被大型茶园所包围，这让每一位参会者在参会时都怀着一种轻松愉悦的心情。同时还有露天剧场，为各种派对提供场地，满足大型活动举办的场地需求。

2. 明确的品牌定位和最佳的度假体验

"裸心谷"创立之初，将自身品牌经营定位于为消费者提供优质、高效的休闲度假服务。它的创立者高天成在建造"裸心谷"时，就将中高端的消费群体作为宣传和服务的目标，致力于为具有高消费能力的客户提供优质、富有创意的产品和服务。"裸心谷"项目的总体规划在最初的时候，就不同于一般的景区度假酒店。大部分的度假酒店都是一两栋的单体建筑，其并不能满足不同年龄与消费层次的游客需求。"裸心谷"将周围大体量的酒店客房和建筑设施连成一体，又进行分散性规划。各个节点之间错落有致地分布在莫干山谷中，将溪流、森林、河谷与池塘等不同的自然景观与居住建筑融合在一起。不同的空间组合，形成了不同的意境，因而创造出不同的休闲体验。这样的规划，使整个"裸心谷"度假村里的餐厅、客房、会议室、会所等坐落在山谷之中，在群山缭绕与沁人心脾的自然里，让游客体验最美好的度假时光。

"裸心谷"与其他度假酒店相区别的地方还在于，进入酒店大门后，望不到尽头的步道与充满欧洲风情的马场映入眼帘。游客进入酒店后，原生态的自然与体育运动的舒畅瞬间就迎面而来。绿油油的大草坪、怡人的山地景观，与西方神秘又古老的庄园、城堡极其相似。"裸心谷"这种高品质又独特的乡间村野气息，让它在莫干山的民宿群里脱颖而出。而"裸心谷"的核心优势在于其客房的设计。客房有两种，一种是叫夯土小屋，一种是树顶别墅。夯土小屋借鉴了三国人物诸葛亮隐居于山林的茅舍，而树顶别墅则将山间田野的亲近自然与现代室内设计的温馨舒适结合在了一起。"裸心谷"中无论是夯土小屋，还是树顶别墅，在民宿建造经营之时，都让工匠发挥其才能，将最完美的居住体验放在了首位。"裸心谷"无论是屋顶或是建筑外部的设计，以及室内的修缮与装饰都是经过反复严密的思考的。

将游牧文明、农耕文明的景象与时尚的元素结合在一起的"裸心谷"，无疑给予了游客最佳的视觉与精神的双重体验。

3. 独特的营销模式

首先，位于德清县的"裸心谷"，虽然它隶属于浙江省，离杭州、苏州等地非常近，但它最初的目标客户群是上海市民。由于上海经济更加繁荣，它所拥有的消费群体更加庞大，消费层级也更高，因此高天成与他的团队在项目开始就聚焦于高端消费的客户群体，把"裸心谷"项目的宣传推广集中在他们能接触的上海地区。于是，他们在几年的时间里慢慢建立了属于自己的客户群体。因此"裸心谷"的营销方式主要是有针对性地直接面对目标客户。

其次，"裸心谷"主要依靠良好的口碑作为其营销秘籍。优美的居住环

境、高质量的服务品质以及丰富的娱乐活动，使"裸心谷"获得了非常好的口碑，并拥有一批高质量的忠实客户。他们通过人际网络将"裸心谷"推荐到自己的朋友圈中。

再次，"裸心谷"度假村拥有一支国际化的宣传营销团队。除了主要经营者高天成是南非人外，它的首席运营官林纲洋曾担任普华永道会计师事务所经理，负责过上海 W 酒店的运营开发；董事卢加宝是中国澳门人，负责高端活动和公共事务管理；销售总监韩天宁是荷兰人，为"裸心谷"带来大量国际大客户；总经理 Kurt Berman 来自南非，曾在马尔代夫第六感 Soneva Gili 担任驻店经理。这样的团队构成，使"裸心谷"的宣传主要采用国际化的营销推广方式。"裸心谷"甚至在 ELLE 版的台湾版投广告。通过这种方式，国内的相关媒体也渐渐开始关注"裸心谷"，为其免费做广告，从而节约了大量的广告成本。

最后，在线上的新媒体营销方面，"裸心谷"主要采用的是现代青年人交往沟通的私人信息传播方式。一是依靠喜欢外出旅行的知名微博大 V，让他们通过微博发帖使"裸心谷"相关信息传播到有效的范围内；二是针对大众追求高档奢侈的消费心理，在国内众多大型的社交网站上建立"裸心谷"主页，扩大其在大众消费群体中的影响；三是在"去哪儿""携程"等大型专业旅游平台和网站上发布相关度假信息，提高"裸心谷"在国内和国际的知名度。

4. 富有创新性的投资模式

"裸心谷"的投资经营模式与一般的度假酒店不同，它采取的是一半自持经营、一半销售的模式。"裸心谷"的所有已经建成的树屋别墅都是可以进行买卖交易的。"裸心谷"通过树屋别墅的销售获得一定的现金和资本，再通过夯土小屋的重新修建来沉淀资产。具体来说，"裸心谷"共有 30 套树屋别墅，每套双房间别墅的售价在 600 万元左右，三房间、四房间分别为 900 万元和 1200 万元，全部卖完的话，总回款大概在 2.4 亿元。而"裸心谷"的建造成本是 1.5 亿元，已经回收了成本还有盈余，同时还沉淀了 40 套夯土小屋的固定资产。这种富有创新性的销售和运营相结合的模式，为

"裸心谷"带来了大量可回流资金,使其不会因为资金短缺问题,而影响到整个项目的运行。

除了以上四点,便捷的交通、紧邻经济发达地区的地理区位优势也是德清莫干山民宿发展的有利条件。同时,德清政府出台的一系列政策,都有力地推动了当地的民宿业发展。政府的政策引导和资金支持等,都为当地民宿业提供了坚强的后盾。

# 五 结语

## (一)文章小结

2018年4月文化与旅游部的成立,预示着文化与旅游将以一种更深入的方式融合在一起。如今,游客外出游览,不仅追寻传统意义上的放松身心、休闲娱乐,更是一种精神上的体验和满足。而民宿,作为展示美丽乡村的"名片",在乡村旅游和乡村经济振兴中起到了至关重要的作用。

根据中国产业调研网的统计,2018年初,全国农家乐已超过200万家,民宿超4万多家,民宿从业人员近100万人。2018年我国民宿行业市场规模已达200亿元,预计到2020年,我国民宿行业营业收入将达到362.8亿元。民宿产业符合时代发展趋势,前景十分广阔。民宿承载着都市人们回归乡村寻找乡愁的情怀,去乡村民宿消费已经成为一种潮流。在乡村振兴战略的大背景下,民宿发展的步伐更加坚实。

浙江省德清莫干山的民宿旅游,经过多年的发展已经形成非常成熟的模式。德清县良好的生态环境、丰富的文化资源以及国际化的设计理念等,都是其乡村旅游和民宿业发展的坚实基础。通过对"裸心谷"的深入研究,我们发现对自然的充分尊重、明确的品牌定位、给予顾客最佳的体验和独特的营销方式等,都是它成为德清莫干山民宿头牌的"法宝"。"裸心谷"度假村以德清莫干山优美的山水环境为基础,充分利用乡土元素的物质特征与文化内涵,营建生态、自然的庭院景观,还原休闲、舒适的乡村活动体验的

理念，已经成为如今大型山地民宿度假村和庭院景观营建模式的重要借鉴。

美国社会学家里斯曼曾经说过，"今天最需要的既不是机器，也不是财富，更不是作品，而是一种个性"。随着"80后""90后"成为新兴的消费群体，他们寻求的是一种生活方式的与众不同、一种个性的表达。这些新生消费群体有较高的消费意愿，对于创新有一种更加包容和开放的态度。在文化消费上，表现为注重对精神层面的追求与体验。因此，民宿的未来不再只是简单的食宿，而是体验的多元化和个性的表达。民宿主人的人格魅力是民宿的灵魂，在展示个性的同时，可以吸引志趣相投之人，让民宿成为爱好者的聚集地和交流平台。更重要的是丰富的游乐体验项目，能让游客直接感受当地文化，有助于与民宿主人建立感情纽带。同时，除了传统的特色建筑，自然人文资源也是民宿的重要依托，挖掘文化内涵，是民宿产品创新的主要源泉。文化资源为民宿旅游增添了一抹更动人、更明媚的色彩。文化和旅游的相互渗透与依存，为游客提供了更丰富的娱乐方式和旅游产品，也为旅游业提供一种新的发展模式。

### （二）对民宿业发展的思考

虽然德清莫干山地区的民宿业发展良好，但是从全国的民宿业发展情况来看，现实却不那么乐观。民宿行业的整体发展势头虽然良好，但行业内部的问题也一直没有妥善地解决。例如，旅游的淡季和旺季，经营的状况呈现非常大的两极差异。在旺季时，房间通常供不应求。但淡季一来，房间供大于求，很多民宿空置率很高。据相关的数据统计，我国超过90%的民宿和度假酒店投资亏损，许多民宿和度假酒店因为难以支撑日常营运费用而不得不选择关门歇业。目前，我国民宿业的现状一方面是大量的参与者不断涌入民宿市场；而另一方面，却又有众多经营者和投资者黯然退出了民宿产业。

从2015年起，国家开始逐步重视，先后出台一系列政策鼓励共享经济及民宿行业的发展，推动共享住宿的标准化、合法化进程，各地纷纷成立民宿协会，按照国家标准，进行小规模民宿经营执照的发放，推进民宿的合法化之路。但是大多数民宿仍然处于法律的灰色地带，未来民宿合法化的道路依然任重而道远。

除了上面所谈到的淡旺季房间的供需不平衡、民宿合法化的问题外，同行之间的恶性竞争也是一直存在的。民宿品质的参差不齐、同质化经营也一直困扰着民宿经营者。这些问题都是目前民宿旅游与乡村经济振兴需要考虑的。

日本和中国台湾地区，作为民宿业发展的先行者，在主题风格、经验管理和营销等方面都具有丰富的经验，其民宿产业已进入成熟发展期并形成规模效应。我国的民宿业发展需要多多借鉴。现在，民宿业已经进入高品质时代，品牌化与差异化的经营理念、独特的文化内涵和产业链的打造，将成为地区民宿发展的制胜法宝。

**参考文献**

贾荣：《乡村旅游经营与管理》，北京理工大学出版社，2016。

秦雨沁、王畅：《国内精品度假酒店场所精神营造——以莫干山裸·心谷度假村为例》，《江苏建筑》2016年第2期。

沈琛杰：《莫干山民宿业发展对策研究》，浙江工业大学硕士论文，2019。

俞昌斌：《莫干山民宿的分析探讨——以裸心谷、法国山居和安吉帐篷客为例对比》，《园林》2016年第6期。

# B.18
# 浙江德清旅游民宿研究

## ——以法国山居为例

王晨 吕季凡 许全华 杨国亮 费敏俊*

**摘　要：** 随着旅游消费需求层次的多元化及其需求内涵的多样化，我国民宿产业近年来"遍地开花"。作为国内"洋家乐"民宿经济发源地的浙江省德清县，其乡村民宿已经成为省地乡村旅游的重要支撑，也成为莫干山地区重要的文化产业资源。莫干山地处浙江省德清县，区位优势独特，生态旅游资源丰富，具有扎实的产业基础，是发展民宿旅游的优势地域。法国山居以其创始人所带来的法国文化为特色，围绕民宿本身建立一系列相关设施。本文主要探讨法国山居的盈利模式及相关问题。

**关键词：** 旅游民宿　德清　洋家乐　法国山居

## 一　旅游民宿发展概况和国内现状

### （一）旅游民宿发展概况

民宿的初始形态起源于20世纪三四十年代英国的B&B（bed & breakfast）

---

\* 王晨，博士，南京艺术学院教授，研究方向：文化资源学、文化产业；吕季凡，南京艺术学院文化产业学院硕士研究生，研究方向：文化产业；许全华，湖州海关副关长，研究方向：乡村民宿与生态原产地产品评定；杨国亮，德清县文化旅游集团总经理，浙江农林大学硕士生导师，研究方向：乡村旅游的创新和发展；费敏俊，德清县文化旅游控股有限公司副总经理，研究方向：乡村民宿的发展与管理服务。

家庭旅馆，亚洲的民宿发端于 60 年代末的日本北海道，80 年代传入中国台湾并得到快速发展；今日大陆发展的民宿是在经历了多次迭代之后更加多元的产业形态，为了区别于早期的家庭副业形式，故在此以"旅游民宿"为名，着重体现其当下更具专业性的行业特质。

从今天的行业状况来看，尤其是乡村振兴战略实施之后，民宿被认为是一种全新的城乡交流模式，并被赋予促进乡村文化复兴的使命，亦成为乡村振兴的重要载体，旅游民宿很大程度上呈现为农业与文化、旅游业交叉融合的产物。发展民宿产业，是将第三产业的现代服务业带到农村，依托农村特有的景观、文脉要素创造出具备特有风格、强调体验的乡村旅游产品。民宿成为吸引外来群体的有效平台，游客走进乡村，进而通过留宿行为延长了停留时间，能够更深入地领略乡土文化，与此同时也催生了进一步消费。从这个视角看，旅游民宿产业的发展意义已经超出单一产业的意义维度，进而体现为乡村振兴国家战略的有益支撑。

## （二）国内旅游民宿产业总体持续发展

在中国大陆，旅游民宿作为一种新兴业态发展非常迅速，这离不开政策的支持，国家及各级政府陆续推出多项利好政策鼓励和推进旅游民宿行业的整体发展，参与民宿产业的设计艺术活动也经常以不同方式与这些政策形成呼应。其中比较有代表性意义的政策如 2013 年 12 月《中央城镇化工作会议》中提出"看得见山、望得见水、记得住乡愁"的理念，引领了民宿发展的大趋势，也奠定了旅游民宿主流的乡村化特色，这为绝大多数的民宿风格定下基调。再如 2015 年 11 月 11 日国务院召开的常务会议通过了《关于加快发展生活性服务业促进消费结构升级的指导意见》，号召挖掘旅游消费的新热点，"意见"中首次明确"积极发展客栈民宿、短租公寓、长租公寓等细分业态"的方针，这也是"客栈民宿"首次出现在国家层面的政策性文件中，标志着国家层面对民宿行业的认可，也为接下来一系列的利好政策埋下伏笔。2016 年是民宿产业政策的大年，1 月 27 日中央一号文件《关于落实发展新理念加快农业现代化实现全面小康目标的若干意见》发布，明

确提出要大力发展休闲农业和乡村旅游业，有规划地开发休闲农庄、乡村酒店、特色民宿等旅游产品。3月2日，国家发改委联合中宣部、科技部等十个部门出台了《关于促进绿色消费的指导意见》，提出鼓励个人闲置资源有效利用，有序发展民宿出租等，这一方面为旅游民宿的大规模崛起提供了重要的物质前提，另一方面也对闲置用房的改造设计发出了需求信号。2016年12月，国务院印发了《"十三五"旅游业发展规划》，规划指出要构建新型住宿业，推进结构优化、品牌打造和服务提升，培育一批有竞争力的住宿品牌，推进住宿企业连锁化、网络化、集团化发展。鼓励发展自驾车旅居车营地、帐篷酒店、民宿等新型住宿业态。《"十三五"旅游业发展规划》拉开了旅游民宿专业化、品牌化、精品化的序幕，决定了专业艺术设计在民宿产业中重要性日渐上升的趋势。2017年国家出台了一系列行业规范与标准，预示着乡村旅游包括旅游民宿将进入品质化和标准化时代，这也对素来以"非标"立身的旅游民宿提出了时代性的要求，设计艺术的呈现结果固然不可"标准"，但其逻辑、方法、流程的标准化成为民宿品牌升级必备的隐性知识。

与此同时，一大批地方性的产业政策也相继出台，在这些政策的推动下，乡村旅游和旅游民宿产业迅速升温，呈现整体向好的趋势；国内已形成了川藏线民宿群、客家文化圈民宿群、滇西北民宿群、湘黔贵民宿群、海南岛民宿群、浙南闽北民宿群、徽文化圈民宿群、京津毗连民宿群、珠三角毗连民宿群、长三角毗连民宿群、浙闽澳海岸民宿带等11个民宿群带，体现出不同的风貌特色。

国内对于民宿概念的认知也有或大或小的差异。浙江省杭州市在其发布的《关于进一步优化服务促进农村民宿产业规范发展的指导意见》中，明确定义"农村民宿"："是指农民利用自有住宅或其他经营主体租赁农户住宅或闲置的村集体用房、农林场房，经整体设计、修缮和改造，为游客提供住宿、餐饮等服务的经营性场所"，并对其经营用房、消防、治安、卫生、环保、食品安全和规范管理、申报程序等方面做了详细的规定。浙江省德清县旅游局批准发布了县级地方标准规范《乡村民宿服务质量等级划分与评定》

（DB330521/T30—2015），于 2015 年 6 月 1 日起正式实施。这是全国首个民宿地方标准规范。该标准指出，乡村民宿是指经营者利用乡村房屋，结合当地人文、自然景观、生态环境及乡村资源加以设计改造，倡导低碳环保、地产地销、绿色消费、乡土特色，并以旅游经营方式，提供乡村住宿、餐饮及乡村体验的场所。依据软硬件条件，可将乡村民宿依次划分为标准、优品、精品三个等级。

## 二 德清县乡村民宿发展回顾及现状

### （一）德清县概况

德清县位于浙江北部，北连太湖、南接杭州、东望上海、西枕天目山麓，处长三角腹地。总面积 938 平方公里，现辖 8 个镇、4 个街道，户籍人口 44 万人。

德清"五山一水四分田"，素有"丝绸之府、名山之胜、鱼米之乡、竹茶之地、文化之邦"之美誉。德清历史悠久，有着古代防风文化和良渚文化遗迹。境内有中国四大避暑胜地之一的国家级风景名胜区莫干山、"中国最美湿地"下渚湖和素有"千年古运河、百年小上海"之誉的新市古镇。

德清区位优势十分突出。全县 11 个乡镇有 7 个乡镇与杭州接壤，是杭州都市区的重要组成部分。杭宁高速公路、申嘉湖（杭）高速公路、104 国道、304 省道、宣杭铁路、京杭运河、杭湖锡线航道穿境而过，杭州 K588 公交车直通县城武康。武康距杭州市中心仅半小时车程，距长三角核心城市上海、宁波、南京均在 2 小时车程以内，距杭州萧山国际机场 40 分钟车程。随着宁杭铁路的开通和内河航道的改善，我们进入全新的"高铁时代"和"港口时代"，得天独厚的区位优势将得到进一步凸显。

### （二）发展回顾

#### 1. 探索起步阶段（2007年以前）

21 世纪初，"农家乐"是德清民宿最早出现的形式，为周边短距离游客

提供假日休闲的娱乐场所，形成了以"早上出发，中午吃饭，晚上回家"的简单消费模式，以地道优惠的农家菜为卖点，住房较少，其住宿服务仍处于自发探索阶段。

2. 规模扩张阶段（2007～2014年）

2007年，"裸心谷"创始人——南非人高天成，在德清开办首家"洋家乐"，依托优良生态环境、以住宿为主的休闲度假旅游产品逐渐受到重视，乡村民宿发展进入扩张阶段。当首家洋家乐"裸心谷"进入大众的视野时，其迅速增长的态势吸引了世界各地的外国人前来莫干山地区开办"洋家乐"，"洋家乐"以低碳环保和自然休闲的观念，吸引到一批长期的消费者，当地居民也开始利用自家资源开办"洋家乐"。

2009年，德清县在全国范围内首次提出"洋家乐"概念，至此"洋家乐"走向全国市场，各地纷纷模仿这一独特的模式。德清县的"洋家乐"环境优美，绿色环保，休闲自然，被认为是"全球最值得去的45个地方之一"和"除长城外15个中国必去特色地方之一"。2012年后，民宿业以每年六七十家的速度迅速增加。2014年，德清县"洋家乐"在第十一届"中国旅游发展·北京对话"论坛上，荣获"中国旅游创新奖"。

3. 提升发展阶段（2015年至今）

2015年，德清县政府发布了全国首部县级乡村民宿地方标准规范，通过制定民宿服务质量规范、等级划分标准及评定规则等促使德清民宿趋于规范化、成熟化和制度化。此外，浙江湖州在世界乡村旅游大会上被评为"世界十大乡村度假胜地"之一，德清休闲农业与乡村旅游逐渐趋向国际化、品牌化。全县的乡村民宿自此进入了提档升级阶段，以"示范引领""规范管理""农旅融合""文旅互促"等内涵建设，引导德清县民宿走向科学发展和品质化经营新局面。

## （三）德清洋家乐的现状

德清洋家乐模式吸引不少国内外投资者纷纷效仿，大量投资人纷至沓来，包括比利时、丹麦、法国、韩国等十多个国家的投资者。来自杭州、南京、台湾、上海等地投资者，租下了农民的老房子打造一幢幢"洋家乐"，同时也有不少德清人加入这个行列中。环莫干山地区出现的"洋家乐"这样一种新型业态，迄今已达 70 多家。

享誉海内外的"德清洋家乐"分布在莫干山山麓。小小"洋家乐"吸引了 50 个国家 300 多座城市的游客前来拜访，不仅因其坐落山川间的自然环境之美，也因其迎合了低碳休闲旅游的世界潮流。"德清洋家乐"主要客源为城市白领和跨国公司高层等高端消费者，这批客源注重旅游过程的体验性、高品质和新鲜感，是高端度假的主要消费人群。"洋家乐"在有效带动入境旅游市场发展同时，也有力地促进了当地农民增收致富，带领人民走出一条富含德清特色的乡村旅游发展之路，得到了社会各界的广泛关注和认可。

## 三　德清洋家乐优势分析

### （一）德清洋家乐生态性分析

德清洋家乐在整个产品生命周期中，从民房的设计改造开始，到为游客提供食、住、游、娱、购服务消费全过程，符合绿色环保、低碳节能、资源节约、生态健康等四项生态核心要素。在设计改建造方面，主要通过改造当地废弃和旧的农房、厂房等，逐渐兴起了以"裸心谷""法国山居"等为代表的"德清洋家乐"。改造用材全部就地取材，变废为新，提倡原始、低碳、环保的理念，使古朴村落文化得以保护和延续，采用标准化排污系统，确保不破坏当地自然环境。在经营消费方面，"洋家乐"倡导低碳环保消费观念，要求消费者节约用水用电，禁止室内抽烟，鼓励公共交通出行，切实保护生态环境。

1. 设计、改（建）造与装饰：融入环保理念

以"建筑要跟自然融合"的理念进行设计改造，租用当地的泥坯房，在不破坏原有房屋框架结构的前提下，围绕低碳环保主题，利用当地的旧

木、竹子、山石、夯土、旧砖、毛草等可循环和可持续使用的材料进行改造（见图1）。根据房子本身的特点进行设计改造：院子中，老房子拆下来的大梁对半剖开，成了长条桌；雕花橡木被用来当花园的藩篱；大树墩成了圆桌，石磴子一个个叠起来，就是凳子；盖着茅草棚的吧台，全部是用废旧啤酒瓶堆垒起来；墙边散放着农家常见的土罐，是烟灰缸；竹篾编成的是喇叭形的垃圾筒（见图2）。装修时尽量不从外面带家具和建材进来，花了很多工夫在周围的村子里寻找旧家具，拆房剩下的雕花木梁、石磴、猪槽等都成了他们的装修原料。最具创意的是对猪槽的使用（见图3），下面凿了个下水孔，成了一个双人使用的洗手盆。阳台上，废旧市场收来的木头做成柱子、栏杆；竹枝扎成了栅栏；修葺过的屋内，有裸露的原木大柱；厅内的花格和吧台，也一"裸"到底，一块块红砖别致地围起来，未加涂饰；屋内的家具物什，都是四处"淘"来的宝贝，有当地古老的暖榻，笨重巨大的沙发床、藤椅子，下面有储物柜的椅子、老旧的火桶，还有从旧理发店搬来

改造前

改造后大门

改造后院子

· 新的设计理念

改造前火烧坍塌的建筑

改造后原着火的区域

**图1　民宿改造前和改造后**

的理发椅等。所有的装饰保留和深化了泥坯房原有的风格和材质，融进新的设计元素，体现出自然和现代感的融合，表达出主人的原生态理念。

图 2　由猪圈位置改造而成的房间

图 3　以猪槽样改造而成的洗脸盆

2. 住食:提倡绿色低碳消费方式

（1）证照齐全合法经营。"德清洋家乐"具备特种行业许可证、卫生许可证、餐饮服务许可证、营业执照等相关必备证照，消防治安设施完善。

（2）安全卫生有效保障。"德清洋家乐"是典型的木结构建筑，在其房间、公共区域均安装了烟感报警器、喷淋灭火装置，还配置了逃生绳、应急手电筒、防烟雾毒面具；走廊、楼梯过道安装了应急照明灯、反光应急疏散标志；厨房间安装了防火门。治安方面，主要出入口、吧台分别安装了视频监控，游客入住登记时全部采用与公安联网的入住登记系统、外国人护照扫描设备。消防、治安设施设备的到位，最大限度保护了游客的生命及财产安全，也为经营者提供了坚实的安全保障。严格按照民宿卫生规范的要求，把好卫生许可关。从业人员均取得了健康证；住宿区域通过第三方空气质量合格检测；单独设置了布草间；房间内设置防艾、禁烟等标志，床上用品、拖鞋做到一客一换；厨房间具备防蝇、餐具消毒柜等设施。

（3）垃圾污水有效管控。德清县因实施"户集、村收、乡镇运、县处理"的城乡生活垃圾处理一体化模式，荣获 2011 中国十大社会管理创新奖。在"洋家乐"中全部安装油水分离器，建设区域性餐厨垃圾处理中心，有专人负责，每天对"洋家乐"产生的餐厨垃圾进行有机化处理，实现资源合理化再利用，由化工企业协议回收废油，产生的有机肥用于有机农产品和绿化。结合"污水共治"行动和西部民宿规范提升工作要求，德清统一要求"洋家乐"使用久保田净化槽处理设备和不锈钢斜板隔油池，并将污水管接入农村污水管网统一纳管处理，因地段原因无法纳管的采用三格式污水处理池进行处理，或采用净化槽污水处理设备，根据技术指标，经处理的水排放标准达到一级 B 或一级 A，目前，"德清洋家乐"的污水处理率达到100%，有效地保护了西部优美的自然生态环境。

（4）提倡绿色低碳消费方式。洋家乐不提倡使用空调、煤气，夏天靠电风扇，冬天靠每个房间安装的火炉，烧的是本地废木料、木屑压缩制成的柴火。门前有蓄水池承接雨水，水得到循环使用。垃圾分类后，树叶、苹果皮会埋在地下。宾客被建议乘火车到杭州而不是开私家车，不允许在室内抽烟，若发现，第一次警告，第二次就要被"赶出门"。宾客还被要求节约用电、用水，不提供每天换毛巾，没有电视。晚上可以烧烤，鼓励自己动手做早、中、晚餐，也可以请"阿姨"代劳。目前，全县有效期内共有无公害农产品 210 个，绿色食品 68 个，有机食品 28 个，合计306 个，有效期内"三品"认证面积共 30.9 万亩。莫干山镇燎原、何村、劳岭、紫岭、庙前、兰树坑村共有无公害、绿色农产品 15 个，合计面积3254 亩。

3. 游娱购：倡导无景点健康休闲理念

"德清洋家乐"不提供麻将桌，来这里度假休闲的人大多是"裸家族"（nakedfamily），他们的理念就是放下一切！把自己交给自然，过一种简单的生活，爬山、散步、骑车、钓鱼，或者闭上眼睛，不思考也不说话，静听四周的鸟鸣声、山间的流水声、竹海的摇曳声（见图 4）。经营理念是给城市的居民创造一个可以完全放松解压的天然场所，但是并不破坏当地的自然环境，做到人与自然的真正融合，受到了宾客极大欢迎。

图 4　莫干山徒步登山活动

"德清洋家乐"的出现与发展是满足在中国的国际旅游者休闲度假需求的产物，而非地方政府规划的产物。其最显著的特点是消费价格普遍较高，达到了我国城市豪华饭店的价格，是我国一般的农家乐难以想象与企及的。"德清洋家乐"不仅直接让当地村民获利（房屋5年到10年的租金收益），还为地方政府每年提供2000多万元的税收，同时创新了乡村旅游土地利用开发模式，在不大量新增建设用地指标的条件下发展，也推动了浙江省乡村旅游用地政策与开发政策的改变。

同时，"德清洋家乐"还为当地社区做了许多有价值的示范，改变了当地的环境价值观，村民更加珍惜自己的生活环境与生活方式。分析"德清洋家乐"的成功，除了选址良好，普遍选择在距目标市场集中区域较近的地区、生态环境保护得较好的区域，以及当地的农业生产条件较好的区域等外部条件外，自身先进的经营管理理念也是保障其成功的关键。

2015年5月14日，《乡村民宿服务质量等级划分与评定》地方标准正式发布，这是全国首个乡村民宿的县级地方标准规范。此标准标志着德清在"洋家乐"等精品民宿发展的道路上又跨出了具有历史意义的一步，更说明德清作为"洋家乐"的发源地、诞生地，有责任有义务维护好、保护好、发展好这一品牌。

## （二）德清莫干山地区优势分析

### 1. 坐拥优质的生态及人文资源

得益于"两山"理念在当地的良好践行，莫干山地区自然具备了丰富的自然资源及良好的生态环境，森林的覆盖率平均每年达到46.1%，空气中负氧离子的浓度平均每年达到97.5%，是全国大城市的10多倍，是一个天然的氧吧。莫干山地区是著名的中国四大旅游休闲避暑胜地之一，以"竹、云、泉"三胜和"清、静、凉、绿"四优而驰名中外，纬度较低，亚热带季风气候，降水量充足，这些地区先天的自然资源优势，使得莫干山的林木植被丰富，亚热带季风气候景观优美，分布了大片的竹林。发展莫干山民宿行业不但能够进一步带动其旅游业发展，还能够促进当地的风土人情以及民俗等发扬光大，使得游客在领略美景的同时也能够对当地产生更深入的了解，促进当地的区域经济发展。

2. 地处长三角"3小时都市圈"核心区位

莫干山位于浙江北部，距上海、苏州、杭州分别有3.5小时、3小时和2小时的车程，杭州高铁只需要13分钟即可到达浙江省德清市莫干山县城，30分钟就可以抵达著名的莫干山，杭州萧山国际机场2个小时就可以轻松到达莫干山，车程和交通非常便利，是莫干山旅游的一个理想半径。在长三角地区快速地发展民宿业，可以使当地旅游市场的经济效益得到较大提升。在针对中国游客的问卷调查中发现，80%的中国游客第一次来到莫干山都是选择了自驾车，并且主要的中国游客聚集点和来源地分别位于上海、江苏和安徽以及浙江省内，由此可见莫干山的旅游经济发展半径所涉及的主要是中国游客的来源地圈。

3. 先发优势下对高端消费市场的占领

早在民国时期，在沪苏地区贵族人士圈内便流行前往莫干山度假、避暑，莫干山风景区的万国别墅群因此而闻名和发展，新中国成立后，莫干山依旧是许多党政重要人士避暑休养的重要之地，因此莫干山民宿业的高端定位本身有其历史根源。沿袭至今，在莫干山民宿业萌芽早期，以裸心谷、西坡、翠域、大乐之野等为代表的"洋家乐"便将消费市场瞄准且牢牢锁定在了沪杭苏地区的高端人群，且与长三角地区不少世界500强企业、中国500强企业达成了长期的合作。如今，在全国各地民宿蓬勃发展的态势下，莫干山民宿业以其先发优势依旧对高端消费市场有着长期有效的占领，这是莫干山民宿业相比于其他地区不可多得的优势。由于莫干山民宿在国内旅游领域发展的时间相对较长，在国内旅游服务领域的开发也趋于成熟，在进行具体分析的一次游客住宿满意度问卷调查中，游客对于莫干山民宿环境卫生、客房住宿服务、餐饮住宿服务、娱乐休闲服务、综合旅游体验服务等方面的综合评价主要分布在"非常好"和"比较好"的区间。

## 四 "德清洋家乐"案例分析——以法国山居为例

### （一）项目介绍

莫干山的法国山居，位于莫干山镇紫岭村仙人坑，该项目由法国人 Christophe Peres（中文名：司徒夫）独资，目前累计投资 6000 万元，总建筑面积约 5500 平方米，总用地面积约 21.5 亩，是集餐饮、酒吧、会议接待、培训、旅游、休闲娱乐、旅游商品销售于一体的高档法式度假会所。

法国山居的建筑格局是经过精心设计的，从鸟瞰照片中即可看出，空间布置疏密有致，给人一种老院落的感觉，其实多数是重新建造的，只是表面修旧如旧。

山顶小楼的室外有小型的游泳池。从山顶俯瞰山下是一片茶园，茶园旁边一片竹林，竹叶随风摇曳，风景秀美（见图 5）。客房楼的外围有一个大水池，水池中养殖锦鲤。水池正对着一栋小楼，小楼的立面倒影于水中，静谧安静。每一间客房的阳台都是观景胜地，连绵起伏的山丘、高低错落的茶

图 5　民宿位于莫干山茶园中

园，农夫背着背篓穿梭于碧绿的茶园间，鼻间萦绕着似有似无的绿茶清香，一如桑贝笔下的奢侈、宁静和享乐的世界。阳台之间用竹篱笆分隔，可以互相打开，方便沟通。

其投资者原本是希望在莫干山修建一个自己度假生活及朋友聚会的场所。后来随着游客增多，索性经营为旅游休憩的山庄，其经营策略基本定位在吸引上海及江浙一带"金字塔"塔尖的一批人，更多的是有留洋背景的又喜欢乡村的一批人。幽静的环境、高雅古朴的建筑吸引了大批小资民宿发烧友来一睹为快、住宿体验。

在规划用地的边界，使用本地石材并以本地砌筑方式建设石墙，在石墙和建筑物之间，修建蜿蜒的石路、阶梯。高标准的泳池，户外 SPA 场地，精巧别致的灯饰，多种多样的植物、果树、花卉、草坪，使得整个园林自然和谐、静雅怡神。

酒店的房型较大，住宿房间共有 70 间（目前对外营业 30 间），每间房的建筑面积在 50～90 平方米，酒店内部严格按照法国高级庄园的风格和标准装修，建有高级酒吧、法式餐厅、会议室等。

### （二）项目规划

该项目主体建筑设计为一幢"L"形分布的建筑物，四周是四幢较小的相对独立长方形附属建筑，并建设阳光玻璃温室一座，门房一座。全部建筑物外立面设计风格相同，为具有莫干山本地传统房屋样式的设计（见图6、图7）。

司徒夫对莫干山地区老旧民房进行改造，修旧如旧，同时在原有的基础上加入了多种法国元素：路边垒砌的低矮石墙，道旁的棕榈植物等。其区域的整体布局较为规整，麻雀虽小，但五脏俱全。

法国山居所提供的是全方位的沉浸式法国生活体验，其配套设施有法国酒庄、法国厨艺学校、茶园竹林，咖啡馆、蛋糕房和池吧，都是在老房子的基础上改建或重建的。池吧原来是山顶荫山的一处影剧院，被改造成游泳池，连同下面的威士忌吧和冰激凌店，成为在山里度假的人们的享乐之地。

图 6　民宿俯瞰

图 7　民宿外部

莫干山里的人们都认识司徒，都知道他不光在让人们感受法风，更是在收集莫干山人的记忆。

如果法国山居的美食让人担心发胖，那在茶园与竹林漫步起来，倒也是一种享受。莫干山里有许多徒步栈道，法国山居附近便有线路。采茶时节也是收获竹笋的时候，游客可以望着破土而出的竹芽儿，感受生命的力量。

法国山居有厨艺学校，除了法式大餐，还可以学做茶香蕉糖布丁，蛋黄、糖、牛奶、奶油，还有莫干山黄芽儿，是最主要的材料，剩下的便是静静地等候。淡淡的茶香、甜甜的味道，茶香蕉糖布丁做起来一点也不难，现在就是时候在家里招待朋友了。

法国山居是目前莫干山地区居住价格最贵的民宿，其提供的服务并非十分完善，硬件上的质量却是无可挑剔的。

# 五 结语

## （一）"德清洋家乐"的内涵多样性和品牌独特性

"德清洋家乐"不可简单复制。"洋家乐"的成功，逐渐引领江南旅游业的新潮流，并被旅游界视作乡村文化旅游产业转型升级的新发展样板。浙江大学公共管理学院教授、副院长郁建兴认为，"德清洋家乐"的模式不可能被简单复制，人们或许可以复制"洋家乐"的法国大餐和"树梢别墅"，却依旧无法拷贝这里的自然风光、人文气息。"洋家乐"独一无二的最大原因，不仅在于奇山秀水、独特的建筑，更是在于很好地实现了城市与中国乡村、本土与外来、传统与中国现代的完美融合。它虽崇尚回归自然、返璞归真，却并不是简单的对于田园生活和牧歌式城市生活的自然回归，而是将传统的可持续发展、低碳环保等生活理念不着痕迹地融进了日常生活，使人与自然更加和谐相处。在这里，至关重要的是人，他们暂时告别了城市的生活，追寻回归自然，从容不迫地将那些非自然生活的城市生活统统剔除出去。也正是如此，占尽了一切天时、地利、人和的"德清洋家乐"，必然只此一地。

## （二）对莫干山民宿群文化旅游开发的建议

1. 主动学习日本和中国台湾地区，发展以"主人文化"为核心的精品文化民宿

这里所说的"主人文化"民宿，不是用个人的情怀或者理念去精心构建的民宿，本质上更多地体现在民宿经营者对待住宿宾客的一种主人式的

服务和人文关怀。日本、中国台湾地区的民宿多为个体经营方式，民宿的整体设计风格十分的生活化，为当地宾客和住宿者提供最舒适全面的民宿入住体验和感觉。更多的经营者可能会以专注于理想和志趣相投为其切入点，愿意与宾客分享自己的各种人生乐趣和感悟，易引起共鸣，延长宾客入住时间。每个精品民宿经营者都应有自己的民宿服务和理念，而不是星级商务酒店的简单风格翻版，也不是传统农家乐的简单风格优化和升级，应有的是民宿生活充满农家人般浓厚的人情味和亲和力，这才是打造精品民宿不可或缺的文化和特质。如经营者可能会积极开展一系列具有当地民族文化特色的传统民俗和文化活动，做出自家的特色美食与当地宾客一起互相分享，还邀请宾客一起随心地参与乡间劳动，甚至带领宾客到周边游乐，让游客更好地了解和体验当地美丽的自然风光和传统的人文民俗风情。精品民宿建设应更多体现和营造出"亲情文化"，从而有效地减轻民宿商业化的氛围。

2. 理性地看待民宿个人情怀，契合民宿目标市场需求

如今，大家都在努力拼个人情怀，导致民宿的发展战略重心有所偏离。说到底，将个人情怀价值作为民宿市场的一个"吸睛点"，是正确的，因为个人情怀可以有效塑造一个契合民宿目标市场需求的民宿核心价值和吸引力。但我们应该坚持理性的对待，因为只有当民宿的入住率和个人情怀投资收益率与社会大众投入的个人情怀收益率成正比时，才可使社会大众想要的民宿个人情怀更加可持续。所以理性地对待个人情怀，不是对现实的高度妥协，而是对于大众民宿个人情怀的高度尊重。

一个成功的民宿仅靠一个经营者的情怀和理性是远远不够的。只有理性把握社会大众的情怀，找到经营者情怀和社会理性的最佳结合及平衡点，确定最优的民宿市场战略定位，真正使得游客的精神和心灵在一家民宿中得到更好的释放和慰藉，才是真正成功的民宿情怀。由于民宿在当今中国大陆仍然是尚显青涩的新兴产业，所以在对市场的准确定位和市场细分上，仍要经营者做进一步的市场调研，明确不同文化层次的民宿市场需求，尤其是要求经营者注意目标人群消费者的文化消费偏好同对地域特色民宿文化的需求相

契合，从而对其进行更精准的市场开发。

3. 文化开发传承当地本土优秀传统文化

融合当地的民俗风情特色民宿的建设从根本上体现的是当地旅游者和居民对地方文化旅游的闲置文化资源的再开发和再利用，其中闲置文化和旅游资源的再开发与当地本土优秀传统的文化开发和传承之间的融合利用关系无法完全割裂。因此高度重视对本土优秀传统文化的旅游开发和融合利用，可以更好地有效提高居民和旅游者对当地特色优秀传统民宿的文化认同感。在特色民宿的装修建设中应积极展现当地优秀传统的文化和民俗风情，如可以结合当地的传统竹文化、佛文化、茶文化、民族特色文化等去营造民宿的氛围。在特色民宿体验服务项目和特色民宿服务的方式上，应在当地的民间传统艺术、传统乡风民俗、地方特色美食、农事生产、农家生活等传统文化方面下一些功夫进行研究和挖掘。应充分利用具有地域特色的文化资源提升当地特色民宿的传统文化内涵和产品的辨识度，以有效应对当地外来文化和其他同类产品的冲击和挑战。

**参考文献**

陆宇荣：《德清县莫干山区域民宿产业提升的对策研究》，《太原城市职业技术学院学报》2017 年第 10 期。

沈琛杰：《莫干山民宿业发展对策研究》，浙江工业大学硕士学位论文，2019。

沈梦涵、张建国：《浙江德清乡村民宿发展研究》，《天津农业科学》2016 年第 8 期。

俞昌斌：《莫干山民宿的分析探讨——以裸心谷、法国山居和安吉帐篷客为例对比》，《园林》2016 年第 6 期。

曾静、姜猛：《莫干山民宿群的文化旅游开发》，《巢湖学院学报》2018 年第 2 期。

# 附　　录

## Appendices

# B.19
# 旅游民宿相关信息

### 表1　中央各部委发布的部分民宿业法规一览

| 时间 | 发布单位 | 政策名称 |
|---|---|---|
| 2014年12月31日 | 中共中央办公厅、国务院办公厅 | 《关于农村土地征收、集体经营性建设用地入市、宅基地制度改革试点工作的意见》 |
| 2015年11月19日 | 国务院办公厅 | 《关于加快发展生活性服务业促进消费结构升级的指导意见》 |
| 2015年12月31日 | 中共中央、国务院 | 《关于落实发展新理念加快农业现代化实现全面小康目标的若干意见》 |
| 2016年3月1日 | 国家发展改革委、中宣部、科技部、财政部、环境保护部、住房城乡建部、商务部、质检总局、旅游局、国管局 | 《关于促进绿色消费的指导意见》 |
| 2016年7月1日 | 住房城乡建设部、国家发展改革委、财政部 | 《住房城乡建设部、国家发展改革委、财政部关于开展特色小镇培育工作的通知》 |
| 2016年10月8日 | 国家发展改革委 | 《关于加快美丽特色小（城）镇建设的指导意见》 |

| 时间 | 发布单位 | 政策名称 |
|---|---|---|
| 2016 年 10 月 10 日 | 中华人民共和国住房和城乡建设部、中国农业发展银行 | 《住房城乡建设部中国农业发展银行关于推进政策性金融支持小城镇建设的通知》 |
| 2016 年 12 月 31 日 | 国务院 | 《关于深入推进农业供给侧结构性改革加快培育农业农村发展新动能的若干意见》 |
| 2017 年 1 月 17 日 | 中国社会科学院 | 《旅游绿皮书:2016～2017 年中国旅游发展分析与预测》 |
| 2017 年 2 月 27 日 | 住房城乡建设部、公安部、国家旅游局 | 《农家乐(民宿)建筑防火导则(试行)》 |
| 2017 年 3 月 7 日 | 国家旅游局 | 《"十三五"全国旅游信息化规划》 |
| 2017 年 5 月 19 日 | 住房和城乡建设部 | 《住房租赁和销售管理条例(征求意见稿)》 |
| 2017 年 7 月 3 日 | 国家发展改革委、中央网信办、工业和信息化部、人力资源社会保障部、税务总局、工商总局、质检总局、国家统计局 | 《关于促进分享经济发展的指导性意见》 |
| 2017 年 8 月 15 日 | 国家旅游局 | 《旅游民宿基本要求与评价 LB/T065－2017》 |
| 2017 年 8 月 21 日 | 国土资源部、住房城乡建设部 | 《利用集体建设用地建设租赁租房试点方案》 |
| 2017 年 12 月 7 日 | 国土资源部、国家发展改革委 | 《关于深入推进农业供给侧结构性改革做好农村产业融合发展用地保障的通知》 |
| 2018 年 3 月 9 日 | 国务院办公厅 | 《关于促进全域旅游发展的指导意见》 |
| 2018 年 11 月 15 日 | 国家信息中心 | 《共享住宿服务规范》 |
| 2019 年 1 月 16 日 | 文化和旅游部 | 《关于实施旅游服务质量提升计划的指导意见》 |
| 2019 年 2 月 19 日 | 中共中央办公厅、国务院办公厅 | 《关于促进小农户和现代农业发展有机衔接的意见》 |
| 2019 年 1 月 3 日 | 中共中央、国务院 | 《中共中央国务院关于坚持农业农村优先发展做好"三农"工作的若干意见》 |
| 2019 年 4 月 15 日 | 中共中央、国务院 | 《中共中央国务院关于建立健全城乡融合发展体制机制和政策体系的意见》 |
| 2019 年 6 月 6 日 | 文化和旅游部办公厅、国家发展改革委办公厅 | 《关于开展全国乡村旅游重点村名录建设工作的通知》 |
| 2019 年 6 月 28 日 | 国务院 | 《国务院关于促进乡村产业振兴的指导意见》 |
| 2019 年 7 月 3 日 | 文化和旅游部办公厅 | 《旅游民宿基本要求与评价》(LB/T065—2019) |

表2　地方政府发布的民宿业法规一览

| 时间 | 发布单位 | 政策名称 |
| --- | --- | --- |
| 2001 年 12 月 12 日 | 台湾交通部 | 《民宿管理办法》 |
| 2014 年 1 月 23 日 | 德清县人民政府办公室 | 《德清县民宿管理办法(试行)》 |
| 2015 年 3 月 24 日 | 深圳市大鹏新区 | 《深圳市大鹏新区民宿管理办法(试行)》 |
| 2015 年 5 月 18 日 | 厦门市人民政府办公厅 | 《厦门市关于进一步促进休闲农业发展意见的通知》 |
| 2015 年 8 月 17 日 | 中共杭州市委、杭州市人民政府农业和农村工作办公室等 | 《关于进一步优化服务促进农村民宿产业规范发展的指导意见》 |
| 2015 年 10 月 15 日 | 宁波市旅游局和市质监局 | 《特色客栈等级划分规范》地方标准规范 |
| 2015 年 11 月 | 杭州市委办公室 | 《关于加快培育发展农村现代民宿业的实施意见》 |
| 2016 年 3 月 18 日 | 杭州市旅游局 | 《申报 2016 年杭州市农村现代民宿业扶持项目的通知》 |
| 2016 年 3 月 7 日 | 湖南张家界武陵源区施工委办公室 | 《张家界市武陵源区发展乡村特色民宿(客栈)管理实施办法》 |
| 2016 年 8 月 8 日 | 浙江省人民政府办公厅 | 《关于推进民宿型农家乐休闲旅游发展的实施意见》 |
| 2016 年 8 月 9 日 | 黑龙江省人民政府办公厅 | 《黑龙江省人民政府办公厅关于加快发展生活性服务业的实施意见》 |
| 2016 年 8 月 10 日 | 浙江省公安厅 | 《浙江省民宿(农家乐)治安消防管理暂行规定》 |
| 2016 年 8 月 18 日 | 杭州市质量技术监督局 | 《民宿业服务等级划分与评定规范》 |
| 2017 年 1 月 22 日 | 南京市政府办公厅 | 《关于促进乡村民宿业规范发展的实施办法》 |
| 2017 年 2 月 15 日 | 苍南县人民政府办公室 | 《苍南县民宿管理办法(试行)》 |
| 2017 年 3 月 1 日 | 苍南县人民政府办公室 | 《关于进一步加快培育扶持乡村旅游发展的实施意见》 |
| 2017 年 5 月 4 日 | 厦门市人民政府办公厅 | 《厦门市民宿管理暂行办法》 |
| 2017 年 6 月 22 日 | 厦门市思明区人民政府办公室 | 《思明区关于厦门市民宿管理暂行办法的实施意见(试行)》 |
| 2017 年 7 月 14 日 | 苏州市人民政府办公室 | 《关于促进苏州市乡村旅游民宿规范发展的指导意见》 |
| 2017 年 7 月 10 日 | 黎川县人民政府办公室 | 《关于印发加快推进民宿经济发展实施意见(试行)的通知》 |
| 2017 年 7 月 27 日 | 广东省第十二届人民代表大会常务委员会 | 《广东省旅游条例》通过 |

| 时间 | 发布单位 | 政策名称 |
|---|---|---|
| 2017 年 8 月 1 日 | 北京市第十四届人民代表大会常务委员会 | 《北京市旅游条例》实施 |
| 2017 年 8 月 10 日 | 江西省人民政府办公厅 | 《江西省人民政府办公厅关于进一步加快发展乡村旅游的意见》 |
| 2017 年 11 月 1 日 | 广东省第十二届人民代表大会常务委员会 | 《广东省旅游条例》实施 |
| 2017 年 12 月 12 日 | 浦江县政府 | 《关于促进我县民宿（农家乐）持续健康发展的实施办法（试行）》 |
| 2018 年 1 月 17 日 | 陕西省商务厅 | 《陕西省特色民宿示范标准》 |
| 2018 年 1 月 30 日 | 常熟市政府办公室 | 《促进民宿发展实施意见》 |
| 2018 年 2 月 1 日 | 海南省人民政府 | 《海南省人民政府关于促进乡村民宿发展的指导意见》 |
| 2018 年 2 月 1 日 | 温州永嘉县人民政府办公室 | 《民宿管理暂行办法》 |
| 2018 年 1 月 30 日 | 常熟市人民政府办公室 | 《关于促进常熟市旅游民宿业发展的实施意见》 |
| 2018 年 3 月 13 日 | 江苏南京栖霞区政府办公室 | 《关于促进栖霞区乡村民宿业规范发展的实施办法》 |
| 2018 年 3 月 19 日 | 梅州市梅县区人民政府 | 《梅州市梅县区关于加快发展美丽乡村民宿经济的实施意见》 |
| 2018 年 3 月 | 腾冲市政府 | 《和顺古镇民宿管理办法（试行）》 |
| 2018 年 3 月 28 日 | 上海市青浦区人民政府办公室 | 《青浦区关于促进民宿业发展指导意见（试行）》 |
| 2018 年 4 月 4 日 | 湖南省质量技术监督局 | 《两型精品民宿》 |
| 2018 年 4 月 9 日 | 东阳市市人民政府 | 《关于扶持民宿发展的若干意见（试行）》 |
| 2018 年 4 月 10 日 | 平潭综合实验区管委会 | 《平潭综合实验区旅游民宿管理办法（试行）》 |
| 2018 年 4 月 24 日 | 霞浦县人民政府 | 《霞浦县人民政府关于扶持霞浦县乡村民宿业发展的实施意见》 |
| 2018 年 4 月 24 日 | 恩施市人民政府办公室 | 《恩施市鼓励旅游民宿发展和引导消费实施细则（试行）》 |
| 2018 年 5 月 14 日 | 泰宁县人民政府办公室 | 《泰宁县加快民宿发展办法》 |
| 2018 年 5 月 21 日 | 文成县人民政府办公室 | 《文成县民宿管理办法》 |
| 2018 年 6 月 11 日 | 东莞麻涌镇 | 《推动民俗客栈（民宿）建设试点扶持暂行办法》 |
| 2018 年 6 月 12 日 | 大理市人民政府 | 《大理市洱海生态环境保护"三线"管理规定（试行）》 |
| 2018 年 6 月 22 日 | 上海市质量技术监督局 | 《乡村民宿服务质量要求》 |

续表

| 时间 | 发布单位 | 政策名称 |
| --- | --- | --- |
| 2018 年 6 月 27 日 | 潮州市湘桥区人民政府 | 《湘桥区民宿客栈管理办法（暂行）》 |
| 2018 年 7 月 3 日 | 北京市怀柔区人民政府 | 《怀柔区促进乡村旅游提质升级奖励办法（试行）》 |
| 2018 年 7 月 3 日 | 开化县人民政府办公室 | 《开化县民宿管理办法》 |
| 2018 年 7 月 28 日 | 长沙县人民政府办公室 | 《长沙县旅游民宿发展三年行动计划》 |
| 2018 年 7 月 30 日 | 苍南县人民政府办公室 | 《苍南县民宿管理办法》 |
| 2018 年 8 月 1 日 | 滁州市南谯区财政局和区文广新旅局联合 | 《南谯区发展旅游民宿扶持办法（试行）》 |
| 2018 年 8 月 13 日 | 上海市奉贤区旅游局等 | 《奉贤区乡村旅游民宿管理暂行办法（试行）》 |
| 2018 年 8 月 16 日 | 陕西省旅游发展委员会 | 《关于规范秦岭地区农家乐（民宿）发展的指导意见》 |
| 2018 年 8 月 27 日 | 石狮人民政府 | 《关于发展永宁镇旅游民宿的实施意见（试行）》 |
| 2018 年 9 月 1 日 | 嘉兴市秀洲区人民政府办公室 | 《秀洲区民宿管理办法（试行）》 |
| 2018 年 9 月 3 日 | 上海市人民政府办公厅 | 《关于促进本市乡村民宿发展的指导意见》 |
| 2018 年 9 月 4 日 | 广东省人民政府法制办公室 | 《广东省民宿管理办法（送审稿）》 |
| 2018 年 9 月 5 日 | 韶山市人民政府办公室 | 《关于加快推进民宿产业发展的若干意见》 |
| 2018 年 9 月 6 日 | 龙门县旅游局 | 《龙门县旅游民宿管理办法（试行）》（征求意见稿） |
| 2018 年 9 月 10 日 | 苏州市旅游局 | 《苏州市乡村旅游民宿等级划分与评定办法（试行）》 |
| 2018 年 9 月 11 日 | 太仓市人民政府办公室 | 《太仓市关于促进旅游民宿发展实施办法》 |
| 2018 年 9 月 30 日 | 苏州市吴江区政府 | 《苏州市吴江区推进乡村民宿（农家乐）发展实施办法（试行）》 |
| 2018 年 10 月 31 日 | 深圳市大鹏新区政法办公室 | 《深圳市大鹏新区管理委员会关于印发深圳市大鹏新区民宿管理暂行办法的通知》 |
| 2018 年 10 月 31 日 | 海盐人民政府 | 《海盐县民宿规范管理办法》 |
| 2018 年 11 月 6 日 | 洱源县人民政府 | 《洱源县洱海流域乡村民宿客栈管理办法（试行）》 |
| 2018 年 12 月 19 日 | 成都新津县政府办公室 | 《新津县关于乡村民宿发展的指导意见（试行）》 |
| 2018 年 12 月 25 日 | 桂林市人民政府 | 《桂林市中小旅馆（民宿、农家乐）消防安全管理办法（试行）》 |
| 2018 年 12 月 29 日 | 江西上饶市人民政府办公厅 | 《上饶市民宿消防安全管理暂行办法》 |
| 2018 年 12 月 29 日 | 佛山市人民政府办公室 | 《佛山市民宿管理暂行办法》 |
| 2018 年 10 月 19 日 | 佛山市人民政府办公室 | 《佛山市发展全域旅游促进投资和消费实施方案》 |

| 时间 | 发布单位 | 政策名称 |
|---|---|---|
| 2018 年 1 月 7 日 | 佛山全域旅游相关政策新闻发布会 | 《佛山市促进全域旅游发展扶持办法》 |
| 2019 年 1 月 9 日 | 中共连江县委办公室、连江县人民政府办公室 | 《关于促进乡村民宿业健康发展的意见(试行)》 |
| 2019 年 1 月 10 日 | 昆山市人民政府办公室 | 《关于促进昆山市旅游民宿规范发展的实施细则(试行)》 |
| 2019 年 1 月 10 日 | 平阳县人民政府办公室 | 《关于加强南麂民宿规范提升工作的实施方案》 |
| 2019 年 2 月 2 日 | 雅安市雨城区人民政府办公室 | 《雨城区民宿扶持奖励办法(试行)》 |
| 2019 年 2 月 11 日 | 宁波鄞州区公安分局 | 《鄞州区民宿治安消防管理暂行规定(意见征求稿)》 |
| 2019 年 2 月 18 日 | 黟县宏潭乡人民政府 | 《关于促进黟县民宿业健康发展的实施办法(试行)》 |
| 2019 年 2 月 18 日 | 张家口市人民政府办公室 | 《张家口市支持全市住宿业质量提升扶持措施(试行)》 |
| 2019 年 3 月 1 日 | 珠海市第九届人民代表大会常务委员 | 《珠海市经济特区旅游条例》实施 |
| 2019 年 3 月 5 日 | 建瓯市人民政府 | 《建瓯市人民政府关于加快民宿发展的实施意见》 |
| 2019 年 3 月 7 日 | 苏州市委办公室、市政府办公室 | 《关于加快发展共享农庄(乡村民宿)促进农文旅深度融合的实施意见》 |
| 2019 年 3 月 11 日 | 浙江温州平阳县县农业农村局、县财政局 | 《平阳县民宿发展扶持办法(试行)》 |
| 2019 年 3 月 24 日 | 成都市人民政府办公厅 | 《成都市人民政府办公厅关于促进民宿业健康发展的指导意见》 |
| 2019 年 3 月 27 日 | 黄山市徽州区人民政府办公室 | 《徽州区规范民宿发展的实施办法(试行)》 |
| 2019 年 4 月 15 日 | 福建南平光泽县人民政府 | 《光泽县民宿管理暂行规定(试行)》的起草说明 |
| 2019 年 3 月 28 日 | 陕西省十三届人大常委会第十次会议 | 《陕西省秦岭生态环境保护条例(修订草案)》 |
| 2019 年 4 月 1 日 | 广州市文化广电旅游局 | 《广州市民宿旅游发展专项规划(2018~2035)》 |
| 2019 年 4 月 3 日 | 休宁县文化旅游体育局 | 《关于促进休宁县民宿规范发展的实施意见(征求意见稿)》 |
| 2019 年 4 月 17 日 | 黄山区人民政府办公室 | 《关于促进黄山区民宿规范发展实施办法(试行)》 |
| 2019 年 4 月 17 日 | 永泰县人民政府办公室 | 《永泰县民宿管理指导意见(试行)》 |
| 2019 年 4 月 18 日 | 西安市人民政府办公厅 | 《西安市关于促进民宿发展三年行动方案(2019~2021 年)》 |

续表

| 时间 | 发布单位 | 政策名称 |
|---|---|---|
| 2019 年 4 月 29 日 | 海南省住房和城乡建设厅 | 《海南省乡村民宿发展规划(2018~2030)》 |
| 2019 年 5 月 13 日 | 济南市文化和旅游局等 | 《济南市民宿管理办法》 |
| 2019 年 5 月 15 日 | 毕节市文化广电旅游局 | 《毕节市民宿建设工作方案(征求意见稿)》 |
| 2019 年 5 月 27 日 | 祁门县人民政府办公室 | 《关于促进祁门县民宿规范发展的实施办法(试行)》 |
| 2019 年 5 月 19 日 | 丽江古城客栈协会 | 《世界文化遗产丽江古城民宿客栈行业服务标准(试行)》《世界文化遗产丽江古城民宿客栈行业等级评定标准(试行)》《世界文化遗产丽江古城民宿客栈行业诚信经营指导价(试行)》 |
| 2019 年 5 月 22 日 | 海南省新闻办、省住建厅 | 《海南省乡村民宿管理办法》《海南省促进乡村民宿发展实施方案》 |
| 2019 年 6 月 15 日 | 济南人民政府 | 《济南市民宿管理办法》正式实施 |
| 2019 年 6 月 21 日 | 广东省人民政府 | 《广东省民宿管理暂行办法》 |
| 2019 年 6 月 21 日 | 歙县人民政府办公室 | 《关于促进歙县民宿业规范发展的实施办法》 |
| 2019 年 6 月 18 日 | 日照市人民政府办公室 | 《日照市关于促进精品民宿发展三年行动计划》 |
| 2019 年 6 月 26 日 | 日照市公安局 | 《日照市民宿(农家乐)治安消防管理暂行规定》 |
| 2019 年 6 月 18 日 | 休宁县文化旅游体育局 | 《休宁县人民政府办公室关于印发〈休宁县规范民宿发展的实施办法(试行)〉的通知》 |
| 2019 年 7 月 19 日 | 平湖市政府 | 《平湖市民宿管理办法(试行)》 |
| 2019 年 7 月 16 日 | 天津市人民政府办公厅 | 《天津市促进旅游业发展两年行动计划(2019~2020 年)》 |

**表 3　行业协会一览**

| 成立时间 | 协会名称 |
|---|---|
| 1956 年 11 月 29 日 | 台湾观光协会系财团法人组织 |
| 1990 年 12 月 23 日 | 台湾宜兰县观光协会 |
| 1996 年 4 月 | 台湾嘉义县观光协会 |
| 1997 年 6 月 | 台中市观光旅游协会 |
| 1998 年 12 月 18 日 | 台湾高雄市观光协会 |
| 2001 年 3 月 | 台湾新北市观光协会 |
| 2002 年 5 月 | 台湾民宿协会联合总会 |
| 2003 年 4 月 28 日 | 台湾民宿协会 |
| 2003 年 4 月 28 日 | 台湾南投县民宿观光协会 |
| 2003 年 4 月 29 日 | 台湾清境观光协会 |
| 2005 年 1 月 | 台湾宜兰县乡村民宿发展协会 |
| 2016 年 4 月 | 台湾观光产业永续发展协会 |

| 成立时间 | 协会名称 |
| --- | --- |
| 2016 年 6 月 | 台湾南投县日月潭民宿发展协会 |
| 2018 年 4 月 | 台湾屏东县民宿协会 |
| 2018 年 4 月 16 日 | 台湾好客民宿协会 |
| 2013 年 3 月 12 日 | 昆山市周庄镇民宿行业协会 |
| 2015 年 5 月 18 日 | 深圳市大鹏新区民宿行业协会 |
| 2016 年 1 月 15 日 | 淡竹乡农家乐（民宿）行业协会 |
| 2016 年 8 月 5 日 | 莫干山民宿行业协会 |
| 2016 年 10 月 10 日 | 中国旅游协会民宿客栈与精品酒店分会 |
| 2017 年 3 月 13 日 | 杭州市民宿行业协会 |
| 2017 年 3 月 18 日 | 大理白族自治州客栈民宿行业协会 |
| 2017 年 4 月 25 日 | 临安市民宿行业协会 |
| 2017 年 4 月 25 日 | 嘉善县西塘镇民宿客栈协会 |
| 2017 年 5 月 23 日 | 淳安县千岛湖民宿行业协会 |
| 2017 年 7 月 | 洞桥镇民宿协会 |
| 2017 年 10 月 22 日 | 浙江省杭州市萧山区戴村镇民宿行业协会 |
| 2017 年 10 月 23 日 | 阳朔民宿协会 |
| 2017 年 11 月 28 日 | 杭州市西湖区民宿行业协会 |
| 2018 年 12 月 27 日 | 义乌旅居民宿行业协会 |
| 2018 年 2 月 7 日 | 浙江省旅游民宿产业联合会 |
| 2018 年 3 月 31 日 | 湖南省旅游饭店协会民宿客栈分会 |
| 2018 年 4 月 17 日 | 福建省旅游协会民宿分会 |
| 2018 年 5 月 19 日 | 连云港市民宿行业协会 |
| 2018 年 5 月 31 日 | 余姚市民宿行业协会 |
| 2018 年 7 月 15 日 | 天台山景区民宿行业协会 |
| 2018 年 7 月 26 日 | 海南省旅游民宿协会 |
| 2018 年 8 月 15 日 | 成都旅游住宿业协会民宿及客栈分会 |
| 2018 年 8 月 16 日 | 四川省旅游协会民宿分会 |
| 2018 年 8 月 21 日 | 吐鲁番市民宿行业协会 |
| 2018 年 8 月 30 日 | 光福镇民宿（农家乐）协会 |
| 2018 年 9 月 20 日 | 永嘉县民宿协会 |
| 2018 年 10 月 8 日 | 乌镇人家民宿行业协会联合工会 |
| 2018 年 11 月 13 日 | 永嘉县民宿行业协会 |
| 2018 年 11 月 20 日 | 从化流溪人家民宿协会 |
| 2018 年 12 月 26 日 | 海口民宿协会 |
| 2018 年 12 月 26 日 | 潮州市民宿客栈行业协会 |
| 2016 年 12 月 28 日 | 黄山市徽州民宿协会 |
| 2019 年 1 月 18 日 | 安徽省黄山市研学旅行协会 |
| 2019 年 1 月 20 日 | 日照市民宿协会 |
| 2019 年 1 月 28 日 | 广州市民宿协会 |

续表

| 成立时间 | 协会名称 |
|---|---|
| 2019 年 3 月 20 日 | 北京市旅游行业协会民宿分会 |
| 2019 年 3 月 21 日 | 浦江县民宿行业协会 |
| 2019 年 3 月 31 日 | 湖南省旅游饭店协会民宿客栈分会 |
| 2019 年 4 月 10 日 | 青岛市崂山区民宿协会 |
| 2019 年 4 月 24 日 | 常山县民宿行业协会 |
| 2019 年 5 月 17 日 | 衢州市柯城区民宿行业协会 |
| 2019 年 5 月 18 日 | 三亚市旅游民宿协会 |
| 2019 年 5 月 30 日 | 北海市民宿行业协会 |
| 2019 年 6 月 28 日 | 黟县民宿协会 |
| 2019 年 7 月 2 日 | 惠州市民宿客栈与精品酒店协会 |
| 2019 年 7 月 12 日 | 余杭区民宿农家乐行业协会 |
| 2019 年 7 月 16 日 | 张家口市民宿行业协会 |
| 2019 年 7 月 19 日 | 陕西省民宿服务行业协会 |
| 2019 年 8 月 16 日 | 四川省旅游协会民宿分会 |

**表 4　民宿评价指标体系**

| 一级指标 | 二级指标 | 项目等级 | 三级指标 |
|---|---|---|---|
| 环境建筑 | 装修设计 | 基础项 | 建筑结构合理 |
| | | | 设计有地方特色,与地方环境相协调 |
| | | 加分项 | 欧式风格 |
| | | | 日式风格 |
| | | | 英式风格 |
| | | | 民国风格 |
| | | | 原木风格 |
| | | | 复古风格 |
| | | | Loft 风格 |
| | | | 其他风格 |
| | 地理位置 | 基础项 | 民宿标识清晰美观 |
| | | | 根据导航能到达 |
| | | 加分项 | 距离景区近(30 分钟内) |
| | 外部交通 | 基础项 | 路况顺畅,道路宽阔平坦,车少 |
| | | 加分项 | 有车站 |
| | | | 有换乘点 |
| | 周边环境 | 基础项 | 住房周边环境整洁,无污染 |
| | | 加分项 | 有特色景观(茶园、水库等) |
| | | | 有娱乐活动体验点(攀岩、骑行等) |

| 一级指标 | 二级指标 | 项目等级 | 三级指标 |
|---|---|---|---|
| 接待设施 | 基础设施 | 基础项 | 单人间 |
| | | | 标准间 |
| | | | 大床房 |
| | | | 亲子间 |
| | | | 空调 |
| | | | Wifi |
| | | | 洗漱用品 |
| | | | 吹风机 |
| | | | 拖鞋 |
| | | | 浴衣 |
| | | | 毛巾、浴巾 |
| | | | 马桶 |
| | | | 淋浴/浴缸 |
| | | | 梳妆镜 |
| | | | 食物 |
| | | 加分项 | 房间数量规模（30＋） |
| | | | 地暖 |
| | | | 其他基本设施 |
| | 娱乐设施 | 基础项 | 桌球室 |
| | | | 棋牌室 |
| | | | 跷跷板 |
| | | | 蹦床 |
| | | | KTV |
| | | | 家庭影院 |
| | | | 室内足球 |
| | | | 泳池 |
| | | | 沙坑 |
| | | | 秋千 |
| | | 加分项 | 咖啡厅 |
| | | | 酒吧 |
| | | | 健身房 |
| | | | 电玩 |
| | | | 高尔夫 |
| | | | 温泉 |
| | | | 其他娱乐设施 |

续表

| 一级指标 | 二级指标 | 项目等级 | 三级指标 |
|---|---|---|---|
| 接待设施 | 公共区域 | 基础项 | 茶室 |
| | | | 会议室 |
| | | | 公共音响系统 |
| | | | 非经营性休息区 |
| | | | 餐厅 |
| | | | 书房 |
| | | | 停车场 |
| | | | 亲子区 |
| | | 加分项 | 花园 |
| | | | 菜园 |
| | | | 停车场有充电桩及加水设备 |
| | | | 停车场车位数量与接待能力相适应 |
| | | | 其他公共区域 |
| | 设施品质 | 基础项 | 卫生干净整洁 |
| | | | 隔音效果好 |
| | | | 通风、防潮、无异味 |
| | | | 家具及用品材质和使用性能良好 |
| | | 加分项 | 品牌设备 |
| | | | 智能家居 |
| 安全环保 | 医疗服务 | 加分项 | 15分钟车程内有医疗点 |
| | | | 提供简单医疗服务 |
| | 安全措施 | 基础项 | 有公用区监控系统 |
| | | | 有前台保险柜 |
| | | | 无安全隐患,建筑装修符合消防安全要求 |
| | | | 设有紧急出口,配备消防应急灯、灭火器等 |
| | 环保意识 | 基础项 | 水质好 |
| | | | 空气清新 |
| | | 加分项 | 有旧物改造、废物利用 |
| | | | 禁烟 |
| | | | 有无烟楼层 |
| 特色餐饮 | 口味评价 | 基础项 | 食材新鲜 |
| | | | 味道好 |
| | 餐饮种类 | 基础项 | 烧烤/BBQ |
| | | | 西餐 |
| | | | 中餐 |

| 一级指标 | 二级指标 | 项目等级 | 三级指标 |
|---|---|---|---|
| 特色餐饮 | 餐饮种类 | 加分项 | 有保留特色菜 |
| | | | 有节气美食 |
| | | | 其他餐饮种类 |
| 服务质量 | 服务态度 | 基础项 | 民宿主人参与接待,热情周到 |
| | | | 是否第一时间沟通 |
| | | 加分项 | 送特产 |
| | 服务范围 | 基础项 | 代客泊车 |
| | | | 叫车服务 |
| | | | 旅游票务 |
| | | | 叫醒服务 |
| | | | 邮政服务 |
| | | | 外送洗衣 |
| | | | 24 小时前台 |
| | | | 提供现场刷卡,开具发票服务 |
| | | | 行李寄存 |
| | | | 租车服务 |
| | | | 一次性结算服务 |
| | | | 接站服务 |
| | | | 接机服务 |
| | | | 班车服务 |
| | | | 送餐服务 |
| | | 加分项 | 提供出行用品(雨伞、手电筒、地图) |
| | | | 可带宠物 |
| | | | 儿童看护 |
| | | | 私人管家服务 |
| | | | 其他服务 |
| 经营效益 | 客户评价 | 加分项 | 宾客评价数量(300 以上) |
| | | 基础项 | 宾客评分(4.6 基本分) |
| | 宣传效益 | 加分项 | 游记数量 |
| | | | 有微信公众号 |
| | | | 有当地农副产品和手工艺品,加工、销售乡村文创旅游商品 |
| | | | 参与行业各类旅游宣传营销活动 |
| | | | 推广能力强,参与各类大型访谈、拍摄等活动 |
| | | | 民宿品牌知名度高,网红打卡地 |

续表

| 一级指标 | 二级指标 | 项目等级 | 三级指标 |
|---|---|---|---|
| 经营效益 | 社会效益 | 基础项 | 为所在社区或乡村人员提供就业或发展机会 |
| | | 加分项 | 获得地市级或行业相应荣誉 |
| | 经营主体 | — | 私人 |
| | | | 集团 |
| 主体特色 | 明确主题 | 加分项 | 亲子 |
| | | | 商务 |
| | | | 团建 |
| | | | 情侣 |
| | | | 其他主题 |
| | 特色活动 | 基础项 | 包粽子 |
| | | | 采茶叶 |
| | | | 挖笋 |
| | | | 钓鱼 |
| | | 加分项 | 陶艺 |
| | | | 篝火晚会 |
| | | | 蹦趴 |
| | | | 酒会 |
| | | | 舞会 |
| | | | 相亲 |
| | | | 插花 |
| | | | 其他特色活动 |

# 《民宿发展调研问卷》

本问卷共 19 个题目，发放对象为浙江省内 11 个地市的民宿主、管家、投资人，共发放问卷 187 份，回收 187 份，全部为有效问卷。

问卷内容：

1. 您现在经营的民宿已经运营几年（单选题）：

　　1 年以内，1～3 年，3～7 年，≥7 年

2. 该民宿客房数量（单选题）

　　1～3，4～6，7～10，11～15，15 间以上

3. 全职工作人员数量（单选题）

　　1，2～4，5～7，8 人及以上

4. 员工平均年薪（含五险一金等福利）（单选题）

　　小于 5 万元，5 万～7 万元（含 5 万元），

　　7 万～10 万元（含 7 万元），10 万元及以上

5. 民宿总投资（金额，万元人民币）（单选题）

　　50 万元以下，50 万～100 万元，101 万～200 万元，

　　201 万～400 万元，401 万～700 万元，700 万元以上

6. 投资资金来源（单选题）

　　自由资金，众筹资金，银行贷款，合伙人资金，其他形式

7. 民宿物业属性（单选题）

　　租赁，自有，和业主方合作，代运营，以上兼有

8. 管家性别（单选题）

　　男，女

9. 管家年龄（单选题）：

　　20～25 周岁，26～30 周岁，31～35 周岁，36～40 周岁，41 周岁及

　　以上

10. 过去一年入住率（单选题）

　　30% 及以下，31%～50%，51%～75%，76%～85%，86% 及以上

11. OTA 客源贡献比例（单选题）

　　50% 以下，50%～75%，75% 以上

12. 过去一年经营情况（单选题）

　　亏损、持平、微利、良好

13. 拥有以下哪几个自媒体平台用于民宿宣传（多选题）

　　微信公众号，官方微博，抖音号，小红书号，其他

14. 当前经营中最大问题（多选题）

客源，资金，管理，人才，其他

15. 民宿经营中，当前您最希望得到哪些帮助（多选题）

管理培训，人员培训，资金支持，异业联合资源，同行经验交流，其他

16. 房费以外营收占比（单选题）

15%以下，15%~30%，31%~50%，50%以上

17. 您有哪些房费以外营收项目（多选题）

旅游线路销售、餐饮服务、旅游商品销售、门票销售、其他

18. 旺季在以下哪些时段（多选题）

春节附近，五一附近，暑假期间，十一附近，元旦附近，其他时段

19. 近期会做出以下哪个决定（单选题）

继续经营，转让经营权，托管给其他经营者，其他

# B.20
# 旅游民宿大事记

## 2018年

**2018年9月4日** 广东省政府法制办官网发布《广东省民宿管理办法（送审稿）》。这个省级层面出台的民宿管理办法，对民宿定义、证照、监管等问题给予了清晰明确的指引，其中"放宽市场准入、加强事中事后监管"的提法，也体现了广东对新业态"放管服"的改革思路。

**2018年9月11日** 沪郊奉贤区为首批乡村民宿颁发经营证照并授牌。上海正有序推进乡村民宿的发展，引导乡村民宿结合资源禀赋和产业特色，挖掘人文历史和非物质文化遗产，突出上海地域特点和江南文化特色，避免低水平重复建设。

**2018年9月12日** 以"体验乡村民宿，乐享美丽郊区"为主题的2018上海旅游节"乡村民宿体验周"活动在金山区金山嘴渔村拉开帷幕。市旅游局、金山区领导，相关部门、街镇负责人，以及市民休闲好去处、乡村民宿经营者代表等出席启动仪式。仪式发布了首批50家"上海市民休闲好去处"名单，公布了乡村民宿体验周民宿名录、体验内容、优惠措施等。

**2018年9月18日** 来自广东省内的22家广东省乡村旅游协会发起单位代表在省旅游局召开发起单位座谈会。会议审议通过了广东省乡村旅游协会的章程、拟任法定代表人、筹备组负责人、会址、注册资金及出资单位等。这是全国第5家筹备成立的省级乡村旅游独立法人社会团体。

**2018年9月18日** 江西新余市创建农家乐示范点、特色民宿研讨班在凯光植物园顺利开班。来自各县（区）分管领导、全市各乡镇（办）分管

领导、县（区）旅发委（局）、创建农家乐示范点、特色民宿负责人等100余人参加了培训。市旅发委主任黄道阳出席了开班仪式并讲话。

**2018 年 9 月 19 日**　2018 环球旅讯峰会 & 数字旅游展在上海举办，来自海内外的航空公司、酒店、OTA、目的地及景区、旅游局、旅行社以及投资机构的与会嘉宾和专业观众亲临盛会。民宿短租预订平台途家网受邀参加。

**2018 年 9 月 21 日**　习近平在主持就实施乡村振兴战略进行第八次集体学习时强调，乡村振兴战略是党的十九大提出的一项重大战略，是关系全面建设社会主义现代化国家的全局性、历史性任务，是新时代"三农"工作总抓手。

**2018 年 9 月 23 日**　福建陈东乡岩太村迎来了一场高山土楼乡村旅游节。来自省内外的1000多名自驾游客与当地农民一起欢庆第一个"农民丰收节"。这是永定区围绕土楼品牌，大力发展乡村特色游、民宿游的一个缩影。

**2018 年 10 月 10 日**　今日，住宿共享平台小猪短租宣布完成新一轮近3亿美元融资。

**2018 年 10 月 11 日**　国务院办公厅印发《完善促进消费体制机制实施方案（2018～2020 年）》，在进一步放宽旅游服务消费领域市场准入方面，方案明确提出："鼓励发展租赁式公寓、民宿客栈等旅游短租服务。"

**2018 年 10 月 12 日**　由途家、京东、隐海倾力打造的京东×途家"生活美学屋"正式开门纳客。这是三方首次合力打造的美学生活场景化体验，也是对"旅行民宿＋生活美学电商"线上线下无界营销模式的一次全新尝试。

**2018 年 10 月 15 日**　为进一步促进乡村旅游发展提质扩容，发挥乡村旅游对促进消费、改善民生、推动高质量发展的重要带动作用，国家发展改革委会同有关部门共同研究制定了《促进乡村旅游发展提质升级行动方案（2018 年～2020 年）》方案。

**2018 年 10 月 22 日**　途家网正式启动美宿家 KOL（关键意见领袖）招募计划。该活动的最大亮点是"全球民宿免费睡"，如此诱人福利，一时激起千层浪。

**2018 年 10 月 23 日** 在中央网信办的协调和指导下，作为互联网行业扶贫帮扶企业，贝壳找房与陕西省汉中市佛坪县签署了《佛坪银厂沟李家院子民宿改造扶贫项目合作协议》，为佛坪县经济发展助力。

**2018 年 10 月 25 日** "新时代·幸福美丽新边疆"暨"庆祝广西壮族自治区成立 60 周年"网络主题活动采访团来到广西特色旅游名县——大新县。

**2019 年 10 月 30 日** 上海市人民政府办公厅正式出台了《关于促进本市乡村民宿发展的指导意见》。指导意见首次提出发展乡村民宿要坚持的两个原则，一是规划引领、有序发展原则；二是政府引领、市场参与原则。

**2018 年 11 月 2 日** "湖南首届民宿业发展研讨会"在长沙正式开启，国内民宿业专家与从业者围桌热议，分享行业趋势，共同助力湖南民宿业发展。

**2018 举 11 月 2 日** 粤港澳休闲湾区文旅产业大鹏峰会在深圳举行，途家网 CBO 受邀出席，重点分享了基于海洋旅游下的途家民宿开发运营经验，并通过分析海岛民宿的品牌个性与自然人文风光，为粤港澳大湾区的旅游民宿发展支招献策。

**2018 年 11 月 6 日** 爱彼迎宣布在桂林龙胜改造的 6 间现代化民宿正式上线。事实上，为了开辟新领地，短租平台逐渐将房源扩围，除爱彼迎外，本土品牌途家、小猪短租等也不断发力二三线城市和乡村房源。

**2018 年 11 月 8 日** 西安首批民宿营业执照出炉。在西安市工商局、市工商局双生分局的指导帮助下，民宿短租平台途家网率先为自己平台的近 30 位房东开启"绿色通道"，申请并办理了个体民宿营业执照。从此，西安民宿的经营者们有了正式的"合法身份"。

**2018 年 11 月 11 日** 由民建北京市委主办，民建北京市委法制委员会与民营企业委员会承办的第十届北京民建非公经济法制研讨会在京举行。研讨会以"支持创新发展 优化营商环境"为主题。会议期间，民建北京市委法制委委员表示，近年民宿行业快速崛起，但也面临不少问题，应对民宿

进行深入研究后，进行相关立法与法律、法规的修订工作。

**2018 年 11 月 11～17 日** 台湾南投县民宿观光协会一行 13 人应贵州省安顺市台办之邀到安顺开展民宿交流活动，就喀斯特地貌自然风景与民宿发展、少数民族文化与民宿发展、屯堡文化与民宿发展进行考察交流。

**2018 年 11 月 14～15 日** 以"共谋发展，盛会场景下的民宿生态"为主题的第二届北方民宿大会在北京延庆举办。此次大会在北京市延庆区旅游委、区农委等各部门的大力支持下成功举办。大会发起成立了"北方民宿联盟"。未来，将在民宿旅游开发、建设、管理方面，推进"信息共享、机遇共赢"。

**2018 年 11 月 15 日** 由国家信息中心牵头组织，小猪短租、爱彼迎、途家、美团榛果等企业参与制定的《共享住宿服务规范》正式发布。针对目前行业发展过程中存在的热点问题，如城市民宿社区关系、入住身份核实登记、房源信息审核机制、卫生服务标准、用户信息保护体系、黑名单共享机制、智能安全设备的使用等，规范提出了具体的要求。

**2018 年 11 月 15 日** 国家发展改革委、文化和旅游部等 17 个部门联合印发了《关于促进乡村旅游可持续发展的指导意见》。意见指明了乡村旅游提档升级的方向，有助于把农民劳动生活、乡村风情风貌、农业产业特色体现出来，让乡村旅游业态发展成为农民就业增收、实现乡村振兴的新增长极。

**2018 年 11 月 15 日** 《途家乡村民宿报告》数据显示，途家乡村民宿增速超过 300%，截至 2018 年 11 月 15 日，乡村民宿累计接待近 200 万房客，为乡村房东创收超过 5 亿元。

**2018 年 11 月 28 日** MIDC 2018 小米 AIoT 开发者大会在北京召开。当天，途家与金山云签署了战略合作协议，未来双方将共同开拓智慧人居市场，并在智慧民宿和公寓、云计算和物联网服务等方面展开深入合作。现场，途家网首席财务官、金山云高级副总裁出席签约仪式。

**2018 年 11 月 30 日** 全国发展乡村民宿推进全域旅游现场会在浙江湖州安吉召开。会议以大力促进乡村民宿资源开发和产品建设为抓手，深化全域旅游发展，更好地满足人民群众日益增长的旅游美好生活需要。

**2018 年 12 月 8 日** 浙江省法学会文化和旅游法学研究会主办的"乡村振兴背景下的民宿法律规制研讨会"在杭州召开。经过一系列换届选举工作后，浙江民宿今后发展的议题被提出并讨论。

**2018 年 12 月 18 日** 入冬后的福州鼓岭迎来淡季，但景区建设依然热火朝天，鼓岭旅游度假区管委会结合景区实际，制定了《鼓岭（鼓山）绿化全面提升方案》，对主干道实施彩化，重要节点进行美化，打造多层次林相景观，逐步修复鼓岭生态肌理。一期选取 3 座民宿进行景观提升，让民宿成为鼓岭个性的表达。

**2018 年 12 月 18 日** 习近平在庆祝改革开放 40 周年大会上讲话："我们要坚持以供给侧结构性改革为主线，积极转变发展方式、优化经济结构、转换增长动力，积极扩大内需，实施区域协调发展战略，实施乡村振兴战略，坚决打好防范化解重大风险、精准脱贫、污染防治的攻坚战。我们要坚持创新是第一动力、人才是第一资源的理念，实施创新驱动发展战略，完善国家创新体系，加快关键核心技术自主创新，为经济社会发展打造新引擎。我们要加强生态文明建设，牢固树立绿水青山就是金山银山的理念，形成绿色发展方式和生活方式，把我们伟大祖国建设得更加美丽，让人民生活在天更蓝、山更绿、水更清的优美环境之中。"

**2018 年 12 月 18 日** 济南旅游联合会产学研促进委员会发布《2018 济南旅游产学研情况调查报告》。根据调查，旅游专业学生选择实习企业方面，酒店、旅行社、景区等传统企业占 32.24%，途牛、飞猪等线上平台占 12.13%，休闲俱乐部、度假村、民宿管家、文创等新业态占 54.07%。

**2018 年 12 月 18 ~ 19 日** 2018 年佛山民宿产业发展大会在南海举行，150 多位来自全国各地的知名民宿品牌创始人、投资人和业界专家汇聚南海，为佛山民宿发展建言献策。同时，众多民宿大咖还走进佛山五区，对佛山民宿资源进行深度考察。

**2018 年 12 月 21 ~ 23 日** 改革开放 40 周年·民宿振兴乡村——"亲爱的民宿主"文旅体验行在湖南张家界武陵源区协合乡举行，来自全国各地

重点新闻网站的记者们变身"体验官"分别体验了张家界最具代表性的三家民宿。

**2018 年 12 月 24 日** 2018 浙江海宁主题精品民宿设计大赛揭幕。

**2018 年 12 月 26 日** 海口民宿协会正式揭牌。协会将致力于规范引导海口民宿业发展，解决民宿经营的突出问题，提升行业服务水平与行业竞争力，促进海口市创建"国家全域旅游示范区"。

**2018 年 12 月 26～28 日** 2018 巴马文旅产业论坛在广西巴马瑶族自治县举行。来自国内外的著名文旅业界专家、知名企业家以及媒体记者等共195 名嘉宾参加论坛。本次论坛活动期间，巴马国际旅游区投资发展（集团）有限公司与中证汇金（深圳）基金管理有限公司、四川千里走单骑文化旅游有限公司、广西老木棉投资有限公司进行了《巴马赐福湖国际养生度假区·民宿小镇》项目签约。该项目是巴马文旅战略乡村振兴的新尝试，通过引入外部资本和经营理念，借助市场经验、资本运作及运营管理能力，打造巴马 IP 品牌。

**2018 年 12 月 27 日** 为让上海市民了解熟悉临安特色民宿，12 月 27日，杭州临安特色民宿推介会在上海举行。会上播放了临安特色民宿视频，介绍了 40 余家临安特色民宿的内外环境图片、价格；大家探讨了民宿发展的空间、个性服务的打造等话题，临安民宿展示了团建、会议、年俗等资源，诚邀上海各界朋友来临安体验特色民宿。

**2018 年 12 月 29 日** 《上饶市民宿消防安全管理暂行办法》经上饶市政府第 38 次常务会议审议通过。

# 2019年

**2019 年 1 月 4 日** 首届福建民宿发展论坛在德化成功举办。论坛以"新时代 新民宿 新体验——服务乡村振兴 做强民宿品牌"为主题，全国十大民宿品牌落户德化，厦门街巷旅游与上涌镇曾坂村签订民宿度假村开发合作意向。

**2019 年 1 月 7 日**　佛山市发展全域旅游相关政策新闻发布会举行。发布会上，《佛山市发展全域旅游促进投资和消费实施方案》《佛山市促进全域旅游发展扶持办法》《佛山市民宿管理暂行办法》相继公布。

**2019 年 1 月 8～10 日**　2019 中国文旅度假产业峰会举办。此次峰会由露营天下与 SMART 度假产业智慧平台联合推出，以"模糊生态　赋能执行力"为主题，千宿科技创始人发布了《2018 年民宿产业大数据分析报告》。

**2019 年 1 月 10 日**　江苏昆山发布《民宿实施细则》，禁止在湖泊、江河水面经营民宿。

**2019 年 1 月 12 日**　西安市鄠邑区民宿经济发展投资讲座成功举办。参会人员为鄠邑区新生代企业商会成员，与会人员 80 余人。

**2019 年 1 月 15 日**　河南省文化和旅游厅组织召开全省乡村民宿普查工作培训会。会议邀请中国旅游协会民宿客栈与精品酒店分会会长张晓军做了"民宿：兴盛文化，振兴乡村！"专题讲座。文化和旅游厅厅长姜继鼎做了普查动员讲话。

**2019 年 1 月 16 日**　洛江区区政府召开洛江区民宿产业发展调研报告会。福建谋是咨询有限公司以"悠游洛江，民宿点亮"为主题就洛江区民宿产业发展调研进行汇报，分析当前民宿产业的相关政策，指出洛江民宿产业实际情况，并且结合实际情况提出具有特色的"洛江策略"与"洛江措施"、"洛江试点"三大建议。

**2019 年 1 月 16 日**　西安召开雁塔区民宿发展专题会，各单位就《西安市雁塔区民宿发展实施方案（讨论稿)》的内容提出了相关意见。

**2019 年 1 月 16 日**　宁波市新增 20 家省等级民宿。浙江省民宿等级评定管理委员会发布通知，宁波市有 20 家民宿获评省等级民宿，其中白金宿 2 家、金宿 6 家、银宿 12 家。

**2019 年 1 月 16～17 日**　全国第一个特有文化民宿发展的地方标准通过审查。《巴人民宿建设指南》《巴人民宿服务规范》《巴人民宿服务质量等级划分与评定》专家审查会在宣汉县巴人民宿集聚区渡口土家族乡－九龙巴山饭店举行，将《巴人民宿建设指南》等 3 项标准确立为达州市地方标准，

这也是自《标准化法》修订以来全国第一个特有文化民宿发展的地方标准。

**2019 年 1 月 18 日**　安徽省黄山市研学旅行协会在当地正式成立，成为首批 10 个"中国研学旅游目的地"城市之一。

**2019 年 1 月 20 日**　日照市民宿协会成立暨第一次会员代表大会在泉山云顶风景区隆重召开，这是日照民宿经济发展新的里程碑。

**2019 年 1 月 22 日**　南京智慧民宿服务平台 2.0 正式上线。由龙虎网团队开发制作的南京智慧民宿服务平台 2.0——南京民宿网（www.025msw.com）正式上线。截至目前，网站已上线江宁、高淳、溧水、浦口、六合、栖霞等 6 个区民宿 202 家。网站目前构成了两个生态链，一是产品功能模块生态链；二是重新切入产品，从底层架构进行改造开发。

**2019 年 1 月 23 日**　2019 中国旅游产业发展年会在京举办，本届产业年会以"新时代　新视野　新传播　新动能"为主题，还举办了"全域旅游与乡村民宿发展"和"文化遗产旅游活化"两场论坛。

**2019 年 1 月 23 日**　河南省文化和旅游工作会议在郑州召开。会议对 2018 年河南省文化和旅游工作进行总结，对 2019 年工作进行部署。年底举办第五届中国民宿大会，将制定民宿标准，评定 400 家服务优质、设施完备的金宿级、银宿级旅游民宿。一批"网红"民宿年内要亮相。

**2019 年 1 月 25 日**　乡村民宿产业促进战略研讨会成功举办。研讨会由唐人文旅智库举办，邀请行业专家对 2019 年乡村民宿产业进行把脉，剖析旅游规划企业的转型方向和创新机遇。

**2019 年 1 月 27 日**　宿宿网携手南京艺术学院共同推动民宿产业发展，宿宿（上海）网络科技有限公司和南京艺术学院文化产业学院基于产学研一体发展的理念，在南京共同签署了战略合作框架协议。这是民宿行业第一个产学研的高端合作，将开启民宿产业发展的崭新一页。双方每年度还将合作举办"民宿蓝皮书"《中国旅游民宿发展报告》的调研及发布活动。

**2019 年 1 月 28 日**　广州市民宿协会成立，协会将进一步加强广州地区民宿行业的自律和服务功能，搭建共建共享共治民宿信息化平台，深化民宿行业的规范管理。

**2019 年 1 月 30 日** 为了加速日本民宿业务布局，同时扩大白马在旅游滑雪市场的品牌影响力，1 月 30 日，在白马村观光局的邀请下，国内领先的民宿短租平台途家网在日本长野县白马村举办民宿推介会，通过与长野白马洽谈合作，后续途家将陆续接入当地众多的特色滑雪民宿。

**2019 年 2 月 1 日** 《上饶市民宿消防安全管理暂行办法》正式施行。

**2019 年 2 月 11 日** 宁波鄞州区出台《民宿消防管理规定》，一周能领特种行业许可证。

**2019 年 2 月 14 日** 湖北省政府新闻办召开《湖北省乡村振兴战略规划（2018～2022 年）》（以下简称《规划》）新闻发布会，湖北省发展改革委副主任围绕产业兴旺、生态宜居等方面介绍了《规划》有关内容。

**2019 年 2 月 19 日** 《中共中央国务院关于坚持农业农村优先发展做好"三农"工作的若干意见》发布。《意见》指出，做好"三农"工作，要以习近平新时代中国特色社会主义思想为指导，坚持农业农村优先发展总方针，以实施乡村振兴战略为总抓手，充分发挥农村基层党组织战斗堡垒作用，全面推进乡村振兴，确保顺利完成到 2020 年承诺的农村改革发展目标任务。

**2019 年 2 月 20 日** 广东省实施乡村振兴战略工作推进会在广州召开，中共广东省委书记李希强调，要紧扣"3 年取得重大进展"阶段性目标，不折不扣推进广东乡村振兴硬任务落实见效。

**2019 年 2 月 23 日** 广东省肇庆市乡村振兴学院在肇庆市鼎湖区揭牌，该学院将打造国内一流的乡村振兴综合性学习教育基地，并以此为平台，率先研究、率先实践、率先突破，为全省乃至全国实施乡村振兴战略贡献"肇庆经验""肇庆样板"。

**2019 年 2 月 26 日** 途家发布内部信，宣布途家集团首席运营官（COO）杨昌乐从即日起担任途家集团首席执行官（CEO），全面负责途家各项业务推进。罗军将卸任 CEO，并继续担任斯维登集团 CEO 及途家董事。

**2019 年 2 月 27 日** 十三届全国人大常委会举行第十次专题讲座，栗战书委员长主持。中央农村工作领导小组办公室主任、农业农村部部长韩长赋

做了题为"关于实施乡村振兴战略的几个问题"的讲座。

**2019 年 2 月 28 日**  2019 中国（海南）旅游民宿产业创新与生态发展论坛举办，来自旅游业界的专家和民宿从业者共聚一堂，论坛以"宿体制·享自然·共发展"为主题。

**2019 年 3 月 2 日**  内地文旅界 20 余位专家学者与文旅产业投资商代表汇聚郑州，对河南民宿的未来发展路径进行专题探讨。

**2019 年 3 月 4 日**  Airbnb 前全球副总裁、中国区业务负责人葛宏称，将谋划时尚民宿预订平台"悦宿"的研发和上线。

**2019 年 3 月 5 日**  在携程 2018 年第四季度及全年财报电话会议上，携程 CEO 孙洁在答分析师提问时表示：不会挑起价格战，但如果面对价格战也不会给竞争对手留余地。

**2019 年 3 月 6 日**  宁夏银川市西夏区召开新闻发布会，对新颁布的《银川市西夏区促进旅游业发展扶持奖励办法（试行）》进行解读，明确规定对于新评定为国家级旅游景区、星级农家乐等予以奖励，最高可奖励 30 万元人民币。

**2019 年 3 月 8 日**  "要把实施乡村振兴战略、做好'三农'工作放在经济社会发展全局中统筹谋划和推进。"习近平总书记参加十三届全国人大二次会议河南代表团审议时，对实施乡村振兴战略提出要求。

**2019 年 3 月 14 日**  途家网"消费者维权服务站"授牌仪式在途家天津呼叫中心总部举行。通过建立消费者维权的"绿色通道"协作机制，途家网维权服务站将大幅度减少投诉的流转环节，切实提高消费者维权效能。

**2019 年 3 月 17 日**  福建民宿学院成立，助推乡村旅游民宿产业升级。民宿头条、福建省旅游协会民宿分会、福建省旅游协会乡村旅游分会等媒体、平台及其会员单位，发起成立福建民宿学院。福建民宿学院专家智库组成员，将为学院的学员提供不定期培训、指导服务。

**2019 年 3 月 18 日**  上海油车蔬果种植专业合作社获得了来自上海农商银行的 100 万元支农流动资金贷款，这是 2019 年上海农商银行、上海市中小微企业政策性融资担保基金管理中心与安信农业保险股份有限公司合作创新的"银行＋担保＋保险"支农金融新模式的首单业务，也是上海市金融机构在推进乡村振兴战略、金融服务"三农"方面的又一次积极探索。

**2019年3月21日** 在2019"连江论坛"暨海峡两岸（连江）融合发展交流会上，福州市连江县和马祖共同发布航线票种优惠、环马祖澳旅游区发展、支持台胞就业创业等10项经贸合作政策，签订涉及养殖、医疗、民宿行业的3项经贸合作项目。

**2019年3月21日** 黑龙江省委书记、省人大常委会主任张庆伟主持召开省委常委会议，审议《黑龙江省乡村振兴战略规划（2018～2022年）》《关于强化考核推进县域经济高质量发展的意见》《黑龙江省推进县域经济高质量发展考评奖励办法》，研究部署相关工作。

**2019年3月28日** 品质民宿预订平台"悦宿"在北京举办了产品战略发布会，宣布悦宿App正式上线，悦住计划＆房东合伙人计划正式启动。

**2019年3月28日** 陕西规定，秦岭核心保护区禁开民宿农家乐，违规农家乐自行拆除。

**2019年3月28日** 《成都市人民政府办公厅关于促进民宿业健康发展的指导意见》出台，提出将在三年内打造一批差异化、个性化民宿产品和本土民宿品牌，并对乡村民宿和城市民宿差异发展做出分类指导，促进行业规范发展。

**2019年3月28日** 济南市文化和旅游局网站挂出《关于公开征求意见的公告》，面向社会各界公开征求意见。这是山东省首个市级层面征求意见的"民宿管理办法"，也是省内唯一一个征求意见的"民宿管理办法"。

**2019年4月6日** 黄山屯溪区发布《民宿实施办法》，进一步规范民宿旅游经营行为。

**2019年4月9日** 成都龙门山民宿学院开课，在四川省、成都市文旅部门相关负责人的见证下，成都龙门山民宿学院在彭州市磁峰镇揭牌并开课，并被纳入文化和旅游部国家乡村旅游人才培训基地的实训基地之一。

**2019 年 4 月 10 日** 青岛市崂山区民宿协会成立，这是山东省首家区县级民宿行业协会，崂山旅游集团公司总经理当选崂山区民宿协会第一届会长。

**2019 年 4 月 10 日** 黄山旅游发展股份有限公司与抖音签约，宣传推广黄山文化旅游等资源。由黄山市文化和旅游局主办，黄山旅游发展股份有限公司和安徽今日互联科技有限公司承办的黄山旅游与抖音短视频战略签约暨"'域'见黄山 360"上线发布会在屯溪举行。黄山市各区县文旅体局、黄山管委会、黄山旅游发展股份有限公司、黄山市徽州民宿协会及旅游企业、安徽 5A 级旅游景区联盟及名山联盟成员单位、全国主流媒体等 300 余人参加签约和发布会。

**2019 年 4 月 11 日** 海宿会与港中旅三亚旅行社有限公司、树懒管家签约，签约仪式在海口举行。

**2019 年 4 月 13 日** 2019 井冈山精品民宿高峰论坛开幕，江西井冈山市出台了《关于推进井冈山乡村旅游与民宿产业发展的实施意见》，每年规划发展 10 个精品民宿集聚村，并对每个村支持 300 万元人民币，完善村庄污水处理、旅游公厕、停车场、交通网络等基础设施建设。

**2019 年 4 月 15 日** 中共中央、国务院发布了《关于建立健全城乡融合发展体制机制和政策体系的意见》。

**2019 年 4 月 15 ~ 17 日** 第十五届中国出境旅游交易会（COTTM2019）在北京全国农业展览馆（新馆）召开，众多目的地旅游局以及出境游运营商共同带来最新的出境游产品，同时探讨出境游未来的发展趋势。在 16 日下午的论坛上，途家网 CBO 指出了中国民宿平台"走出去"的三大挑战。

**2019 年 4 月 16 日** 福州启动"2019 美丽乡村旅游季"，旅游季活动将持续到 5 月 31 日，其间，为了让游客玩转福州周边乡村，主办方以踏青、赏花、村宴、民宿为主题，精心推出 10 条乡村游线路、32 个乡村旅游点推荐名单。

**2019 年 4 月 17 日** 上海宝山发布《促进乡村民宿发展指导意见》。

**2019 年 4 月 18 日** 《西安市关于促进民宿发展三年行动方案（2019 ~

2021年)》印发。

**2019年4月21日** 首届永定土楼·中国醉美民宿创意设计大赛预展在福州三坊七巷开幕,意在号召设计师们挖掘永定土楼风土人情文化,将永定文化注入民宿的不同创作中,让游客感受到永定的独特,也让世界看到永定的特色。

**2019年4月26日** 张家界启动民宿旅游年,由张家界市政府主办,张家界市委宣传部、市文化旅游广电体育局、武陵源区政府承办的"2019·张家界民宿旅游年"新闻发布暨张家界民宿集群发展高层研讨会在张家界核心景区武陵源桃花溪谷举行,邀约全世界来张家界"住民宿、品民俗,看绝版山水,享绿意生态"。

**2019年4月30日** 《海南省乡村民宿发展规划(2018~2030)》印发,首次界定了海南乡村民宿的定义,并从发展定位、空间布局、产品规划、政策扶持等方面全面制定发展规划。

**2019年5月8日** 北京发布《门头沟区精品民宿政策》,培育优质"五星级"民宿。

**2019年5月13日** 2019芦溪·国际乡村文旅产业发展大会暨民宿设计大赛举办。由芦溪县人民政府与北京多美好公司共同主办,凤凰网国际智库和美国哥伦比亚大学全球中心协办的此次活动,以"激发乡村活力增长"为主题,旨在以主旨演讲、圆桌讨论、启动仪式、乡创工作营、围炉夜话等多种形式共同探讨乡村可持续发展与村落保护。

**2019年5月17日** 第五届中国(国际)民宿文化产业博览会暨第四届乡村旅游装备博览会举行,"民宿赋能乡村旅游 助力全域旅游发展"与"民宿的文化主题与旅游定位"成为本次论坛最为聚焦的亮点。

**2019年5月18日** 三亚市旅游民宿协会成立。会上,2019年三亚"最美民宿"评选活动正式启动,这是三亚市旅游民宿协会成立后针对三亚民宿产业进行的首个活动。

**2019年5月19日** 晋江市文化旅游节开幕,4家旅游民宿拿到"身份证"。晋江按"吃、住、行、游、购、娱"的旅游六要素,挑选一批酒店、

旅行社、景区景点、餐饮机构、伴手礼企业、交通运输机构及其他有志于推动晋江旅游行业发展的相关企业成立晋江市旅游产业联盟，联盟以"资源共享、功能互补、平等互惠、诚信合作"为原则，促进具有晋江特色的旅游业经营网络的形成和发展。

**2019 年 5 月 19 日**　北京精品民宿发展论坛暨门头沟区民宿项目推介会举办，中建文化旅游发展有限公司等 6 家投资商与门头沟小龙门等 8 家精品旅游村或低收入村签署了民宿项目合作协议，设立 8 亿元乡村振兴绿色产业发展专项资金。

**2019 年 5 月 21 日**　雪山论坛暨中国民宿协会联席会召开，与会民宿协会共同起草并发布了《中国民宿客栈发展丽江宣言》，丽江古城客栈协会也发布了《世界文化遗产丽江古城民宿客栈行业服务标准（试行）》《世界文化遗产丽江古城民宿客栈行业等级评定标准（试行）》《世界文化遗产丽江古城民宿客栈行业诚信经营指导价（试行）》。

**2019 年 5 月 22 日**　《海南省乡村民宿管理办法》和《海南省促进乡村民宿发展实施方案》新闻发布会举行。

**2019 年 5 月 24 日**　2019 第四届中国文旅产业巅峰大会在北京举办，大会以"新融合、新科技、新赋能"为主题，聚集全行业、全产业、全领域的文旅产业优质资源伙伴，特邀政府相关主管部门、文旅企业及金融、科技、演艺、文创等相关领域的千余名嘉宾。

**2019 年 6 月 1 日**　第七届海南乡村旅游文化节开幕，作为海南最具知名度的乡村旅游节庆品牌，海南乡村旅游文化节已经连续成功举办六届。

**2019 年 6 月 5 日**　2019 年西藏和广西北海旅游资源推介会在太原举行，西藏旅游股份有限公司携手北海新绎游船有限公司通过精彩的宣讲向与会嘉宾全方位展示了西藏、广西北海两地丰富的旅游资源、特色旅游线路，并推出两地今年的玩法新亮点。来自山西省内的 200 余位旅行社代表、自驾俱乐部代表和多家新闻媒体参加了推介会。

**2019 年 6 月 8 日**　沪郊推动"非遗项目"进民宿。

**2019 年 6 月 11 日**　《关于开展全国乡村旅游重点村名录建设工作的通

知》印发，由文化和旅游部办公厅、国家发展改革委办公厅发布，以六大标准选择国家乡村旅游重点村，被选中的重点村将优先享受国家有关支持政策。六大标准涉及旅游资源、传统文化保护、乡村民宿、旅游产品等方面。

**2019 年 6 月 14 日**　2019 年年会暨潇湘民宿论坛召开，会议现场提供交流平台，举行了"民宿与 OTA 的那些事儿""湖南民宿的特色与发展方向"等圆桌讨论，民宿主相互借鉴发展经验，为民宿从业者提供了切实可行的发展建议。

**2019 年 6 月 15 日**　山东省首个市级层面的民宿管理办法《济南市民宿管理办法》正式开始施行，这意味着，济南民宿有了统一标准，也有了"合法"身份，再也不是非法经营，办理手续也比之前更简单。

**2019 年 6 月 16 日**　日照市为规范民宿业发展，研究出台了《日照市关于促进精品民宿发展三年行动计划（2019～2021 年)》《日照市民宿（农家乐）治安消防管理暂行规定》《日照市民宿管理办法》。《日照市民宿（农家乐）治安消防管理暂行规定》，成为省内首个出台的民宿业治安消防管理方面的文件。

**2019 年 6 月 21 日**　广东省人民政府公布了《广东省民宿管理暂行办法》，该办法为全国首个由省级层面出台的政府规章文件，针对民宿的开办条件与程序、经营规范、监督管理及法律责任等做出了明确的规定。

**2019 年 6 月 23 日**　2019 中国（日照）精品民宿发展研讨会暨民宿项目投资洽谈会举办。会上，中国旅游协会民宿客栈与精品酒店分会会长张晓军表示，目前，日照的民宿还呈现企业数量偏少、从业人员多数个体经营的现状；但随着时间的推移和优势品牌的进入，日照的民宿集群有望快速产生。

**2019 年 6 月 28 日**　2019 年门头沟区旅游文化节启动，由门头沟区文化和旅游局主办，门头沟区妙峰山镇人民政府、门头沟区妙峰山镇涧沟村协办的"2019 年门头沟区旅游文化节———一路骑游妙峰山玫瑰花海"启动仪式在妙峰山镇玫瑰谷举办。

**2019 年 6 月 28～29 日**　第二届中国·彭州龙门山民宿发展峰会举行，以"民宿点亮乡村，艺术对话世界"为主题，创新设置了"美丽乡建经验

交流""民宿行业心声分享""陶瓷生活理念推介""畅谈龙门山夜话""艺术唤醒乡村之美""民宿产业发展与乡村振兴"等沙龙活动。沙龙催生了中国首个民宿宣言——"龙门山宣言",标志着彭州民宿产业发展促进乡村振兴进入全新的历史阶段。

**2019 年 7 月 3 日**  旅游民宿"星评"新标准正式公布,文化和旅游部批准并正式公布旅游行业标准《旅游民宿基本要求与评价》(LB/T 065 – 2019)(以下简称"新标准"),代替《旅游民宿基本要求与评价》(LB/T 065 – 2017)。新标准将旅游民宿等级由金宿、银宿两个等级修改为三星级、四星级、五星级 3 个等级(由低到高)并明确了划分条件。新标准更加体现发展新理念,体现文旅融合,同时加强了对卫生、安全、消防等方面的要求,健全退出机制。

**2019 年 7 月 11 日**  农业农村部在黑龙江省伊春市举办 2019 中国美丽乡村休闲旅游行(夏季)推介活动,农业农村部推介 150 条夏季乡村休闲旅游精品线路。此次夏季推介活动首次将休闲牧业一并推介,大力宣传推介休闲观光牧场,邀请行业投资商、运营商,搭建投资合作交流平台,对接活动发布精品景点线路。

**2019 年 7 月 11 日**  杭州市文化广电旅游局召开 2019 年全市文广旅游系统半年度工作会议暨城市大脑文旅系统建设推进大会,杭州推进文旅"十大提升工程"。

**2019 年 7 月 16 日**  成都市洛带镇 2019 年文化和旅游发展大会暨创省级文化旅游特色小镇动员会召开,会议表彰先进、公布政策、发出动员,号召企业商家共建共创省级文化旅游特色小镇。

**2019 年 7 月 18 日**  海南省发出第一张乡村民宿"身份证",琼海市博鳌镇凤凰客栈通过联合验收备案,获得海南省第一张乡村民宿经营备案证书,乡村民宿经营有了合法"身份证",标志着海南省乡村民宿行业被纳入规范化管理轨道。

**2019 年 7 月 23 日**  天津市制定出台《天津市促进旅游业发展两年行动计划(2019~2020 年)》,计划利用两年时间,在全市打造名人故居游、文化博览游、乡村休闲游等 50 条旅游精品线路，创建 1～2 个国家全域旅游示范区、5 个市级全域旅游示范区、10 个市级全域旅游示范镇，新增 1～2 个国家 5A 级旅游景区，培育 10 个特色文化旅游村，实现全市旅游提质增效发展，城市吸引力和美誉度显著增强。

**2019 年 7 月 24 日** 北京市文化和旅游局与北京银行签署全面战略合作协议，并发布"文旅贷"金融服务行动计划。北京银行持续打造文化旅游金融特色品牌，先后为北京文旅企业量身设计了"文创普惠贷""农旅贷"等金融专属产品，累计为在京文旅企业发放贷款 155 亿元。

**2019 年 7 月 24 日** 上海旅游节组委会会议召开。上海旅游节将重点推动"乐游金秋上海、畅享多重优惠"活动，全市主要景区景点实行门票半价优惠，星级宾馆、中高端民宿、特色小镇等参与优惠活动行列，联动全市公共文化场所、博物馆、美术馆开展文旅惠民活动，推动文旅产品和活动进社区、进基层、进校园。

**2019 年 7 月 25 日** 锡林郭勒盟大力推动文化旅游产业扶贫，通过采取"两加两带一引领"旅游产业扶贫模式，集中优势力量，强化攻坚责任，积极探索旅游精准扶贫的新途径，以确保锡林郭勒盟 2020 年实现全面建成小康社会目标。

**2019 年 7 月 25 日** 临沂启动第三届文化惠民消费季，临沂市人民政府召开新闻发布会，宣布临沂市将于 7 月至 10 月举办第三届临沂文化惠民消费季。活动以"文旅融合·惠享生活"为主题，持续三个月在市、县（区）同步开展。

**2019 年 7 月 25 日** 小猪联手马蜂窝促进特色住宿消费，小猪短租与马蜂窝旅游网在北京宣布达成战略合作伙伴关系，打造针对特色住宿的消费闭环，提升用户从信息获取、房源选择、预订、入住、点评到分享的全流程体验。

**2019 年 7 月 28 日** 哈啰出行联合中国扶贫基金会发起首个"哈啰百美村宿骑游节"，几十辆景区共享单车和双人车正式入驻"百美村宿"两个试点村庄：河南省台前县姜庄村和河北省涞水县南峪村。

**2019 年 7 月 28 日**　全国乡村旅游（民宿）工作现场会在成都召开，会上，发布了由文化和旅游部、国家发展和改革委员会确定的第一批全国乡村旅游重点村名单，发布了《全国乡村旅游发展典型案例》《全国乡村旅游发展监测报告》《全国乡村旅游扶贫监测报告》等。

**2019 年 8 月 1 日**　中国旅游研究院发布 2019 年上半年全国旅游经济运行情况。统计显示，2019 年上半年旅游经济平稳运行，旅游经济运行综合指数处于 118.2 的"相对景气"水平，较上年同期上升 1.26 个点，旅游经济主要指标能够达到预期目标，群众参与度和获得感稳步提升。

**2019 年 8 月 1 日**　浙江省人大常委会批准《丽水市传统村落保护条例》，决定设立传统村落保护范围，将保护范围划分为核心保护区和建设控制区，必要时可以设立风貌协调区。

**2019 年 8 月 7 日**　位于延庆区刘斌堡乡姚官岭村的首个民宿集群项目正式启动，六大民宿品牌入驻，错位经营，由统一旅游平台负责运营，是为游客提供多种特色的民宿服务。

**2019 年 8 月 7 日**　七夕之际，斯维登旗下度假别墅品牌欢墅与酷狗音乐倾情牵手，在苏浙沪热门旅游度假目的地浙江安吉，打造了一栋可以 24 小时欢唱 K 歌的音乐主题别墅。

**2019 年 8 月 17 日**　中信银行在海盐南北湖景区智慧民宿移动支付便民项目成功上线，为景区民宿和游客带来了更加方便快捷的金融体验。

**2019 年 8 月 20 日**　门头沟区创新出台"民宿政策服务包"，梳理民宿项目申报、房屋流转、财政评审、建筑许可、联合开办等十余项全流程图解，制定合作协议模板，形成政策综合"服务包"，为民宿企业提供简明、清晰、操作性强的工具书。

**2019 年 8 月 20 日**　海南省首个乡村民宿示范建设项目在海口市美兰区美帖村正式启动，该项目由海南省旅游民宿提出，海南省旅游和文化广电体育厅负责人、海口市美兰区委常委、海口市大致坡镇、海南省旅游民宿协会等相关部门领导出席现场启动仪式。

**2019 年 8 月 23 日**　国务院办公厅印发《关于进一步激发文化和旅游消

费潜力的意见》。《意见》指出，要以习近平新时代中国特色社会主义思想为指导，顺应文化和旅游消费提质转型升级新趋势，深化文化和旅游领域供给侧结构性改革，提升文化和旅游消费质量水平，不断激发文化和旅游消费潜力，以高质量文化和旅游供给增强人民群众的获得感、幸福感。

**2019 年 8 月 23 日**　为进一步促进万宁市乡村民宿行业的健康发展，强化行业自律，发挥协会的桥梁和纽带作用，万宁市民宿协会揭牌成立。

**2019 年 8 月 26 日**　2019 海南乡村旅游扶贫专题招商推介会在海口市永兴镇冯塘绿园召开。此次推介会由海南省旅游和文化广电体育厅主办，活动邀请了来自中国旅游集团海南区域总部、融创文化旅游发展有限公司、腾邦旅游集团、中青旅资源投资有限公司、海南第一投资控股集团有限公司等 79 家省内外知名旅游投资企业的相关负责人，以及海南省省级涉旅行业协会负责人、各市县有扶贫投资意向的企业代表共 240 多人出席会议。

**2019 年 8 月 27 ～ 29 日**　贵州省乡村旅游（民宿）工作推进会在贵阳市开阳县数谷小镇举办。会上公布，为推进贵州省乡村旅游高质量可持续发展，入选全国乡村旅游重点村将获得 30 万元奖金补助，入选省级乡村旅游重点村将获得 20 万元奖金补助。

**2019 年 8 月 28 日**　由重庆日报报业集团主办的"重庆创"系列活动之"民里宿外　文创加力"主题沙龙在重庆创意公园举行。4 位深耕文创民宿产业的专家在沙龙中依次做了主题演讲，畅谈民宿发展中存在的问题以及解决的路径。

**2019 年 8 月 28 日**　以"生态文明宣传教育与乡村生态振兴"为主题的首届生态文明宣传教育与乡村生态振兴国际研讨会在南京江宁云水涧文化展示中心举行。

**2019 年 9 月 1 日**　广东省从 9 月 1 日开始推行全国省级民宿管理办法——《广东省民宿管理暂行办法》，取消了民宿面积和层数等限制，对开办条件和程序、经营规范、监督管理及法律责任等做出明确规定。

**2019 年 9 月 2 日**　为进一步贯彻落实全国乡村旅游（民宿）工作会议

精神和宁夏回族自治区党委常委集体调研中卫市、固原市时对高质量发展全域旅游的指示要求，推动宁夏乡村旅游（民宿）快速发展，自治区文化和旅游厅在西吉县龙王坝村召开宁夏全区乡村旅游（民宿）固原现场会。

**2019 年 9 月 3 日**　在加大金融支持方面，文化和旅游部积极推进与中国农业银行联合印发《关于金融支持全国乡村旅游重点村建设的通知》，明确加大信贷投放，未来 5 年农业银行将提供 1000 亿元意向性信用额度，用于支持乡村旅游重点村旅游开发。

**2019 年 9 月 4 日**　2019 智慧文旅产业发展论坛暨第五期智慧旅游建设培训班在上海开班。培训班旨在为全国各地文化和旅游信息化建设提供理论指导和实践经验，提升产业价值，提高服务水平，推动文化和旅游行业信息化发展，为各地文化和旅游部门与智慧旅游企业搭建一个合作、学习和交流的平台。

**2019 年 9 月 5 日**　2019 年度最美民宿（莫干山站）评选活动网络投票正式开启，最美民宿评选活动正式拉开帷幕。

**2019 年 9 月 5 日**　江苏省人大常委会在省文化和旅游厅召开重点处理建议督办会，就省人大代表在省十三届人大二次会议上提出的关于推进旅游强省建设方面的 3 条建议进行督办。江苏省人大常委会副主任许仲梓出席会议并讲话。

**2019 年 9 月 9 日**　五莲民宿协会成立大会在五莲县新时代文明实践中心召开，标志着五莲县民宿发展驶入"快车道"。17 家精品民宿成为第一批会员单位。

**2019 年 9 月 9 ~ 12 日**　为进一步推进行业标准在全国实施，扩大标准影响，加强旅游民宿行业意识形态安全、生产安全教育，市场管理司在无锡举办了《旅游民宿基本要求与评价》（LB/T 065 – 2019）行业标准江苏片区宣贯培训班。

**2019 年 9 月 16 ~ 18 日**　习近平总书记到河南信阳、郑州等地，深入革命老区、农村、企业等，就经济社会发展和"不忘初心、牢记使命"主题教育情况进行考察调研。习近平总书记实地走访创客小店、民宿店，与店主亲切交流，询问手工艺品销路、民宿入住率、小卖部经营等状况，并就发展乡村旅游做出重要指示。

**2019 年 9 月 20 日**　第三届中国（桐庐）国际民宿发展论坛部分嘉宾一行来到钟山乡、莪山畲族乡考察民宿产业与乡村振兴发展情况。

**2019 年 9 月 24 日**　广东省文化和旅游厅发布通知，公布首批广东省文化和旅游特色村名单，全省有 99 个村入选。

**2019 年 9 月 30 日**　时值第 40 个世界旅游日，世界旅游日河南省系列主题活动以"让人人享有更美好的未来""民宿品质"为主题在济源市成功举办。同期，由河南省文化和旅游厅、济源市人民政府共同主办，河南省旅游协会、济源市旅游发展委员会协办，携程集团、途家民宿、济源市文旅集团承办的"河南省民宿和精品酒店协会 & 王屋山民宿学院成立暨小有洞天民宿开业揭牌活动"在王屋山景区·小有洞天东岸民宿举行。

# Abstract

This book is a report on the annual analysis, research and prediction of China's tourist accommodation. The book is divided into six main parts. The first part is the general report, which mainly introduces the current situation of China's tourism garden house. Firstly, it introduces the research methods, research paths and research scope involved in the report. On this basis, it focuses on the analysis of the basic characteristics of China's tourism garden house development, mainly analyzes the industry structure of China's tourism garden house, including the basic business model, industry scale and industry of China's tourism garden house Brand and the community distribution of China's tourism garden house stay. Based on the analysis of the industrial development environment of China's tourism garden house industry, as well as the study of the economic globalization and the external environment of the home stay industry, this paper also analyzes the basic elements such as the implementation of a new round of high-level opening up strategy in China, and explains that the development of home stay can be surmounted, benefiting from the development and popularization of information technology, big data and artificial intelligence. At the same time, the report considers that the proposal of global tourism is as follows: The development of homestay has injected a strong impetus, its political and legal environment is loose, and the standardized policies issued by the national and local governments provide a guarantee for the development of homestay. The report also points out that new changes have taken place in the social and cultural environment, forming a good soil conducive to the development of the homestay industry.

The second part is the regional report. Based on the study of the current situation, existing problems and future development of homestay in Beijing, Jiangsu Province, Zhejiang Province and Yunnan Province, this paper puts forward some policy suggestions for the development of tourism homestay industry in China.

The third part is the investigation report. Through the special investigation of the design art of the tourist house, the basic laws of the design and planning of the tourist house are put forward. The report also analyzes the phenomenon of rural residential clusters in Beijing based on a northern sample of rural residential clusters. The research on online review of the demand of tourism garden house consumers reveals the focus of China's tourism garden house consumers in 2019. Through the empirical study of the evaluation index system of tourism garden house, we can further verify how to evaluate several basic aspects of tourism garden house in China.

The fourth part is the special report. In this part, through the experts' research on the management mode of tourism garden house stay, the author finds out the problems and puts forward suggestions. The report shows that there are age differences in the cognition of the influence of the development of the tourism garden house on the economic life of the community residents, and thus puts forward the targeted strategies of the supply side structural reform of the development of the tourism garden house. At the same time, this paper discusses the international experience and Chinese practice of the development of homestay, and makes a strategic prediction of the future development ideas. This report also focuses on the study of the publications of China's tourism garden house, and provides a new perspective for the study of China's home stay through the analysis of the publications of domestic research results of home stay from 2002 to 2019.

The fifth part is case study. The content of this part focuses on the Deqing area, which has the characteristics of the development of tourism homestay, the analysis and research of its foreign family music mode, as well as the key case study of the development of tourism homestay in Moganshan area. The case study also makes a typical analysis of the development of tourism homestay in Yashan scenic area of Ganzhou, Jiangxi Province, and puts forward the basic experience and characteristics of the development of homestay, so as to provide reference for the development of tourism homestay in other relevant areas in China.

The sixth part is the memorabilia.

**Keywords**: Tourism Garden House; Homestay Industry; Global Tourism

# Contents

## I   General Reports

**Abstract:** The rapid development of China's tourism industry has laid a foundation for the development of the accommodation industry, which has entered a stage of rapid development and has become an important form of accommodation industry. In 2019, China's tourism and home stay industry presents remarkable characteristics, which ushers in a new era dominated by the government; and the industry associations of home stay are springing up. However, the role is still in its infancy; the value chain of the home stay industry has been formed, but the coordinated development of the value chain has just started; the management level of the home stay industry is generally in its infancy; the development trend of the home stay industry tends to be chain and financial, and the tourism garden house brand is being established; the professional level of the home stay employees needs to be improved.

**Keywords:** Tourism Garden House; Homestay Industry; Brand Building

**Abstract:** The transcendental development of homestay benefits from the development and popularization of information technology, big data and artificial intelligence. The proposal of macro-tourism has injected a strong impetus into the development of homestay. The political and legal environment is relatively loose. The policies on national level as well as legistation and regulations of homestay on local level have provided guarantee for the development of homestay. New changes have taken place in the social and cultural context, shaping into a good base favorable for the development of the homestay industry.

**Keywords:** Homestay Industry; Development Environment; Macro-Tourism

# Ⅱ  Regional Reports

**Abstract:** The homestay industry has received more and more attention in the context of current rural revitalization, precise poverty alleviation, cultural and tourism integration, and consumption upgrades. It has developed rapidly under the support of policies, technologies and markets. At this stage, the Beijing B&B industry is gradually seeking transformation while maintaining a rapid development momentum, and there is a certain time and space regular pattern. At the same time, the emergence of "B&B hot" has also made its hidden dangers more prominent. The Beijing B&B industry has many problems in terms of access, development, operation, supervision and regulation. In the future, it should start from industry supervision, development management, personnel training, platform construction, brand building, etc. to promote the development of the Beijing B&B industry.

**Keywords:** Homestay Industry; Rural Revitalization; Beijing

民宿蓝皮书

B. 4    Report on the Development Situation of B&B in Jiangsu

Province                                    *Wang Chen，Li Xudong* / 047

**Abstract：** The development of B&B in Jiangsu Province has obtained better effect based on the tourism of itself in recent years. Supported by the local resource of tourist attractions, characteristic town, beautiful country and so on, the effect is reflected in obviously increasing of the number of B&B, diversity of investment management subject, and the operation mode tends to be localization and diversified. At the same time, influenced by the social and economic conditions and the policies related to B&B in different regions, the distribution of B&B is uneven in southern, central and northern region of Jiangsu. In addition, the development of B&B in Jiangsu Province is meeting some other challenge.

**Keywords：** Tourism Garden House；Homestay Industry；Jiangsu Province

B. 5    Study on the Development Status and Trend of Tourism

Homestay in 2019 about Zhejiang          *Zhou Chenggong* / 065

**Abstract：** This paper focuses on the current situation, existing problems and profitability of the operation of the tourist accommodation in Zhejiang Province. We will adopt text analysis method, and so on to understand the problems through questionnaire survey and discussion among the residents' dormitory administrators and investors, hoping to find out the common problems so as to study and judge the development trend. The questionnaire mainly collects data by wenjuanxin website. Besides, we send questionnaire by mobile phone and collect data. Generally speaking, the policy atmosphere of tourism homestay is good, and the government supports it vigorously, but there are also some problems such as weak profitability and single means of profitability, especially the high cost of obtaining tourists. Exit mechanism, business training and diversified profit are the problems to be solved in the future.

**Keywords**: Tourism Garden House; Profit Turning Point; Zhejiang Province

## B. 6　The Development Report of Yunnan Bed and Breakfast

　　Industry　　　　　　　　　　　　　　　　*Yin Xiaoyin* / 082

**Abstract**: Based on the consumption demand of the Bed and breakfast (B&B) product for the tourist industry transformation and upgrading of Yunnan Province. Through talking with the B&B owners, experts of the local association and the public official, this paper know about the latest industry development policy and obtaining the first hand data by the field visit and depth interview. Trough comparing and analyzing with the historic data, describing the B&B industry's developing current situation and characteristic in Yunnan province. It is a very important period for Yunnan tourist industry transformation and upgrading. It's B&B industry already has certain development base: good natural landscape and ecological environment; It has own development characteristics: colorful ethic cultural resource and biological diversity; finding out the problem of B&B industry: low entrance of the marketing, weak legislation, unclear business model etc. Thus giving the predictions of its growing trend: internationalization, high-end oriented, specialization, developed intelligence.

**Keywords**: Transformation and Upgrading; B&B Industry; Yunnan Province

# Ⅲ　Research Reports

## B. 7　Research on the Artistic Design of Tourism Garden House

　　　　　　　　　　　　　　*Tao Rongrong*, *Wang Chen* / 103

**Abstract**: As an advanced form of early B&B model, Tourist BNB is also

331

viewed as the upgraded version of rural tourism. In the context of rural revitalization, rural Tourist BNB has become the carrier or platform of rural tourism and economic development. Having undergone numerous iterating and upgrading, Tourist BNB has gradually become a popular form of sojourning, or even the end of traveling in itself, which reflects the driving force of artistic design on the consumption behavior and the development of BNB industry. The profit source of the BNB industry is similar to that of all other industries, which lies in the creation of exchange value. Through originality and creativity, artistic design integrates function, emotion and social utility, so as to create the use value to satisfy the lodging guests' experience, reinforce the possibility of exchange value, and finally realize the growth of the BNB industry. Based on the analysis of the development process and current situation of China's tourist BNB, this thesis extracts the internal logic of the style orientations, categorizations and functions of Tourist BNB design, aiming to analyze the shaping of its competitiveness, viability or profitability from the perspective of artistic design, in order that a reference path for the development of Tourist BNB can be provided.

**Keywords**: Tourism Garden House; Artistic Design; Value Creation

## B. 8　A Northern Sample of Rural Homestay Cluster

*—Survey on Yaoguanling Village in a Beijing Suburb*

*Chen Yijie, Zhang Yan* / 119

**Abstract**: Development of rural homestay should be eventually integrated with the development of rural communities. The first homestay cluster in northern China—— "He Su · Yanqing Yaoguanling" is located in Yaoguanling village, Liubinbao township, Yanqing district, Beijing. Because of this project, Yaoguanling village was selected as the first batch of National Key Rural Tourism Villages on July 2019. This paper thoroughly investigates the overall situation of Yaoguanling village and "He Su · Yanqing Yaoguanling" homestay cluster; explores the main practices of this project, responsibility of each stakeholders and the mechanism to guarantee farmers' interests; summarizes four main achievements as activating village, booming industries, enriching farmers, integrating urban and rural areas; and analyzes the success experience from the perspectives of good timing, geographical convenience and harmonious human relations. This paper proposes that any successful homestay must be in line with the trend of ecological civilization, the goals and tasks of rural revitalization, the market demand for consumption upgrading, the interests of farmers, the desire of enterprises for group development, and also the working priorities of government. Only in this way can make homestay-economy become a powerful starting point for the revitalization of rural industries.

**Keywords:** Homestay Cluster; Rural Revitalization; Yaoguanling

B. 9    A Study on the Online Evaluation of Consumer Demand for

Tourist Accommodation in 2019    *Research Group of Blue Book* / 133

**Abstract:** With the popularity of mobile network and the emergence of online booking platform, the development of the accommodation industry shows great vitality and rapid development momentum. In the age of Internet, people consult comments on the Internet platform as an important reference for decision-making of their leisure destination accommodation experience. At the same time, through the completion of their own experience, these customers will publish this experience on the Internet platform or in the self media comment area for other consumers' reference. This research is based on the evaluation mechanism on the network platform website. By collecting and analyzing the hot spots of such network comments, we make word frequency statistics on the network evaluations collected on several major bookings. The word frequency statistics uses the Chinese word segmentation database of python, and the output results are arranged in descending order in excel. The first 100 words of the network evaluation of the tourism homestay are sorted out, and the environmental construction, service quality and main factors are analyzed Through data statistics and data analysis, this

paper outlines the areas of concern in the annual online review of home stay consumers, and provides a coordinate reference system for home stay operators and consumers.

**Keywords:** Tourism Garden House; Consumer Demand; Network Evaluation; Mogan Mountain

## B. 10   An Empirical Study on the Evaluation Index System of Tourism Garden House Stay   *Research Group of Blue Book* / 161

**Abstract:** Home stay development and rural tourism promote each other and complement each other. The effect of the comprehensive development is very obvious if the operation of home stay can meet the needs of tourists in the aspects of characteristic catering, cultural experience, natural scenery, leisure and entertainment, safety and comfort, etc. The selection of the evaluation index system is based on the spirit of "basic requirements and evaluation of tourist accommodation" just issued, and combined with the research results of the blue book of accommodation, seven latitudes are designed as the first level indexes and the corresponding second level indexes, with the professionalism, standardization and scientificity as the primary premise, forming a more systematic and comprehensive evaluation index system. Through the selection activities in Moganshan area, we can verify the hypothesis, select the indicators, improve the system, and promote the benchmark homestay that is in line with the development of the industry, leading the healthy development of China's Tourism garden house. The selected homestay can become the first choice in the minds of the majority of consumers.

**Keywords:** Tourism Garden House; Consumer Demand; Network Evaluation; Mogan Mountain

# IV    Thematic Reports

**Abstract**: Tourism garden house is a kind of tourist reception facility which is different from the accommodation experience of traditional hotels and hotels and gives the residents a warm and cordial feeling of "going home". With the emergence of a large number of hostels, changes in supply and demand, and increasingly fierce competition in the industry, scholars' research on the depth and breadth of hostels is also expanding. However, the research on the operation mode of tourist hostels in a rapidly developing competitive environment is relatively weak. According to the four dimensions of the management model–customer interface, core strategy, strategic resources and value network, this paper will summarize the problems existing in the management model of tourism garden house and propose innovative countermeasures for the management model.

**Keywords**: Tourism Garden House; Anagement Mode; Accommodation Experience

**Abstract**: There is very import practically meaning of this study for the economic life impact cognition of local community residents about the home-stay tourism. From the point of theoretical meaning, the dynamic change research of the economic life impact cognition about home-stay tourism enriched the study

fields about the community residents' cognition of home-stay tourism. From the point of practical meaning, their supporting attitudes of the main beneficial relating persons of the community residents by home-stay tourism is very important for the development of home-stay tourism. This study had market survey for the community residents in the typical regions of home-stay tourism in China in 2014, 2016 and 2019. With the analysis of social statistical software SPSS and in-depth interview of local community residents for home-stay tourism, this study analyzed the annual development different features of economic life impact cognition by local community residents about home-stay tourism, explored their reasons, and put forward the corresponding reformation polices for the supplied-side structures.

**Keywords:** Home-stay Tourism Community Resident Cognition of Economic Life Impact; Annual Difference; One-Way ANOVA

## B. 13　International Experience in the Development of B&B and Practice in China　　　　　　　　　*Ma Yong, Xu Sheng* / 211

**Abstract:** B&B (bed and breakfast) is an important form in the modern tourism reception industry. With the advancement of global integration, the scale of international tourism continues to increase. Due to its unique cultural advantages, B&B is revitalized by network technology. Some countries have the rich experience of the development of B&B, like Europe, America, Japan. In recent years, the Chinese B&B market has risen rapidly. It is urgent to learn from the experience of other countries`B&B in the service, operation, regulations, etc. through the active guidance of the government and the continuous improvement and innovation of the B&B industry. Under the premise of legal compliance, it`s essential to enhance the market supply by using various technical means actively as well as innovating in the dimensions continuously, such as capital, form and content to realize the value of the B&B. In turn, the high-quality development of the Chinese bed and lodging industry will be realized.

**Keywords:** B&B; Airbnb; International Experience; High-Quality Development

Contents

B. 14   A Brief Analysis and Prospect of the Development of China's
        Tourism B&B Industry

*Hou Manping, Zhang Shoufu and Mu Pengyun* / 228

**Abstract:** In this paper, data collection, field investigation and comprehensive analysis were used. First of all, it briefly analyzes the current situation of the B&B industry. Secondly, the standards, the definition of the concept, the overall benefits and the promotion of the grade of the B&B industry were discussed. Finally, strategic prediction of the future development of the B&B industry was put forward. It was suggested that the development of B&B must take into account such factors as location, resources, environment, transportation and consumer groups. The B&B with better overall conditions should follow the mode of comprehensive development and operation rather than the mode of heavy capital investment.

**Keywords:** B&B industry; Concept Definition; Ggrade Upgrading

B. 15   A Research Report on Publications of Tourism and
        Accommodation in China          *Research Group of Blue Book* / 235

**Abstract:** As an important force of tourism in the whole region, homestay tourism is booming, and has become the leader of tourism innovation and upgrading. From the central government to local governments at all levels, they attach great importance to the healthy development of home stay industry. The practical development of home stay is still in the primary stage, but the theoretical research still lags behind the reality of home stay. Based on the information collected by "Jingdong net" and "Dangdang net", this study uses the method of literature analysis to make statistics on the domestic research publications of

homestay from 2002 to 2019, and analyzes them from the aspects of year, comment and category, so as to have a basic judgment on the research field of homestay and provide a new perspective for the research of homestay in China.

**Keywords:** Tourism Garden House; Publication; Homestay Industry

# V　Case Studies

## B. 16　Development of Yashan Scenic Spot and The B&B Industry in Ganzhou City, Jiangxi Province

*Hou Manping, Zhang Yuhuai and Liu Xin* / 247

**Abstract:** This paper adopts research methods such as data collection and site investigation. Firstly it introduces the overall development layout of Yashan cenic spot, which has won many honors such as AAAA National Tourist Attraction, rural tourism demonstration spot of 5A level in Jiangxi province, the National Forest Park, the most beautiful village in China in 2018, etc. , and has formed a three-dimensional development model. Secondly, the paper briefly introduces six characteristic B&Bs Industry and other forms of sojourn accommodation in Yashan. The B&B Industry is effectively integrated with such characteristic elements as agricultures and commerce, agronomy, folk culture, pastoral health preservation, forest movement, farming and rural happiness, and fashion aesthetics. This paper introduces the case, which is expected to guide the development and practice of the B&B Industry.

**Keywords:** Yashan Scenic Spot; The B&B Industry; Ganzhou City, Jiangxi Province

**Abstract:** With the substantial improvement of the material standard of living, people's consumption demand is also changing. People are experiencing a shift from sightseeing tourism to vacation tourism when they go out. As a part of the vacation tourism, the residential accommodation has become an important factor in the revitalization of the countryside. The rapid development of the home-stay industry in China is the result of the pursuit of comfort and individuation of the traveling accommodation environment. "Yangjiale" in Deqing County, Zhejiang Province, has become a model for the home-stay Hotel Industry in China according to the regional environmental advantages and the concept of international operation. Deqing County, Zhejiang Mount Mogan's "Bare Heart Valley", with its unique business model, market positioning to attract a large number of high-end consumer groups. As a typical representative of the business model of "Yangjiale" in Deqing County, Zhejiang, the success of "Naked Heart Valley" is of great significance to the development of the lodging industry in the future.

**Keywords:** Vacation Travel; Deqing's "Yangjiale"; "Naked Heart Valley"; Bed and Breakfast Industry

**Abstract:** With the diversification of the level of tourism consumer demand and the diversification of its content, China's homestay industry has blossomed

everywhere. As the birthplace of the domestic "Yangjiale" B&B economy in Zhejiang Deqing, the country house has become an important support for Deqing rural tourism and an important cultural industry resource in the Mogan Mountain area. Mogan Mountain is located in Deqing County, Zhejiang Province. It has unique geographical advantages, rich eco-tourism resources, and a solid industrial foundation. It is an advantageous area for developing B&B tourism. The French Valley is characterised by the French culture brought by its founders, and a series of related facilities are built around the property itself. This article focuses on the profit model of the French Valley and related issues.

**Keywords**: B&B; Deqing; Yangjiale; French Valley

# VI Appendices

**权威报告·一手数据·特色资源**

# 皮书数据库
## ANNUAL REPORT(YEARBOOK)
## DATABASE

## 分析解读当下中国发展变迁的高端智库平台

### 所获荣誉

- 2019年，入围国家新闻出版署数字出版精品遴选推荐计划项目
- 2016年，入选"'十三五'国家重点电子出版物出版规划骨干工程"
- 2015年，荣获"搜索中国正能量 点赞2015""创新中国科技创新奖"
- 2013年，荣获"中国出版政府奖·网络出版物奖"提名奖
- 连续多年荣获中国数字出版博览会"数字出版·优秀品牌"奖

### 成为会员

通过网址www.pishu.com.cn访问皮书数据库网站或下载皮书数据库APP，进行手机号码验证或邮箱验证即可成为皮书数据库会员。

### 会员福利

- 已注册用户购书后可免费获赠100元皮书数据库充值卡。刮开充值卡涂层获取充值密码，登录并进入"会员中心"—"在线充值"—"充值卡充值"，充值成功即可购买和查看数据库内容。
- 会员福利最终解释权归社会科学文献出版社所有。

数据库服务热线：400-008-6695
数据库服务QQ：2475522410
数据库服务邮箱：database@ssap.cn
图书销售热线：010-59367070/7028
图书服务QQ：1265056568
图书服务邮箱：duzhe@ssap.cn

社会科学文献出版社 皮书系列
SOCIAL SCIENCES ACADEMIC PRESS (CHINA)
卡号：741178827612
密码：

# 基本子库
# SUB DATABASE

## 中国社会发展数据库（下设 12 个子库）

整合国内外中国社会发展研究成果，汇聚独家统计数据、深度分析报告，涉及社会、人口、政治、教育、法律等 12 个领域，为了解中国社会发展动态、跟踪社会核心热点、分析社会发展趋势提供一站式资源搜索和数据服务。

## 中国经济发展数据库（下设 12 个子库）

围绕国内外中国经济发展主题研究报告、学术资讯、基础数据等资料构建，内容涵盖宏观经济、农业经济、工业经济、产业经济等 12 个重点经济领域，为实时掌控经济运行态势、把握经济发展规律、洞察经济形势、进行经济决策提供参考和依据。

## 中国行业发展数据库（下设 17 个子库）

以中国国民经济行业分类为依据，覆盖金融业、旅游、医疗卫生、交通运输、能源矿产等 100 多个行业，跟踪分析国民经济相关行业市场运行状况和政策导向，汇集行业发展前沿资讯，为投资、从业及各种经济决策提供理论基础和实践指导。

## 中国区域发展数据库（下设 6 个子库）

对中国特定区域内的经济、社会、文化等领域现状与发展情况进行深度分析和预测，研究层级至县及县以下行政区，涉及地区、区域经济体、城市、农村等不同维度，为地方经济社会宏观态势研究、发展经验研究、案例分析提供数据服务。

## 中国文化传媒数据库（下设 18 个子库）

汇聚文化传媒领域专家观点、热点资讯，梳理国内外中国文化发展相关学术研究成果、一手统计数据，涵盖文化产业、新闻传播、电影娱乐、文学艺术、群众文化等 18 个重点研究领域。为文化传媒研究提供相关数据、研究报告和综合分析服务。

## 世界经济与国际关系数据库（下设 6 个子库）

立足"皮书系列"世界经济、国际关系相关学术资源，整合世界经济、国际政治、世界文化与科技、全球性问题、国际组织与国际法、区域研究 6 大领域研究成果，为世界经济与国际关系研究提供全方位数据分析，为决策和形势研判提供参考。

# 法律声明

"皮书系列"（含蓝皮书、绿皮书、黄皮书）之品牌由社会科学文献出版社最早使用并持续至今，现已被中国图书市场所熟知。"皮书系列"的相关商标已在中华人民共和国国家工商行政管理总局商标局注册，如 LOGO（ ）、皮书、Pishu、经济蓝皮书、社会蓝皮书等。"皮书系列"图书的注册商标专用权及封面设计、版式设计的著作权均为社会科学文献出版社所有。未经社会科学文献出版社书面授权许可，任何使用与"皮书系列"图书注册商标、封面设计、版式设计相同或者近似的文字、图形或其组合的行为均系侵权行为。

经作者授权，本书的专有出版权及信息网络传播权等为社会科学文献出版社享有。未经社会科学文献出版社书面授权许可，任何就本书内容的复制、发行或以数字形式进行网络传播的行为均系侵权行为。

社会科学文献出版社将通过法律途径追究上述侵权行为的法律责任，维护自身合法权益。

欢迎社会各界人士对侵犯社会科学文献出版社上述权利的侵权行为进行举报。电话：010-59367121，电子邮箱：fawubu@ssap.cn。

社会科学文献出版社